国家出版基金项目
NATIONAL PUBLICATION FOUNDATION

山地城市交通创新实践丛书

山地城市大跨度轨道交通专用桥设计

刘安双　马振栋 ◇ 著

重庆大学出版社

内容提要

本丛书针对大跨度城市轨道交通的建设特点,从大跨度城市轨道交通桥梁设计创新、设计规范解读、大跨度轨道悬索桥合理刚度选择、大跨度城市轨道交通桥梁钢箱梁疲劳设计计算以及工程实践出发,形成了概述、城市轨道交通桥梁设计创新及规范解读、大跨径轨道悬索桥合理刚度研究、大跨度城市轨道交通桥梁钢箱梁疲劳设计研究、组合梁桥突破极限、梁拱组合创新标志、斜拉桥梁合理布置、自锚悬索创纪录等内容。

本书通过理论研究和项目实践经验的总结,提出了大跨度城市轨道交通专用桥设计的创新思路,可供业内同行参考借鉴。

图书在版编目(CIP)数据

山地城市大跨度轨道交通专用桥设计 / 刘安双,马振栋著.-- 重庆:重庆大学出版社,2022.6
(山地城市交通创新实践丛书)
ISBN 978-7-5689-2118-3

Ⅰ.①山… Ⅱ.①刘… ②马… Ⅲ.①山地—城市铁路—轨道交通—长跨桥—桥梁设计 Ⅳ.①U239.5

中国版本图书馆 CIP 数据核字(2022)第 098410 号

山地城市交通创新实践丛书
山地城市大跨度轨道交通专用桥设计
Shandi Chengshi Da Kuadu Guidao Jiaotong Zhuanyongqiao Sheji
刘安双 马振栋 著
策划编辑:张慧梓 范春青 林青山
责任编辑:姜 凤 范春青 版式设计:范春青
责任校对:夏 宇 责任印制:赵 晟
*
重庆大学出版社出版发行
出版人:饶帮华
社址:重庆市沙坪坝区大学城西路 21 号
邮编:401331
电话:(023) 88617190 88617185(中小学)
传真:(023) 88617186 88617166
网址:http://www.cqup.com.cn
邮箱:fxk@ cqup.com.cn(营销中心)
全国新华书店经销
重庆升光电力印务有限公司印刷
*
开本:787mm×1092mm 1/16 印张:16 字数:342千
2022 年 6 月第 1 版 2022 年 6 月第 1 次印刷
ISBN 978-7-5689-2118-3 定价:148.00 元

丛书编委会
EDITORIAL BOARD OF THE SERIES

序一

FOREWORD

　　多年在旧金山和重庆的工作与生活，使我与山地城市结下了特别的缘分。这些美丽的山地城市，有着自身的迷人特色：依山而建的建筑，起起落落，错落有致；滨山起居的人群，爬坡上坎，聚聚散散；形形色色的交通，各有特点，别具一格。这些元素汇聚在一起，给山地城市带来了与平原城市不同的韵味。

　　但是作为一名工程师，在山地城市的工程建设中我又深感不易。特殊的地形地貌，使山地城市的生态系统特别敏感和脆弱，所有建设必须慎之又慎；另外，有限的土地资源受到许多制约，对土地和地形利用需要进行仔细的研究；还有一个挑战就是经济性，山地城市的工程技术措施比平原城市更多，投资也会更大。在山地城市的各类工程中，交通基础设施的建设受到自然坡度、河道水文、地质条件等边界控制，其复杂性尤为突出。

　　我和我的团队一直对山地城市交通给予关注并持续实践；特别在以山城重庆为典型代表的中国中西部，我们一直关注如何在山地城市中打造最适合当地条件的交通基础设施。多年的实践经验提示我们，在山地城市交通系统设计中需要重视一些基础工作：一是综合性设计（或者叫总体设计）。多专业的综合协同、更高的格局、更开阔的视角和对未来发展的考虑，才能创作出经得起时间考验的作品。二是创新精神。制约条件越多，就越需要创新。不局限于工程技术，在文化、生态、美学、经济等方面都可以进行创新。三是要多学习，多总结。每个山地城市都有自身的显著特色，相互的交流沟通，不同的思考方式，已有的经验教训，可以使我们更好地建设山地城市。

　　基于这些考虑，我们对过去的工作进行了总结和提炼。其中的一个阶段性成果是2007年提出的重庆市《城市道路交通规划及路线设计规范》，这是一个法令性质的地方标准；本次出版的这套"山地城市交通创新实践丛书"，核心是我们对工程实践经验的总结。

丛书包括了总体设计、交通规划、快速路、跨江大桥和立交系统等多个方面，介绍了近二十年来我们设计或咨询的大部分重点工程项目，希望能够给各位建设者提供借鉴和参考。

工程是充满成就和遗憾的艺术。在总结的过程中，我们自身也在不断地反思和总结，以做到持续提升。相信通过交流和学习，未来的山地城市将会拥有更多高品质和高质量的精品工程。

美国国家工程院院士
中国工程院外籍院士　邓文中
林同棪国际工程咨询（中国）有限公司董事长

2019 年 10 月

序 二
FOREWORD

　　山地城市由于地理环境的不同,形成了与平原城市迥然不同的城市形态,许多山地城市以其特殊的自然景观、历史底蕴、民俗文化和建筑风格而呈现出独特的魅力。然而,山地城市由于地形、地质复杂或者江河、沟壑的分割,严重制约了城市的发展,与平原城市相比,山地城市的基础设施建设面临着特殊的挑战。在山地城市基础设施建设中,如何保留城市原有的山地风貌,提升和完善城市功能,处理好人口与土地资源的矛盾,克服新旧基础设施改造与扩建的特殊困难,避免地质灾害,减小山地环境的压力,保护生态、彰显特色、保障安全和永续发展,都是必须高度重视的重要问题。

　　林同棪国际工程咨询(中国)有限公司扎根于巴蜀大地,其优秀的工程师群体大都生活、工作在著名的山地城市重庆,身临其境,对山地城市的发展有独到的感悟。毫无疑问,他们不仅是山地城市建设理论研究的先行者,也是山地城市规划设计实践的探索者。他们结合自己的工程实践,针对重点关键技术问题,对上述问题与挑战进行了深入的研究和思考,攻克了一系列技术难关,在山地城市可持续综合交通规划、山地城市快速路系统规划、山地城市交通设计、山地城市跨江大桥设计、山地城市立交群设计等方面取得了系统的理论与实践成果,并将成果应用于西南地区乃至全国山地城市建设与发展中,极大地丰富了山地城市规划与建设的理论,有力地推动了我国山地城市规划设计的发展,为世界山地城市建设的研究提供了成功的中国范例。

　　近年来,随着山地城市的快速发展,催生了山地城市交通规划与建设理论,"山地城市交通创新实践丛书"正是山地城市交通基础设施建设理论、技术和工程应用方面的总结。本丛书较为全面地反映了工程师们在工程设计中的先进理念、创新技术和典型案例;既总结成功的经验,也指出存在的问题和教训,其中大多数问题和教训是工程建成后工程师们的进一步思考,从而引导工程师们在反思中前行;既介绍创新理念与设计思考,也提供工程实例,将设计理论与工程实践紧密结合,既有学术性又有实用性。总之,丛书内容丰富、特色鲜明,表述深入浅出、通俗易懂,可为从事山地城市交通基础设施建设的设计、施工和管理的人员提供借鉴和参考。

中国工程院院士
重庆大学教授　周绪红

2019 年 10 月

前 言

PREFACE

改革开放以来,随着国民经济及交通事业的发展,我国桥梁结构发展较快,跨山谷、跨沟壑、跨江河、跨海湾等工程日益增多,桥梁建设向"更长、更高、更轻"的趋势发展,跨度日益增大,体型越来越复杂,新材料的应用日益增多,设计理念越来越先进,结构体系越来越新颖,施工技术越来越成熟。我们设计并建成了一大批世界级桥梁。

世界上第一条地下铁道的诞生,为人口密集的大都市如何发展公共交通提供了宝贵经验。特别是 1879 年电力驱动车的研究成功,使地下客运环境和服务条件得到了空前改善,地铁建设显示出强大的生命力。从此以后,世界上一些著名的大都市相继建造地下铁道。城市轨道交通号称"城市交通的主动脉",成为占用土地和空间最少、运输能量最大、运行速度最快、环境污染最小、乘客最安全舒适的理想交通方式,已经历了约 150 年的发展历史。100 多年来,已有近 80个国家、500 余座城市修建了轨道交通,线路总长度达数万公里,各大城市的地铁、轻轨、城市铁路等都得到了很好的发展,为城市的交通和经济发展作出了重要贡献。

在中国城市发展的过程中,随着城市数量的不断增加和城市人口的急剧增加,出现了一个人类社会发展的大趋势——城市化。随着人们生活水平的提高、城市规模的扩大及功能的不断完善,新建、改建和扩建交通通道已成为城市发展的重要交通节点,这就要求大跨度桥梁通过合理的规划布局,使其能发挥便捷、迅速、高效、畅通的交通优势,形成多种运输方式有机组合的综合跨越通道体系,才能满足城市日益增长的跨越需求。大跨度桥梁作为跨越山谷、沟壑以及江河的城市轨道交通连接动脉,既要考虑工程造价又要考虑城市景观,已成为现代化城市赖以生存和发展的重要载体,在城市现代化进程中发挥着越来越重要的作用。

针对轨道交通桥梁本身的安全性和舒适性要求高、我国对应规范少的现状,本书通过对轨道交通桥梁设计规范的解读、悬索桥合理刚度的研究、钢箱梁疲劳设计研究,为城市轨道交通跨江大桥设计提供一套方法;通过对组合梁桥突破极限、单肋拱创新标志、斜拉桥梁合理选择及自锚悬索世界纪录的分章论述和依托工程的介绍,为大跨度城市轨道交通专用桥设计提供一套创新思路。

结合几个轨道交通跨江大桥设计项目,汇集成书,希望在面对山地城市轨道交通跨江大桥设计挑战时,给予大家一些启示,为山地城市轨道交通跨江桥梁的建设发展有所贡献。同时,希望对从事城市桥梁建设的同行有所裨益。

参与本书编写的人员还有:黎小刚(第 3 章、7.2 节、8.4 节)、赵亮(第 5 章)、漆勇(7.3 节、8.2 节)、安永日(7.4 节),对他们为本书付出的辛勤劳动表示感谢!感谢赖亚平、刘亢为本书提供全面校核和提出的宝贵意见。

最后,向参与本书技术审核、林同棪国际工程咨询(中国)有限公司的专家、同事表示感谢!感谢重庆大学出版社对我们的鼓励、信任和支持。

由于作者水平有限,书中难免存在疏漏之处,恳请各位同行、专家及读者斧正。

2021 年 6 月于重庆

目 录
CONTENTS

第1章 概 述

最新统计资料显示,截至 2020 年年底,全球有 77 个国家和地区的 538 座城市开通了城市轨道交通系统,总里程超过 33 346 km,其中,地铁、轻轨、有轨电车各占 53%、5% 和 42%。截至 2020 年 12 月 31 日,我国内地累计有 45 座城市开通运营轨道交通,运营里程共计 7 969.7 km。按线路敷设方式划分,地下线 5 422.3 km,占比 68.1%;地面线 990.5 km,占比 12.4%;高架线 1 556.9 km,占比 19.5%。2020 年全年共完成轨道交通建设投资 6 286 亿元,同比增长 5.5%,在建项目的可研批复投资累计 45 289.3 亿元,在建线路总长 6 797.5 km,年度完成建设投资创历史新高。

截至 2020 年年底,共有 65 座城市的轨道交通线网规划获批,其中,城市轨道交通线网建设规划在实施的城市共计 61 个,在实施的建设规划线路总长 7 085.5 km,2020 年,共有 8 座城市新一轮城市轨道交通建设规划或规划调整获国家发改委批复并公布,获批项目中涉及新增线路长 587.95 km,新增计划投资 4 709.86 亿元。根据《重庆市主城区轨道交通线网规划(2019—2035 年)环境影响报告书征求意见稿公示》,重庆市主城区至 2035 年形成"22 线 1 环"的线网布局,包括轨道快线和轨道普线,线网规模 1 252 km(不含璧山、江津地区线路长 41 km);规划至远景年形成"29 线 1 环"的轨道线网 1 473 km(不含璧山、江津地区线路长 57 km)。

随着国民经济的高速发展和城市化进程的不断推进,大规模的城市轨道交通网络已成为城市发展集约化交通的必然选择,节能、环保、便捷的城市轨道交通已逐步成为城市居民出行首选的交通方式。

大跨度城市桥梁一般具有跨越山谷、沟壑、江河或城市内河流汇合的特点,如四川泸州从沱江和长江的交汇处逐渐拓展,重庆朝天门则是长江和嘉陵江汇合口,涪陵有长江和乌江流经,合川则有渠江、嘉陵江和涪江三江汇合。随着城市的发展,城市用地越来越少,人均用地密度越来越高,城市需要向更广阔的地方拓展。随着城市郊区化程度的增加,社会经济的发展和人们生活质量的不断提高,居民对出行的质量要求也越来越高,地面公共交通拥堵问题更为突出,为了解决这一问题,满足人们对美好生活的追求,更有必要修建城市轨道交通。

随着轨道交通的发展,城区人流量的增加,更应加密核心区轨道网,城市中原有的跨江桥梁需要改建、扩建,城市发展新区需要新的过江通道。改建、扩建和新建的跨江大桥成为城市"内联"的有机结构,托起城市发展的未来,成为城市发展的脊梁,能更好地改善人们的生活质量。

1.1 大跨径桥梁

对桥梁按结构体系分类是以力学特征为基本着眼点,以主要的受力构件为基本依据,可分为梁桥、拱桥、斜拉桥、悬索桥四大类。

1.1.1 梁桥

1) 连续梁桥

梁式桥种类繁多,是桥梁中较常用的桥型,其跨度为 20~300 m。最常用的大跨径梁桥主要为预应力混凝土连续箱梁桥。20 世纪 70 年代,我国开始修建连续箱梁桥,到目前为止,我国已建成多座连续箱梁桥,如一联长度 1 340 m 的钱塘江第二大桥和跨越高集海峡全长 2 070 m 的厦门大桥等。目前,我国预应力混凝土连续箱梁最大跨径为 165 m(南京长江二桥北汊主桥)。由于预应力混凝土连续箱梁具有桥面接缝少、梁高小、刚度大、整体性强、外形美观、便于养护等在构造、施工和使用上的优点,已成为成熟可靠的桥梁类型。其发展趋势为:减轻结构自重,采用高标号混凝土。随着建筑材料和预应力技术的发展,其跨径也可相应地增大。葡萄牙已建成 250 m 的连续箱梁桥,若超过这一跨径,不太经济。大跨径梁桥的上部结构大多采用箱形截面,是因为箱形截面有较大的抗扭刚度,箱梁允许有更大的长细比,同 T 形梁相比,其徐变变形较小。由于嵌固在箱梁上的悬臂板,其长度可以发生较大幅度的变化,且腹板间距也能放大,能适应各种使用条件,特别适合预应力混凝土连续梁桥、变宽度桥,因此,箱梁可灵活地建成弯斜桥。

连续箱梁桥的施工方法多种多样,因时因地,可根据安全经济、保证质量、降低造价、缩短工期等因素综合考虑选择。一般常用方法有:搭设支架就地现浇、预制拼装(可以整孔、分段串联)、悬臂浇筑、顶推、用滑模逐跨现浇施工等。预应力钢束采用钢绞线,可以分段或连续配束,一般采用大吨位群锚。为了减轻箱梁自重,必要时可以采用体外预应力钢束。虽然连续箱梁桥采用预应力混凝土建造,能就地取材、工业化施工、耐久性好、适应性强、整体性好且美观。这种桥型在设计理论及施工技术上都发展得比较成熟。但是由于结构本身的自重大(占全部设计荷载的30%~60%),且跨度越大其自重所占的比值显著增大,大大限制了其跨越能力。还有大跨径连续箱梁要采用大吨位支座,如南京长江二桥北汊桥 165 m 变截面连续箱梁,盆式橡胶支座吨位达65 000 kN。大吨位支座性能如何、将来如何更换等一系列问题有待进一步研究。

2)刚构桥

20 世纪 80 年代以后,特别是 90 年代以来,随着交通业的迅速发展,要求行车平稳舒适,使连续梁桥得到迅速发展,但由于需设置大吨位的支座,增加了工程费用及养护成本,于是预应力混凝土连续刚构桥应运而生,近年来得到较快发展。刚架结构体系桥梁的上部结构梁(板)与下部结构墩柱(竖墙)整体结合在一起,梁与墩柱的结合处具有很大刚性。连续刚构在竖向荷载的作用下,梁(多为箱形)主要受弯,而在柱脚处有水平反力,其受力状态介于梁桥与拱桥之间,梁因柱的抗弯刚度而得到卸载作用。刚构又分为 T 型刚构、连续刚构、斜腿刚构和 V 型刚构。

(1)T 型刚构

早期的刚构桥大多为 T 型刚构。T 型刚构分为跨中设挂梁(如福州乌龙江大桥,主跨 144 m,保持跨径纪录 10 年)和跨中带剪力铰(如福州洪塘大桥)两种基本形式。跨中设挂梁属静定体系,各 T 型刚构单元单独作用而使受力和变形均较大,存在一定的结构缺陷;跨中带剪力铰是一种超静定结构,该结构的特点是剪力铰起到传力(只传递竖向剪力而不传递纵向水平力和弯矩)和牵制悬臂端变形的作用。但存在跨中挠度大、行车不顺,剪力铰不易制造安装、年久容易变形损坏等缺点,并且各种外因都能产生结构的附加应力。

重庆长江大桥又称为石板坡长江大桥,修建于 1981 年,主跨度 174 m,属于 T 型刚构桥,目前属国内同类结构中最大跨度的预应力混凝土 T 型刚构桥梁,如图1.1所示。

图 1.1　石板坡长江大桥

（2）连续刚构

T型刚构体系在设计中不断改进,逐步与连续梁体系的优点相结合。T型刚构的粗大桥墩被柔性薄壁墩所取代,形成墩梁固的连续刚构体系,开辟了大跨度桥梁向轻型结构发展的途径。预应力混凝土连续刚构桥数跨相连,跨中不设铰或挂梁,行车舒适,特别适用于大跨度、高桥墩的情况。它是利用薄壁高墩的柔性来适应各种外力所引起的桥梁纵向位移。此外,桥墩柔性大,对梁的嵌固作用小,其受力情况接近连续梁桥。但柔性墩需要考虑主梁纵向变形与转动的影响,以及墩身偏心受压时的稳定性。当连续长度太大时,宜设置伸缩缝,做成数座分离式的连续刚构。2006年建成的重庆石板坡长江大桥复线桥以主跨330 m成为当今世界第一跨径梁桥,如图1.2所示。结构体系采用长联大跨径混凝土刚构-连续混合梁桥,桥跨布置为87.75 m+4×138 m+330 m+133.75 m,全长1 103.5 m,全桥除主跨330 m中部有108 m钢梁外,其余均为预应力混凝土结构,单向四车道,桥面全宽19 m。

图1.2 重庆石板坡长江大桥复线桥

（3）斜腿刚构

斜腿刚构是由刚架演变而来的，将刚架的立柱做成斜的就成了斜腿刚架。斜腿刚构桥的工作情况更接近拱桥。其梁与腿中的弯矩比门式刚构桥要小，但支承反力却有所增加。由于桥墩置于岸坡上，有较大倾角，在主梁跨度相同的条件下，斜腿刚构桥的跨度比门式刚构桥要大得多。跨越陡峭河岸和深邃峡谷时，采用斜腿刚构桥是经济合理的方案。浊漳河预应力混凝土斜腿刚构桥位于山西省潞城、黎城两县交界处的邯长铁路上，桥梁横跨浊漳河，是我国第一座预应力混凝土斜腿刚构铁路桥，该桥桥址两岸陡峭，岩层完整坚硬，石嘴形成峡谷。桥式主跨为1孔82 m预应力混凝土斜腿刚构，两腿趾间设铰支座，两端伸臂各长23.5 m，设水平方向无约束的活动支座，中心跨为90 m，刚构全长91 m，桥全长171.12 m。梁体及腿部均为单室箱形截面，于1981年5月竣工。1982年建成的陕西安康汉江桥，是我国第一座铁路钢斜腿刚构桥，跨度达176 m，在目前世界同类铁路桥中，居于首位，如图1.3所示。法国1974年建成的Bonhamme桥，是世界跨度最大的公路预应力混凝土斜腿刚构桥，两支承铰的间距为186.25 m，桥高23 m，主梁为单箱，基础设有支承铰。目前，我国已建有多座斜腿刚构桥，不仅造型轻巧美观，而且施工也比拱桥简单。

（4）V型刚构

V型刚构桥也是一种连续刚构桥，所不同的是将桥墩做成V形。V型刚构桥具有连续刚构桥和多跨斜腿刚构桥的受力特性和共同优点。

1988年建成的桂林雉山漓江桥，如图1.4所示，为三跨连续的预应力混凝土V型刚构桥，跨度为67.5 m+95 m+67.5 m，悬臂长27.5 m，悬臂间设置40 m挂梁，V形墩的斜腿长12 m，宽度与箱梁等同，为5 m，斜腿倾角45°，均为箱形截面。该桥位于桂林风景区象鼻山和穿山附近漓江风景区，外形美观，线条流畅，轻巧别致。全桥有3个大孔、2 个 V 形墩身与梁部结构连接成刚构。与连续梁相比,跨度加长了,弯矩峰值进一步削减,可降低梁高;与连续刚构相比,跨中和支点弯矩较小,在结构外观上更显轻巧美观。桥墩较高时,V 形墩腿以下部分可连接一段竖墩,形成 Y 型刚构,其工作性能与 V 型刚构相同。

图 1.3　陕西安康汉江桥

图 1.4　桂林雉山漓江桥

1.1.2　拱桥

拱桥在桥梁发展史上曾占有重要地位,迄今为止,已有 3 000 多年的历史,因其形态美、造价低、承载潜力大而被广泛应用,也是大跨径桥梁形式之一,跨径从几十米到 500 多米。我国大跨度混凝土拱桥的建设技术居世界领先水平。拱桥的受力特点为拱肋承压,支承处一般有水平推力,按其建造材料分,可分为圬工拱桥、钢筋(骨)混凝土拱桥、钢管混凝土拱桥、钢拱桥等。

1)圬工拱桥

圬工拱桥较常见的为石拱桥,我国古代石拱桥建造就有很高的成就,如修建于公元 606 年的河北赵县安济桥,即赵州桥,跨径 37.4 m,矢高 7.23 m,宽约 9 m,在跨度方面曾保持纪录达 1 350 年之久,且至今保存完好。圬工拱桥不便于实现工厂化施工,施工周期较长,费用较高。同时圬工材料尽管适合承压,但其自重相对容许应力而言较大,因而不适于用作大跨度桥梁。

2)钢筋(骨)混凝土拱桥

钢筋(骨)混凝土拱桥为拱桥的主要形式,分为箱形拱、肋拱、桁架拱。根据近年的实践,常用的拱桥施工方法有支架现浇、预制梁段缆索吊装、预制块件悬臂安装、半拱转体法、刚性或半刚性骨架法。我国钢筋混凝土拱桥的发展趋势为拱圈轻型化、长大化以及施工方法多样化。万州长江大桥为劲性骨架箱拱,跨径 420 m,居世界第一。

3)钢管混凝土拱桥

钢管混凝土拱桥具有很强的承载能力,可以减少桥梁的自重,在很大程度上可以改善大跨度拱桥的抗风能力和抗震能力。在风荷载作用的横向稳定性中,使用钢管混凝土拱桥,则可以根据需要把拱肋做成合理形式的曲桁架结构,还可以获得拱肋所必需的结构刚度,在保证构件整体稳定性的基础上,使拱肋结构避风面积小,所受风荷载减少,以达到改善桥梁横向稳定性能。因其造型优美,在工程中被广泛应用,钢管混凝土拱桥解决了拱桥高强度材料应用和施工两大难题,所以得到了迅速发展。2013 年通车的合江长江一桥跨径达 530 m。跨径 575 m 的广西平南三桥已正式建成通车,是世界上已建成的最大跨径拱桥。目前已初步论证跨径 700 m 的钢管混凝土拱桥建设的可行性。

4)钢拱桥

我国大跨径钢拱桥起步较晚,但发展迅速。已建成的上海卢浦大桥为主跨 550 m 的中承式钢箱拱桥,比原世界第一的美国新河桥还长 31.8 m,而重庆朝天门长江大桥主跨552 m钢桁架拱桥,创世界第一,如图1.5所示。拱桥相对于梁桥而言,跨越能力大,结构自重小,外形美观,被广泛采用,但由于钢拱桥是一种推力结构,对地基要求较高。在更大跨度桥梁的应用上,拱桥的竞争性明显弱于斜拉桥和悬索桥。

图 1.5　重庆朝天门长江大桥

1.1.3　斜拉桥

斜拉桥是大跨径桥梁最流行的桥型之一。我国大跨径斜拉桥的数量已居世界第一。整体来说,我国斜拉桥设计施工水平已迈入国际先进行列,部分成果已达到国际领先水平。我国建成的香港昂船洲大桥、江苏苏通大桥,其主跨均达1 000 m以上。至今我国已建成各种类型的斜拉桥100多座,其中有50多座跨径大于200 m,数量占世界第一。斜拉桥由索塔、主梁、斜拉索组成主要承重构件,利用索塔上伸出的若干斜拉索在梁跨内增加弹性支承,减小梁内弯矩,受力特点为外荷载从梁传递到索,再到索塔。索塔选择不同的结构外形和材料可以组合成多彩多姿、新颖别致的各种形式。索塔形式有A形、倒Y形、H形、独柱等。材料有钢和混凝土两种。主梁有混凝土梁、钢箱梁、结合梁、混合式梁。斜拉索布置有单索面、平行双索面、空间索面。拉索材料有热挤PE防护平行钢丝索、PE外套防护钢绞线索。斜拉桥的施工方法主要采用悬臂浇和预制拼装。

斜拉桥的优点:梁体尺寸较小,桥梁的跨越能力增大,受桥下净空和桥面标高的限制小,抗风稳定性优于悬索桥,且不需集中锚碇构造,便于无支架施工。斜拉桥的缺点:索与梁或塔的连接构造比较复杂,施工中高空作业较多,且技术要求严格。斜拉桥作为一种拉索体系,比梁桥有更大的跨越能力。由于拉索的自锚特性而不需要悬索桥那样的巨大锚碇,加之斜拉桥有良好的力学性能和经济指标,已成为大跨度桥梁最主要的桥型,在跨径 240~1 000 m 的范围内占据优势。

1.1.4 悬索桥

悬索桥是特大跨径桥梁的主要形式之一,其造型优美,规模宏伟,常被人们称为"桥梁皇后"。自 1883 年美国建成布鲁克林桥,主跨 486 m 以来,至今已有 130 多年的历史。20 世纪 80 年代末,世界上的悬索桥修建到了鼎盛时期,建成跨径大于 1 000 m 的悬索桥 17 座。日本于 1998 年建成了世界最大跨度的明石海峡大桥,主跨 1 991 m,将悬索桥跨径从 20 世纪 30 年代的 1 000 m 提高到接近 2 000 m,是世界悬索桥建设史上的一座丰碑。我国在悬索桥建设方面异军突起,1995 年在国内率先建成了汕头海湾大桥,主跨 452 m。在近 5 年内,相继建成西陵长江大桥(主跨 900 m)、虎门大桥(主跨 888 m)、宜昌长江大桥(主跨 960 m)以及名列世界第四位的江阴长江大桥(主跨 1 385 m),名列世界第五位的公铁两用桥香港青马大桥(主跨 1 377 m)等 11 座大跨度悬索桥。多年来,我们积累了丰富的悬索桥设计与施工经验,已建成的润扬长江大桥,主跨 1 490 m,标志着我国悬索桥设计和施工水平已迈入国际先进水平。

悬索桥由索塔、锚碇、主缆、吊索和主梁 5 部分组成。主缆为主要承重构件,受力特点为外荷载从梁通过吊索传递到主缆,再到两端锚碇。主要材料为预应力钢索。悬索桥由于主缆采用高强钢材,受力均匀,因此具有很大的跨越能力,但也具有整体刚度小、抗风稳定性不佳,费用高、施工难度大等缺点。此种结构当跨径大于 1 000 m 时,才具有很大的竞争力。

1.2 轨道交通

城市轨道交通号称"城市交通的主动脉",成为占用土地和空间最少、运输能量最大、运行速度最快、环境污染最小、乘客最安全舒适的理想交通方式,经历了约 150 年的发展历史。

1.2.1　轨道交通制式

由于不同国家在对城市轨道交通制式分类时存在差异,故对此不作深入探讨,暂按国际流行和中华人民共和国国家发展改革委员会对城轨交通一般分类方法,并将其划分为地铁、轻轨和有轨电车三大类。其中,地铁包括大运量的地铁系统;轻轨有狭义与广义之分。狭义的轻轨包括钢轮钢轨的轻轨系统,而广义的轻轨可以将单轨、磁浮、中运量 APM 包含在内。有轨电车系统除了传统意义的有轨电车外,还包括在我国刚刚创新兴起的胶轮有轨电车和自导向有轨电车(智轨)。至于市域快轨系统,国内外的名称和统计差异显著,暂不做定义。

1.2.2　世界轨道交通发展

在 16 世纪前,城市交通的发展只是表现在城市道路网的不断修建与完善,其交通形式则一直是步行、骑马和马车出行,直到 16 世纪中期的罗马时代才出现了公共交通。随着城市规模的逐渐扩大,对公共交通运输能力的要求也在不断提高,轨道马车应运而生。1832 年,在美国纽约市的曼哈顿街道上铺设了轨道并开始运行有轨公共马车,这就是城市轨道交通的雏形。到 1861 年,伦敦街道上也出现了有轨马车。

随着城市人口及车辆的增加,在平交道口上出现了交通阻塞,这种情况在较大城市非常严重。交通拥堵使人们想到了将交通铁路线向地下发展,以便能更好地解决客流膨胀与土地紧张的问题。19 世纪中叶的英国伦敦交通十分拥堵。1843 年,有"地铁之父"之称的英国律师查尔斯·皮尔逊建议修建地铁。经过 20 年的酝酿和建设,世界上第一条快速轨道交通地下线(地铁)于 1863 年 1 月 10 日在伦敦建成通车,它标志着城市轨道交通在世界上的诞生。用明挖法施工的伦敦地铁,如图 1.6(a)所示,通车时采用蒸汽机车牵引,线路全长 6.5 km,至今已有 150 多年的历史。由于列车在地下隧道内行驶,隧道内烟雾熏人,但与拥挤不堪的伦敦地面街道上乘坐公共马车相比,其条件和速度都更胜一筹。因此,当时的伦敦市民甚至皇亲显贵们,更乐于乘坐这种地下列车,如图 1.6(b)所示。

世界上第一条地下铁道的诞生,为人口密集的大都市如何发展公共交通取得了宝贵的经验;特别是 1879 年电力驱动车的研究成功,使地下客运环境和服务条件得到空前改善,地铁建设显示出强大的生命力。自此以后,世界上一些著名的大都市相继建造了地下铁道。

（a）明挖施工　　　　　　　　　　　　（b）轨道营运

图 1.6 世界上第一条地铁

从 1863 年到 1900 年,修建地铁的就有 5 个国家 7 座城市:英国伦敦,美国格拉斯哥、纽约和波士顿,匈牙利布达佩斯,奥地利维也纳和法国巴黎。20 世纪初的欧美地区,包括德国柏林和汉堡、美国费城、西班牙马德里等 9 座大城市又相继修建了地铁。从此,城市交通步入了轨道交通时代。但重视和大规模修建城市轨道交通系统则是在第二次世界大战以后。100 多年来,已有 50 多个国家 300 余座城市修建了轨道交通,线路总长达数万千米,为城市交通和经济发展作出了重要贡献。

回顾历史,世界轨道交通的发展经历了一个曲折过程,大致可分为以下 5 个阶段:

1）诞生起步阶段(1863—1890 年)

①1863 年 1 月 10 日,世界公认的第一条地铁——"伦敦大都会铁路"开通,标志着世界城市轨道交通的诞生。

②1870 年,美国第一条在曼哈顿格林威治大街及第九大道的高架快速轨道交通线开始运营。

③1881 年,德国西门子公司在柏林近郊铺设了第一条电车轨道。

2）初步发展阶段(1890—1924 年)

①1890 年,在英国伦敦,第一条使用电力机车牵引的地下铁道建成。

②1896 年,匈牙利布达佩斯修建了欧洲最早的电气化地铁,是欧洲大陆上的第一条地铁。

③1904 年,美国纽约地铁巴尔蒙线开通,如图 1.7 所示,被誉为"纽约地铁之父"。美国纽约成为美洲最早建立地铁系统的城市。

④1913 年,阿根廷的布宜诺斯艾利斯建成地铁系统,成为拉丁美洲最早建立地铁系统的城市。

⑤20 世纪 20 年代,美国、日本、印度和中国的有轨电车有了很大发展。

图 1.7　巴尔蒙线

3）停滞萎缩阶段（1924—1949 年）

一方面，第二次世界大战爆发和汽车工业发展，导致了轨道交通停止萎缩，汽车成了新宠；另一方面，因投资大、建设周期长使轨道交通一度失宠。其间经历了第二次世界大战，各国都着眼于自身的安全，地铁建设处于低潮，但仍有澳大利亚的悉尼，日本的东京、大阪，苏联的莫斯科等少数城市在此期间修建了地铁。

①1926 年，澳大利亚的悉尼开通了轨道电车。

②1927 年，日本的东京开通了浅草至涩谷的地下铁道线，成为亚洲最早的地下铁道。

③1935 年，苏联的莫斯科第一条地铁通车运行。

4）再发展阶段（1949—1975 年）

汽车过度增加导致了道路拥堵，严重时会导致交通瘫痪，加之空气和噪声污染、大量耗费石油资源，停车位紧缺等问题。人们重新认识到城市客运交通必须依靠电力驱动的轨道交通。于是轨道交通重新得到重视。在此期间，有加拿大的多伦多、蒙特利尔，意大利的罗马、米兰，美国的费城、旧金山，苏联的列宁格勒（今圣彼得堡）、基辅，日本的名古屋、横滨，韩国的首尔以及中国的北京等约 30 座城市相继建成了地铁。具有代表性的地铁项目有：

①1957 年，日本的名古屋第一条地铁线路建成通车。

②1966 年，加拿大的蒙特利尔第一条地铁线路建成运营。

③1974 年，韩国的首尔第一条地铁线路建成通车。

5)高速发展阶段(1975 年至今)

世界各国都确立了优先发展轨道交通的方针,并通过立法来解决城市轨道交通的资金来源。伴随着世界城市化进程的加快,导致人口高度集中,人们生活节奏的加快,对城市交通的要求越来越高,需要高速发展的轨道交通来适应日益增加的客流运输,各种技术发展也为轨道交通奠定了良好的基础。

截至 2020 年年底,全球共有 77 个国家和地区 538 座城市开通城市轨道交通,运营里程超过 33 346 km,车站数达 34 220 个。其中,57 个国家和地区的 178 座城市开通地铁,总里程达 17 584.77 km,车站数超过 12 567 个;23 个国家和地区的 71 座城市开通轻轨,总里程达 1 586.85 km,车站数为 2 303 个;49 个国家和地区的 305 座城市开通有轨电车,总里程达 14 174.75 km,车站数为 19 350 个,如图 1.8、图 1.9 所示。表 1.1 列出了全球各大洲城市轨道交通总体总中线网规模(注:俄罗斯的全部城市划入欧洲计算)。从总体上看,欧亚大陆总运营里程占全球的 88.60%,其中,欧洲总运营里程最长,为16 302.33 km。从制式上看,亚洲地铁和轻轨里程最长,各占全球地铁和轻轨里程的63.86%和 62.19%;欧洲有轨电车里程最长,占全球有轨电车里程的 86.81%。

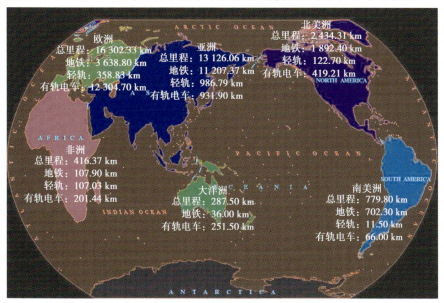

图 1.8　2020 年世界各大洲城市轨道交通分布情况(资料来源:都市快轨交通)

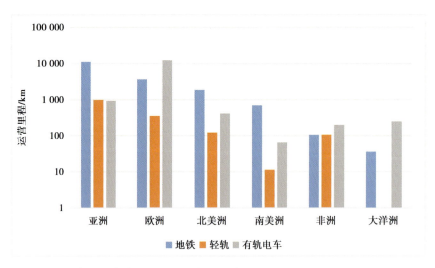

图 1.9　2020 年世界各大洲城市轨道交通运营里程图

表 1.1　2020 年世界各大洲城市轨道交通运营里程汇总　　　　　单位:km

大洲	地铁	轻轨	有轨电车	总计
亚洲	11 207.37	986.79	931.90	13 126.06
欧洲	3 638.80	358.83	12 304.70	16 302.33
北美洲	1 892.40	122.70	419.21	2 434.31
南美洲	702.30	11.50	66.00	779.80
非洲	107.90	107.03	201.44	416.37
大洋洲	36.00	—	251.50	287.50
总计	17 584.77	1 586.85	14 174.75	33 346.37

上述数据和表 1.1 表明:

①从各类别运营里程看,地铁和有轨电车里程均远远高于轻轨里程,说明地铁和有轨电车是目前全球主流制式。

②从分布区域看,全球城市轨道交通主要集中在亚欧大陆城市,其中地铁和轻轨主要分布在以中国为代表的亚洲国家,有轨电车集中分布在欧洲尤其是西欧国家。

表 1.2 列出了已开通城市轨道交通的国家和地区线网规模情况。从总体上看,中国(含港澳台地区)总运营里程排名世界第一,占全球总里程的 25.45%;德国以 3 604.16 km 的里程排名世界第二。从制式上看,中国的地铁和轻轨里程均排名世界第一,各占全球地铁和轻轨里程的 40.42% 和 24.19%;德国的有轨电车里程达 3 213.16 km,排名世界第一,占全球有轨电车里程的 22.67%。

表 1.2 2020 年世界各国（或地区）城市轨道交通运营里程汇总　　　单位:km

国家/地区	地铁	轻轨	有轨电车	总计	国家/地区	地铁	轻轨	有轨电车	总计
中国内地	7 108.49	384.00	485.70	7 978.19	匈牙利	48.20	16.00	154.00	218.20
德国	391.00	—	3 213.16	3 604.16	保加利亚	48.00	16.00	154.00	218.00
俄罗斯	611.50	10.00	1 219.00	1 840.50	拉脱维亚	—		214.90	214.90
美国	1 325.90	28.70	334.31	1 688.91	中国香港	174.70	11.20	13.00	198.90
法国	350.90	89.80	860.50	1 301.20	丹麦	38.20	38.20	110.00	186.40
乌克兰	112.80	—	1 102.00	1 214.80	葡萄牙	44.20		132.00	176.20
日本	788.50	81.10	1 67.20	1 036.80	白俄罗斯	37.30	—	129.40	166.70
波兰	35.50	18.40	968.10	1 022.00	泰国	129.30	23.00	—	152.30
韩国	863.30	128.31	—	991.61	智利	140.00			140.00
西班牙	455.90	59.00	383.02	897.92	芬兰	35.00		96.00	131.00
英国	523.90	48.50	317.80	890.20	埃及	89.40		32.00	121.40
印度	682.27	11.70	28.00	721.97	希腊	88.70		32.40	121.10
意大利	220.10	78.93	415.73	714.76	阿尔及利亚	18.50		102.44	120.94
荷兰	141.80	—	402.00	543.80	朝鲜	22.00		72.50	94.50
罗马尼亚	78.50	—	393.10	471.60	菲律宾	50.30	36.55	—	86.85
比利时	39.90	—	387.70	427.60	阿联酋	74.60		10.60	85.20
捷克	65.20	—	352.60	417.80	委内瑞拉	67.20	11.50	—	78.70
奥地利	83.30	—	323.89	407.19	卡塔尔	76.00	—		76.00
巴西	372.50	—	34.00	406.50	突尼斯	—	76.00		76.00
加拿大	227.10	94.00	83.00	404.10	阿根廷	56.70		17.00	73.70
土耳其	192.60	35.33	154.90	382.83	斯洛伐克	—		70.60	70.60
瑞典	108.00	—	219.10	327.10	摩洛哥	—		67.00	67.00
中国台湾	258.71	40.50	—	299.21	克罗地亚	—		66.20	66.20
澳大利亚	36.00	—	250.00	286.00	乌兹别克斯坦	50.10		—	50.10
新加坡	202.40	81.60	—	284.00	印度尼西亚	15.70	29.20		44.90
墨西哥	254.40	—		254.40	塞尔维亚	—		43.50	43.50
挪威	85.00	—	160.10	245.10	爱尔兰	—		42.10	42.10
伊朗	242.30	—	—	242.30	爱沙尼亚	—		39.00	39.00
瑞士	5.90	—	235.95	241.85	巴拿马	36.80	—		36.80
马来西亚	142.50	91.50	—	234.00	阿塞拜疆	36.60	—		36.60

续表

国家/地区	地铁	轻轨	有轨电车	总计	国家/地区	地铁	轻轨	有轨电车	总计
哥伦比亚	31.30	—	4.30	35.60	波多黎各	17.20	—	—	17.20
秘鲁	34.60	—	—	34.60	亚美尼亚	13.40	—	13.40	—
埃塞俄比亚	—	31.03	—	31.03	哈萨克斯坦	11.30	—	—	11.30
多米尼加	31.00	—	—	31.00	厄瓜多尔	—	—	10.70	10.70
巴基斯坦	27.10	—	—	27.10	中国澳门	—	9.30	—	9.30
格鲁吉亚	27.10	—	—	27.10	卢森堡	—	—	6.00	6.00
以色列	—	23.50	—	23.50	阿鲁巴	—	—	1.90	1.90
波黑	—	—	22.90	22.90	新西兰	—	—	1.50	1.50
沙特阿拉伯	18.10	—	—	18.10					

  从城市层面上看,全球共 97 座城市的轨道交通运营总里程超过 100 km,其中,中国有 24 座城市;全球共 19 座城市的总里程超过 300 km,其中,中国有 8 座城市。上海、北京、成都、莫斯科、首尔、广州的总里程超过 500 km,其中,上海以 834.20 km 运营里程居世界第一。

  如图 1.10 所示列出了总里程和分制式里程的前 10 名城市情况。其中,地铁、轻轨、有轨电车里程排名前十的城市的里程之和,占各自总里程的比例分别为 29.49%,48.67% 和 16.72%,反映出有轨电车分布的城市更广泛。

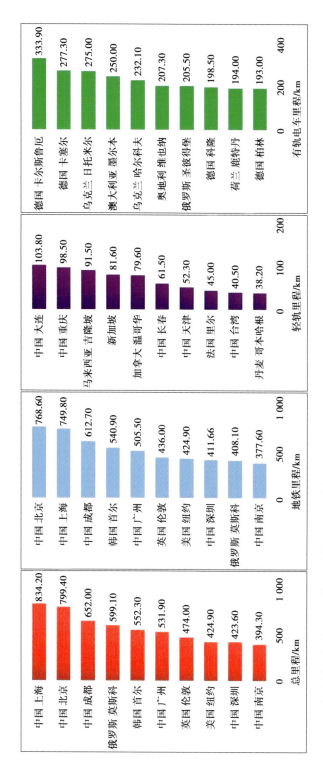

图1.10　各类城市轨道交通运营里程排名前十的城市

1.2.3　中国城市轨道交通的发展

中国城市轨道交通主要是指中国内地(以下文中涉及全国数据均指中国内地,不含港澳台)发展。

1)中国城市轨道交通的发展历史

中国有轨电车起源于 20 世纪初,1908 年中国第一条有轨电车在上海建成通车,到 20 世纪 50 年代,中国有轨电车的发展达到了高峰。有轨电车在中国城市交通中发挥了历史性的作用。1965 年 7 月,北京地铁开工建设,标志着中国现代城市轨道交通建设的开始。1969 年 10 月 1 日,中国第一条地铁在北京通车。这一阶段地铁的规划与建设,除了实现城市的客运功能之外,更重要的是考虑满足人防战备的需要。中国城市轨道交通大致可分为 3 个阶段,即起步阶段(1956—2000 年)、发展阶段(2001—2010 年)、繁荣阶段(2011—2020 年)。

(1)起步阶段(1956—2000 年)

第一阶段是中国现代化城市轨道交通的起步阶段。1956 年北京成立地铁筹建处,经过近十年的筹备,1965 年北京开始动工建设第一条地铁线路,即北京地铁 1 号线,当时建设的主要目的不是交通,而是人防。真正提出以解决交通问题为目的而建设的现代化城市轨道交通项目,是从 1984 年投入运营的北京地铁 2 号线开始的。随后,上海地铁 1 号线、广州地铁 2 号线和北京复八线均以交通为目的动工建设。20 世纪 90 年代,中国十几座城市陆续开始轨道交通的前期研究,申请轨道交通建设的城市较多,轨道交通发展呈现出良好态势。因项目造价、建设能力、设备能力、安全等问题,1995 年国务院发文(国办发〔1995〕60 号)宣布暂停审批轨道交通项目,轨道交通发展进入调整时期。这期间也开展了大量规划、发展方面的研究工作,轨道交通的建设速度暂时放缓,一直持续到 20 世纪末。

新旧世纪交替的 2000 年年底,经历了 40 多年的发展,中国有 4 座城市(北京、天津、上海、广州)运营地铁,共 7 条线路,总运营里程约 142 km,年均新增 3.2 km,见表1.3。在 20 世纪的时代背景下,中国城市轨道交通的发展展现出一定的时代特点。

表 1.3　2000 年底中国城市轨道交通(地铁)运营里程

城市	线路数量/条	运营里程/km	城市	线路数量/条	运营里程/km
北京	2	51.14	上海	3	65.4
天津	1	7.4	广州	1	18.497

①规划设想早,建设运营晚。反映了中华人民共和国成立后,经济发展和工业建设基础力量不强的问题。

②初期规划重视战备和人防作用。一些线路建成后数十年才面向民众开放,用作城市交通的一部分。

③轨道交通模式单一,布置形式多样。所有线路均采用地铁模式,但是线路的布置有地下式(北京、广州)、高架式(上海)和地面封闭式(上海、广州)3 种。

④城市轨道交通的建设有加速趋势。1980 年前建成地铁线路 1 条,1980—1990年建成地铁线路 2 条,1990 年后建成地铁线路 4 条。

⑤建设运营轨道交通的城市,均为中国特大城市,人口众多,经济实力雄厚。

(2)发展阶段(2001—2010 年)

第二阶段是中国城市轨道交通的发展阶段,跨越中国"十五""十一五"两个五年计划,整整十个年头,是中国经济高速发展的时期。国办发〔2003〕81 号文件规定:"地方财政一般预算收入在 100 亿元以上,国内生产总值达 1 000 亿元以上,城区人口在 300 万人以上,规划线路的客流规模达单向高峰小时 3 万人以上",可以申报建设地铁;"地方财政一般预算收入在 60 亿元以上,国内生产总值达 600 亿元以上,城区人口在 150 万人以上,规划线路客流规模达单向高峰小时 1 万人以上",可以申报建设城市轻轨;"对经济条件较好,交通拥堵问题比较严重的特大城市,其城市轨道交通项目予以优先支持"。

这些政策规范了城市轨道交通的立项条件、建设程序、建设技术标准,有效地避免了中国城市轨道交通的盲目扩张建设,有力地促进了中国城市轨道交通在这一时期的有序发展。

2001—2010 年十年间,中国城市轨道交通发展迅速。

①增长态势明显。

a.截至 2010 年年底,国内共有 13 座城市开通了城市轨道交通线路,较 2000 年年底新增了 9 座城市。

b.轨道交通总运营里程达 1 355 km,是 2000 年底总运营里程数的近 10 倍。

c.轨道交通运营线路累计达 55 条,是 2000 年底总运营线路的近 8 倍。

d.十年间,轨道交通新开通线路及运营里程逐年稳步增加,其中,"十一五"末的 2010 年发生井喷式增长,2010 年新开通运营线路 14 条,增加运营里程 431 km。

e.十年间,平均年增加线路为 4.8 条,约为上一阶段的 11 倍,平均年增加运营里程 121.3 km,为 2000 年以前的 38 倍。

②轨道交通制式更加丰富,但地铁制式仍为主旋律。

20 世纪中国城市轨道交通线路均为地铁制式。进入 21 世纪的十年来,轻轨、单轨、磁悬浮、有轨电车、自动导轨系统等多制式城市轨道交通进入各个城市。不同的城市会综合考虑交通需求、地形条件、财政状况等因素,选择适合的交通制式。

截至 2010 年末,地铁制式运营里程占城市轨道交通总运营里程的比例为 82%,如图 1.11 所示。从图中可以看出,地铁运营里程依然排名第一,且远远大于其他制式之和。地铁仍然是城市轨道交通的主旋律。

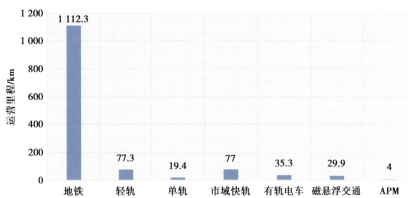

图 1.11   2010 年末中国城市轨道交通运营里程

（3）繁荣阶段（2011—2020 年）

第三阶段是城市轨道交通发展的繁荣阶段。该阶段涵盖"十二五"期间与"十三五"的部分。

中国交通协会的统计,截至 2020 年年底,中国内地开通城市轨道交通的城市共有45 个,运营线路 244 条,运营线路总长 7 969.7 km,如图 1.12 所示。拥有 4 条及以上运营线路,且换乘站 3 座及以上,实现网络化运营的城市有 22 座,占已开通城市交通运营城市总数的 49.0%。地铁运营线路 6 280.8 km,占比 78.8%;其他制式的城市轨道交通运营线路 1 688.9 km,占比 21.2%。当年新增运营线路长 1 233.5 km。

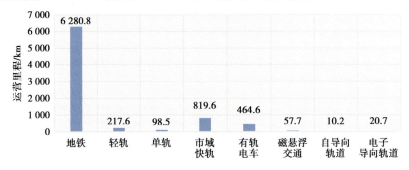

图 1.12   2020 年末中国城市轨道交通运营里程

"十三五"期间,累计新增运营线路长 4 351.7 km,年均新增运营线路长 870.3 km,年均增长率 17.1%。比"十二五"年均投入运营线路长 403.8 km 翻了一倍还多,五年新增运营线路长度超过"十三五"前的累计总和。累计完成建设投资 26 278.7 亿元,年均完成建设投资 5 255.7 亿元,比"十二五"翻了一番还多。累计共有 35 座城市的新一轮城市轨道交通建设规划及规划调整获国家发改委批复并公布,获批项目中涉及新增规划线路长度共计 4 001.74 km。新增计划投资合计约 29 781.91 亿元。运营、建设、规划线路规模和投资跨越式增长,城市轨道交通持续保持快速发展趋势。

　　"十二五"以来,中国城市轨道交通运营里程年均增加 637.08 km,较上一阶段增长 388%,如图 1.13(部分数据未纳入统计)所示。在此期间,国内首次出现了 8 种制式同时发展的繁荣景象,轻轨、市域快轨、单轨制式快速发展,首条中低速磁悬浮开通运营,地铁之外的其他制式占城市轨道交通的比例持续增高,城市轨道交通系统制式发展呈现多元化趋势,城市轨道网络逐步丰富,网络结构更加完善与合理。

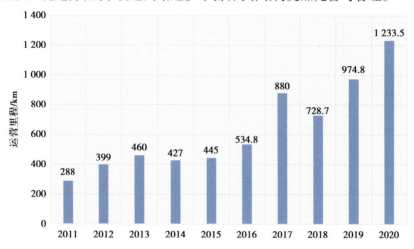

图 1.13　2011—2020 年中国新增城市轨道交通运营里程

2)中国城市轨道交通的发展现状

　　中国城市轨道交通经过 2011—2020 年的繁荣阶段,轨道交通事业发展迅猛。2013—2020 年这 7 年间,中国大陆开通城轨交通系统的城市总数增长 136.8%,运营里程增加 243.4%。"十三五"期间,累计完成客流量近 1 000 亿人次,年均客流量 194 亿人次/年。中国已成为城市轨道"交通大国",正迈向城市轨道"交通强国"。

　　根据中国城市轨道协会的统计,截至 2020 年年底,在中国内地开通城市轨道交通的 45 座城市中,城市轨道交通运营线路共有 8 种制式同时在运营。其中,地铁 6 280.8 km,占比 78.81%;轻轨 217.6 km,占比 2.73%;跨座式单轨 98.5 km,占比 1.24%;市域快轨 819.6 km,占比 10.28%;有轨电车 464.6 km,占比 5.83%;磁悬浮交通 57.7 km,占比 0.72%;自导向轨道系统 10.2 km,占比 0.13%;电子导向胶轮系统 20.7 km,占比 0.26%。各城市总运营里程排名,如图 1.14 所示。目前中国的城市轨道交通建设与发展,主要集中在东南沿海城市和部分省会城市,而中部和西部地区只有较少城市拥有城市轨道交通线路,发展较为缓慢,在地区分布上存在较大的不均衡性。

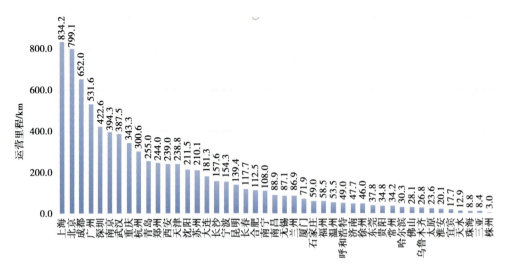

图 1.14　中国内地轨道交通运营里程排名

　　中国城市轨道交通在发展过程中应充分借鉴国外先进规划和运营经验。规划时构建合理化、层次化的城市轨道交通体系结构，关注支线、并行（快）线路的布局。运营过程中根据客流需求和网络结构特点，因地制宜地采取灵活编组、多交路、快慢车、跨线、共线等网络化运输组织方案，努力做到运能与运量合理匹配、工程建设与运营成本低、乘客出行方便和时效好，以提高城市轨道交通的服务质量。

1.3　大跨度城市桥梁

　　大跨度城市桥梁一般具有跨越山谷、沟壑、江河的特点。以山地城市重庆为例，城市风貌呈现出"山、水、城、桥"有机组合的特点，重庆城市风貌如图 1.15 所示。这也是山地城市大跨度桥梁建设创新的源泉，一般山地城市大跨度桥梁建设的特点可归纳为以下 5 个方面：

图 1.15　重庆城市风貌图

1)融合城市景观

山地城市中的每座桥梁都应结合山地城市景观设计的要求,与城市景观相融合,使之成为一个城市标志建筑,如重庆东水门长江大桥、千厮门嘉陵江大桥、朝天门长江大桥以及重庆菜园坝长江大桥。

2)基础条件好

山地城市建桥一般地质条件较好,地基持力层一般为基岩,覆盖层较浅甚至裸露。下伏基岩多为砂岩、泥岩或石灰岩等。

3)地形、航道多样化

由于平面地形范围受到限制、主航道偏离河床中心、枯期及洪水期航迹线变化大等因素,使得山地城市桥梁孔跨布置受到约束,通航孔跨度大、结构形式多样、复杂。

(1)不对称地形

受河床两侧山地的影响,虽然山地河流基本呈 V 形或 U 形河谷,但从两侧山地地形高低不同,如图 1.16 所示,以及规划道路标高和接线等综合因素考虑,由于山、江、城的特殊组成,高程差异大,低处为江、高处为山的特殊地形,或一侧由于山地较高且陡,主跨之外两侧桥梁的长度非常不对称,会给跨江桥梁设计带来极大的困难。如四川省泸州市龙透关大桥,重庆红岩村嘉陵江大桥,重庆黄花园嘉陵江大桥和石板坡长江大桥紧接石黄隧道,嘉华大桥紧接嘉华隧道、华村隧道和虎头岩隧道,重庆菜园坝长江大桥紧接南城隧道、八一隧道等。

图 1.16　红岩村嘉陵江大桥原景风貌

(2)航道偏向江岸一侧

山区河流一般都位于弯曲河道中,河流枯水扫弯、洪水取直的水流特性表现尤为明显,一般在弯道处多是航道,航道偏离河床中心的情况时有发生,如重庆石板坡长江大桥和菜园坝长江大桥航道偏南岸侧(图 1.17)、红岩村嘉陵江大桥偏向渝中区侧等。水土嘉陵江大桥偏向两江新区的水土侧。这些桥梁的跨径布置明显具有不对称性。

图 1.17　珊瑚坝长江航道

4) 高墩

山地城市地形高差大,结构在跨江时形成了大量的高墩桥梁,一般超过 60~70 m,有的甚至超过100 m。重庆蔡家嘉陵江轨道专用桥,如图 1.18 所示。主塔下塔柱高111 m,引桥桥墩高 37~93 m。

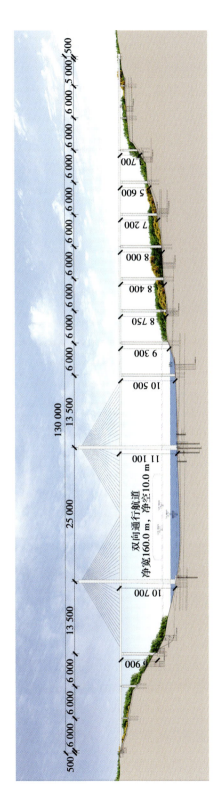

图1.18　重庆蔡家嘉陵江轨道专用桥桥型布置图（单位：mm）

5)城市空间多层次连接

山地城市受山地地形的影响,城市道路难以形成横平竖直的网格结构,大量道路因地制宜,城市空间设计依据亲水、择高、择坡、留顶为原则,城市主要干线路网也主要是沿江、沿山(穿山)以及坡顶等地方。由于高差变化,跨江桥梁一般多为主干线网连接,这样就必然形成多层次的路网空间,如图 1.19 所示。

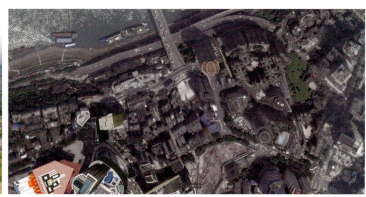

图 1.19　重庆洪崖洞及周围环境

6)跨江桥梁

桥梁因其造价低、工期短、风险小、景观壮美、行车条件好、对地质勘察和施工条件要求相对较低等特点成为最主要的跨江通道。桥梁施工技术较成熟,跨江桥梁成为沿江城市交通的重要组成部分。

(1)重庆地区跨长江、嘉陵江桥梁

以重庆为例,重庆境内高山成阵,江河纵横,长江干流横穿全境,160 余条次级河流汇入其中。重庆现已成为一座名副其实的"桥都",桥梁数量、形式和建造技术都居全国首位,目前全市境内现有桥梁达 14 000 余座,另外,还有 2 000 多座正在建设之中。图 1.20 列出了重庆地区运营、建设以及部分规划桥梁分布情况。其中,长江大桥64 座,运营的长江大桥 43 座,在建的长江大桥 10 座,规划的长江大桥 11 座。外环以内主城区运营、建设以及部分规划桥梁跨长江 28 座,跨嘉陵江 33 座。其中运营的跨江大桥 32 座,在建的跨江大桥 11 座,规划的跨江大桥 18 座。道路专用桥梁 32 座、轨道专用桥梁 12 座、路轨共用桥梁 17 座,如图 1.20 所示。

(2)跨江与轨道相关桥梁

①轨道桥梁总体规划。根据重庆市城市轨道 25 线 1 环线网规划,轨道过江桥梁共 29 座,其中:

a.按河流分:长江 14 座,嘉陵江 15 座。

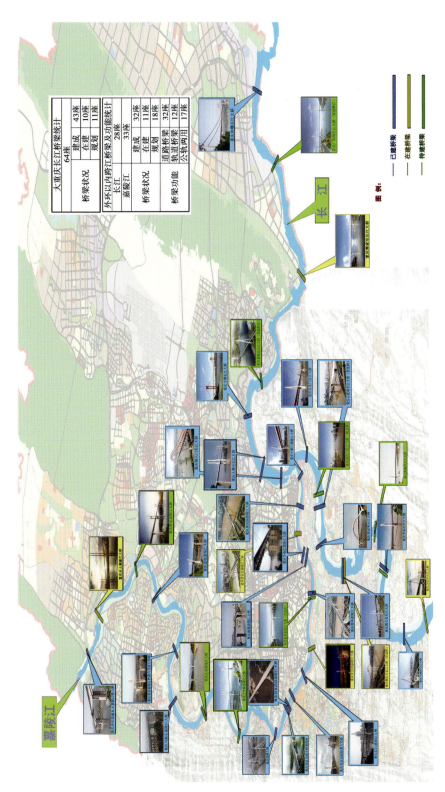

图1.20 重庆主城区跨长江、嘉陵江桥梁分布图

b.按功能定位分:公轨两用 17 座,轨道专用 12 座。

c.按规划建设状态分:已建成 10 座,在建 7 座,规划 12 座。

②跨越长江、嘉陵江轨道桥梁现状。截至目前,长江、嘉陵江轨道桥梁已建成 10 座,见表 1.4;在建/已建成桥梁有 7 座,见表 1.5;近年轨道跨长江、嘉陵江轨道部分桥梁建设计划,见表 1.6。

表 1.4 已建成长江、嘉陵江轨道桥梁

轨道线路	桥梁名称	功能定位		备注
		公轨两用	轨道专用	
2 号线	鱼洞长江大桥	◆		
3 号线	渝澳嘉陵江大桥		★	
	菜园坝长江大桥	◆		
6 号线	东水门长江大桥	◆		
	千厮门嘉陵江大桥	◆		
	蔡家嘉陵江大桥		★	
19 号线	鼎山长江大桥	◆		建成未通轨道
环线	朝天门长江大桥	◆		
	鹅公岩长江大桥		★	
	高家花园嘉陵江大桥		★	

表 1.5 在建/已建成长江、嘉陵江轨道桥梁

轨道线路	桥梁名称	功能定位		通车时间/年
		公轨两用	轨道专用	
5 号线	红岩村嘉陵江大桥	◆		2023
8 号线	郭家沱长江大桥	◆		2023
9 号线	嘉华嘉陵江大桥		★	2022
10 号线	曾家岩嘉陵江大桥	◆		2020
	南纪门长江大桥		★	2022
18 号线	李家沱长江大桥	◆		2024
	白居寺长江大桥	◆		2022

表 1.6　近年跨长江、嘉陵江轨道部分桥梁建设计划

轨道线路	桥梁名称	功能定位		第三轮建设	第四轮建设	计划开工时间/年
		公轨两用	轨道专用			
15 号线	礼嘉嘉陵江大桥	◆			√	2022
21 号线	土湾嘉陵江大桥	◆			√	2023
24 号线	黄桷坪长江大桥	◆			√	2022

参考文献

[1] 韩宝明,杨智轩,余怡然,等. 2020 年世界城市轨道交通运营统计与分析综述[J]. 都市快轨交通,2021,34(1):5-11.

[2] 中国城市轨道交通协会.城市轨道交通 2020 年度统计和分析报告[EB/OL]. (2020-04-09)[2020-04-13].

[3] 任国雷,刘安双. 山地城市跨江大桥设计创新和关键技术[M]. 重庆:重庆大学出版社,2019.

[4] 李开基. 浊漳河预应力混凝土斜腿刚构桥施工[J]. 桥梁建设,1983(1):1-10.

[5] 邓文中. 桥梁话语:邓文中文选[M]. 北京:人民交通出版社,2014.

[6] 李建国. 城市轨道交通系统概论[M]. 2 版. 北京:机械工业出版社,2015.

[7] 操杰,黄志高. 城市轨道交通概论[M]. 成都:西南交通大学出版社,2018.

[8] 仲建华,李闽榕,韩宝明,等. 中国轨道交通行业发展报告(2017)[M]. 北京:社会科学文献出版社,2017.

[9] 仲建华. 城市轨道交通桥梁创新设计及策略[J]. 都市快轨交通,2011,24(2):14-18.

第2章 城市轨道交通桥梁设计创新及规范解读

2.1 跨江大桥设计创新

2.1.1 轨道交通桥梁设计创新

与普通公路、铁路桥梁相比,城市轨道交通桥梁具有其特殊性。与公路桥梁的不同之处在于桥宽比较固定、活荷载离散性小,但对桥梁的变形控制更加严格;与铁路桥梁的不同之处在于短途乘坐条件和长途旅行的差别(车型、荷载、行车密度、运行速度及舒适度要求不同)以及对噪声、振动和景观要求更高所导致的桥梁运营参数方面的差别。

在城市轨道交通桥梁设计中需要重点考虑景观、环保两项重要因素,是普通公路、铁路桥梁中相对较少涉及的内容,尤其是位于主城区的城市轨道交通大型桥梁,与普通公路、铁路桥梁相比,在桥梁的地理位置、功能定位、艺术造型、景观方案、结构形式、环保指标及维护保养等方面需开展广泛的创新设计工作。

创新也是桥梁工程师的义务。创新不一定是发明创造。邓文中院士将创新总结为 5 个 I:Invention(发明)、Improvement(改进)、Incorporation(融合)、Increase Value(增值)、Incentive(奖励)。创新是贯穿在桥梁工程师日常工作中的一种理念。该理念指导工程师通过新的构思,达到"科学合理、以人为本、安全可靠、经济适用、技术先进"的目的。轨道交通设计创新通过引入新的材料、新的结构形式和新的机械设备,达到简化施工过程、缩短施工时间、提高施工质量的目的。

以重庆为代表的山地城市,有山有水、地形复杂、景色宜人。山地城市轨道交通桥梁如何创新,需要桥梁工程师结合山地城市的特点以及周边环境,准确把握功能定位、匹配的荷载组合、安全的抗震等级、有效的参数控制及合理的形式比选,提升安全可靠、适用耐久、技术先进、经济合理以及与环境协调的价值。

2.1.2　跨江大桥创新实践

每个工程都要经过许多不同的阶段:从桥位选择、方案设计、初步设计、施工图设计到施工和监控等。在每个阶段中工程师都可以选择不同的方法来解决问题。工程师的职责就是选择或者创造最合适的方法来解决这些工程问题。在解决问题的过程中,工程师可以通过改良现有的构思和方法,达到增加安全、降低成本、改善使用功能和美化结构的目的。这也包括引用新的材料、新的结构形式和新的机械,简化施工过程,缩短工期等。作为城市跨江大桥,应重点放在桥梁的结构和美观上。一座桥的结构造型与美观是密不可分的。结构本身的美是桥梁最基本的美。当然,在研发一个新的桥梁结构时,新材料的应用、施工方法等都必须同时加以考虑。

桥梁创新一般有两个比较常见的方式:一是将原有的造型优化来增加其价值,例如,使其更美观、更容易施工或更耐用等。二是发展出新的结构形式,把当前普遍认为不可能的、还没有人做过的变为可能。例如,重庆石板坡长江大桥复线桥,如图 2.1 所示,钢箱梁和混凝土梁组合的理念将大家认为不大可能的 330 m 跨度的梁式大桥变成可能。

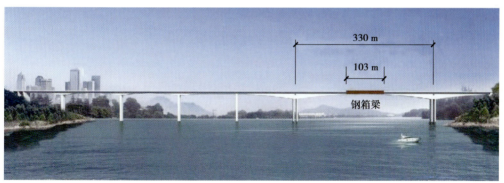

图 2.1　石板坡长江大桥复线桥

2.1.3　条件制约高、低塔斜拉桥设计

就山地城市跨江大桥建桥条件而言,桥梁当受水文或地形条件限制使航道偏向于某岸侧且临山,以及桥头接线或城市天际线等边界条件影响时,边中跨比针对不同桥型而言,采用常规设计就容易使结构不合理,因此,针对山地城市的特点,跨江大桥在

结构选型上,传统意义的梁桥、拱桥、斜拉桥已不适合其环境,目前多采用高、低塔斜拉桥。

1)高、低塔斜拉桥的选型条件和原则

高、低塔斜拉桥具有适应的地形和地质条件、桥型技术成熟以及高、低桥塔布设与周边自然景观良好协调,具有很好的景观效果和视觉效果等优点。表2.1列出9座高、低塔斜拉桥梁统计数据。

表2.1 高、低塔斜拉桥统计表

序号	桥名	体系	梁型	高塔高度/m		低塔高度/m		跨径布置/m
				上塔柱	下塔柱	上塔柱	下塔柱	
1	重庆长江南纪门轨道专用桥	半漂浮	叠合梁	161.5	67.5	93.0	67.0	34.5+180.5+480+215.5+94.5
2	重庆水土嘉陵江大桥	固结	叠合梁	128.0	73.0	76.0	78.0	(61+199)+388+128
3	重庆涪陵乌江二桥	固结	混凝土箱梁	105.4	73.0	66.4	63.0	150+340+100
4	重庆双碑嘉陵江大桥	固结	混凝土箱梁	108.3	67.4	60.3	61.5	(75+145)+330+95
5	荆州长江大桥南汉通航孔主桥	漂浮	混凝土π梁	86.0	39.4	61.0	28.4	160+300+97
6	江西鄱阳湖大桥	半漂浮	混凝土π梁	90.3	25.1	66.9	25.0	(65+123)+318+130
7	重庆云阳长江大桥	半漂浮	混凝土π梁	91.6	85.0	67.4	100.2	(51+136)+318+132
8	苏村坝大渡河大桥	半漂浮	混凝土π梁	76.0	45.5	61.5	52.0	132+220+67.65
9	重庆红岩村嘉陵江大桥	高塔固定	钢桁梁	126.0	76.0	71.0	79.8	(91.4+138.6)+375+120

(1)高、低塔斜拉桥的选型条件

①受岸侧立交匝道的影响,斜拉索的布置影响桥头交通组织。

②受线路展线的影响,岸侧边跨处于平曲线上。

③岸侧山体陡峭,考虑为隧道开挖以及隧道洞口施工方便以及不大面积开挖山体。

④顺应及重塑桥址处城市天际线,提升城市区域景观品质。重庆长江南纪门轨道专用桥,如图 2.2 所示。

（a）等高双塔斜拉桥

（b）高、低塔斜拉桥

（c）大桥实景效果图

图 2.2　重庆长江南纪门轨道专用桥对城市天际线的影响

（2）高、低塔斜拉桥的选型原则

①高、低塔两侧主梁长度分配比例应协调,应利于主梁内力的分配,也兼顾桥梁的景观效果。

②当下塔柱为跨度的 1/7~1/3 时,可优先选用墩、塔、梁固结体系斜拉桥,该体系斜拉桥具有较大的整体刚度,更利于悬臂施工。

③主跨 300 m 以下的高、低塔斜拉桥,采用三跨结构斜拉桥有利于施工控制,桥梁视觉效果更具通透性。

④高、低塔两侧主梁对称布置,有利于主梁的挂篮悬臂施工。

⑤高、低桥面以上塔柱高度应比例协调,其比值不大于 3:1。

2）体系选择

在恒载受力行为上,固结体系与非固结体系都是由斜拉索平衡恒载作用,两者基本一致。对比分析表明,活载和温度等效应作用在非固结体系时,桥塔左、右侧斜拉索索力的差异使塔柱受弯,如图 2.3（a）所示,下塔柱高度越高则弯曲效应越大;而对固结体系的桥塔,上述效应是由梁体直接传递给塔柱而使其受弯,如图2.3(b)所示,下塔柱柔度越大弯曲效应越小。随着下塔柱高度的增加即柔度的增加,与非固结体系对比,固结体系桥塔的弯曲效应逐渐减小直至小于非固结体系桥塔,如图2.3(c)、(d)所示。

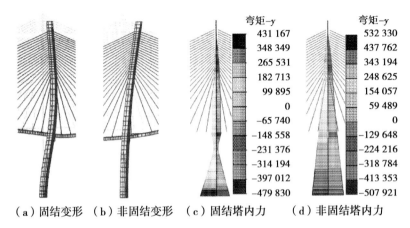

（a）固结变形 （b）非固结变形 （c）固结塔内力 （d）非固结塔内力

图2.3　塔、梁固结与非固结的变形和内力图示(单位:kN·m)

下塔柱的柔度是决定固结体系成立与否的主要因素。表2.1中重庆涪陵乌江二桥、重庆双碑嘉陵江大桥由于下塔柱具有足够柔度而采用固结体系,而荆州长江大桥南汊通航孔主桥、江西鄱阳湖大桥则因柔度不足而未采用固结体系。

3）主梁设计

高低塔固结体系斜拉桥,梁体材料对受力影响较大。混凝土梁体的收缩徐变作用加剧了下塔柱向跨中方向受弯变形,随着跨度的增大逐渐成为不利的影响因素,钢-混叠合梁收缩徐变效应较小,钢箱梁则无此效应。因此,在梁体材料选择上,一般情况混凝土梁体适用于主跨在350 m以下的情况,主跨在350～500 m时宜采用钢-混叠合梁,主跨大于500 m时宜采用钢箱梁。

2.1.4　极短边跨混合梁斜拉桥设计

混合梁斜拉桥全部或部分边跨采用混凝土梁、部分或全部中跨采用钢梁。边中跨的刚度比和恒载比相差较大,边跨对中跨起到很好的锚固和压重作用。与混凝土梁斜拉桥相比,加大了中跨的跨越能力;与全钢梁斜拉桥相比,在跨越能力相同的情况下,边跨的长度可以设置得小一些,且刚度和动力特性相对更优,同时可以免去为使边墩支点不出现负反力而设置大量的局部压重。混合梁斜拉桥是跨越能力较大的一种桥型,是一种适用于山地城市地形、地貌的桥型,具有十分广阔的应用前景。表2.2列出了当前世界上部分混合斜拉桥工程实例数据。

表 2.2　世界上部分混合梁斜拉桥工程实例数据表

序号	桥梁名称	国别	跨径布置	主跨/m	边跨/m	边、中跨比	建成年份/年
1	俄罗斯岛跨海大桥	俄罗斯	(60+72+3×84)+1 104+(3×84+72+60)=1 872	1 104	384	0.348	2012
2	香港昂船洲大桥	中国	(69.25+2×70+79.75)+1 018+(79.75+2×70+69.25)=1 596	1 018	289	0.284	2009
3	重庆嘉陵江高家花园轨道专用桥	中国	52+68+340+66.5+50.5	340	120/117	0.353/0.344	2016
4	多多罗大桥	日本	(50+50+170)+890+(270+50)=1 480	890	270	0.303	1998
5	荆岳长江大桥	中国	(100+298)+816+(80+2×75)=1 079	816	230	0.282	2010
6	武汉白沙洲长江公路大桥	中国	(50+180)+618+(180+50)=1 078	618	230	0.372	2000
7	日本生口大桥	日本	(50+50+50)+490+(50+50+50)=790	490	150	0.306	2000
8	重庆永川长江大桥	中国	(64+68+68)+608+(68+68+64)=1 008	608	200	0.329	2014
9	泸州长江六桥	中国	(55+60)+425+425+(60+55)=1 080	425	115	0.271	在建

1)混合梁斜拉桥的优点

相对于单一的混凝土主梁斜拉桥和钢主梁斜拉桥,混合梁斜拉桥具有很多优点,主要体现在以下几个方面:

①边跨混凝土主梁的自重和刚度较大,减小了主跨梁体的内力和变形,降低甚至消除了边跨端支点的负反力,从而加大斜拉桥的跨越能力。

②边跨预应力混凝土主梁不但能平衡中跨钢主梁的质量,而且因后锚斜拉索分布较密,在总体上提高了整座桥梁的刚度,也减小了钢梁和拉索的疲劳影响。

③边跨预应力混凝土主梁可与索塔同时进行施工,有利于加快施工进度。同时,由于其始终为单悬臂施工,可大大提高施工期间的安全性。

④超大跨度混合梁斜拉桥的扭弯频率比提高25%,跨中风致竖向位移减小大约20%,抗风性能佳。

⑤混合梁斜拉桥边跨与中跨是一种锚固与被锚固的关系,这种锚固并不像悬索桥一样是集中锚固的,而是分散在整个边跨。因此,这种锚固不但提高了中跨的跨越能力,而且边跨也不必做得太大。

⑥可以在结构自重和用钢量两个指标上寻求比较好的平衡,从而从总体上降低工程造价、节省费用。

2)混合梁斜拉桥的选型条件及适用范围

一般而言,当斜拉桥的主跨与边跨的正常比例受到限制(即边跨跨度较小)时,典型混合梁斜拉桥可以较好地解决主跨与边跨之间比例不协调的矛盾(图2.4),尤其适合于山地城市跨江大桥布跨受限的情况。与多种斜拉桥对比分析表明:钢斜拉桥的最大合理跨径在700 m以内,混凝土斜拉桥的最大合理跨径在500 m以内。当跨径超过800 m时,一般认为,钢斜拉桥的挠曲变形很大且不经济,而一般混凝土斜拉桥因自重过大难以架设,也就是说,钢斜拉桥和混凝土斜拉桥由于自身的局限性难以满足大跨度的要求,混合梁斜拉桥集两者优点于一体,能满足大跨度(跨径800 m以上)的要求。

（a）俄罗斯岛跨海大桥　　　　　　　　（b）鄂东长江大桥

图2.4　典型混合梁斜拉桥

3)体系选择

混合梁斜拉桥支承体系基本与传统斜拉桥相同,即全漂浮体系、支承(半漂浮)体系、固结体系和刚构体系。混合梁斜拉桥支承体系包括竖向、纵向和横向支承体系。一般将竖向和纵向合在一起进行斜拉桥结构支承体系的划分,而横向支承体系则具有独立性。

相关文献研究表明:梁塔固结体系能显著提高结构的纵向刚度,可大大减小梁端和塔顶水平位移,但由温度引起的主梁轴力和塔根弯矩远大于漂浮体系结构。漂浮体系使温度得到释放,但主梁和塔顶的水平位移较大;由纵向静风力和汽车制动力产生的塔底弯矩很大。从动力方面分析,全漂浮体系可以使结构固有周期加长,从而减小地震力。桥塔处设竖向支座(半漂浮)对结构总体刚度和静力反应影响不大,仅对支座位置主梁局部受力有一定影响。

桥塔处设置纵向约束或有限位移约束,一方面可减小由活载、纵向静风力等产生的塔底弯矩和梁、塔的水平位移;另一方面由温度引起的主梁轴力和塔根弯矩介于梁塔固结和漂浮体系之间。对漂浮及半漂浮体系,通常需要设置纵向附加装置以改善结构的静、动力反应,由此形成纵向约束体系。附加装置根据提供的刚度和阻尼不同,可分为弹性约束和阻尼约束两大类。弹性约束通常采用水平拉索装置、大型橡胶支座等,提供了附加刚度,对结构静、动力反应均有明显影响;阻尼约束提供附加阻尼,使冲击荷载产生的能量大部分由装置吸收而不是结构吸收,对结构的动力响应有较大影响,但对静力反应无影响。因此,阻尼约束通常与静力刚性限位装置联合使用。阻尼约束主要对纵向地震力、汽车冲击力和纵向动风荷载起到约束作用,静力刚性限位则用以降低导致桥塔纵向弯矩过大的纵向风荷载等静荷载。

综上所述,混合梁斜拉桥的纵、竖向支承体系可大致归纳为以下三大类:

①动力阻尼限位约束体系:塔梁处竖向支承+动力阻尼限位装置。

②水平弹性约束体系:塔梁处竖向支承+水平弹性约束。

③半漂浮体系:塔梁处竖向支承。

具体选用哪种支承体系需综合考虑结构静、动力分析及构造形式、施工方便性、运营管养难易程度等方面。通过对阻尼限位装置的技术参数和水平弹性约束的刚度进行优化,可使结构受力性能达到最优。

2.1.5 突破极限混合梁梁桥设计

1)混合梁梁桥的发展

2006 年,重庆石板坡长江大桥复线桥将梁桥世界纪录从 301 m 提高到 330 m。混合梁桥在国内也得到了发展,表 2.3 列出 4 座国内混合梁桥统计表。重庆嘉华轨道专用桥也面临着嘉华桥的制约,从城市景观考虑,应与原桥桥型一致,但因轨道专用桥本身的特点,需要适应较大的刚度以及后期变形小的要求,故采用了混合梁桥方案。其技术指标领先于世界同类桥梁,是轨道专用桥梁建设技术的重大创新。

采用混合梁梁桥设计的主要优点如下:

①有效地解决了混凝土梁自重过大的问题,增强了梁式桥的跨越能力。

②降低施工风险,加快施工进度。

③有效改善了因混凝土收缩、徐变对大跨度梁桥后期线型变化的不良影响。

④有效改善了大跨度混凝土梁桥腹板开裂对结构的影响,确保结构的耐久性。

表2.3 混合梁桥统计表

桥名	跨径布置/m	结构体系	桥面宽/m	截面形式	主跨梁高/m		钢梁长/m	边跨/主跨 λ	钢梁/主跨 μ
					根部 h_1	跨中 h_2			
重庆石板坡长江大桥复线桥	87.75+4×138+330+133.75	刚构-连续	19.0	单箱单室	16.0	4.5	108.0	0.405	0.327
中山小榄水道	98+220+98	刚构	15.3		11.0	3.6	87.0	0.445	0.395
瓯江大桥	84+200+84	刚构	15.5		9.0	3.5	80.0	0.420	0.400
重庆嘉华轨道专用桥	28+39+48+138+252+110	刚构-连续	12.5		15.7	5.0	92.0	0.437	0.365

2）混合梁桥总体布置

与墩梁一体化设计一样,长联大跨结构体系桥梁,总长通常超过1 000 m,除跨越江河的桥梁主跨需考虑设计洪水流量、桥位河段特性和通航净空外,其余孔径可根据结构合理受力和便于施工以及在一定程度上桥梁形式的整体美观确定。

对传统连续梁体系,影响结构受力的参数主要有两个方面:荷载和结构布置。其中,结构的边中跨比、梁体的高跨比以及截面的顶底板厚度和腹板宽度等设计参数都会影响结构的受力。而混合梁体系又多了一个重要设计参数,即中跨内组合梁段的长度。边/主跨比例 λ 与主跨组合梁长度比例 μ 两个参数对新型混合梁体系受力的影响最大。混合梁桥的边跨长度和主跨组合梁长度是相互影响的,增大主跨混合梁长度比例就可在一定程度上降低结构的边/主跨比例,当然混合梁的长度不能过长,否则会使混合梁位于连接部位的负弯矩区段。在主跨跨度和组合梁长度固定的情况下,边跨的长度不宜过长,一方面会引起中间墩较大负弯矩,另一方面会增加相应的工程数量和造价;边跨的长度不能过短,否则会引起边支座出现负反力,需对结构采取压重等特殊处理措施。从表2.3中可以看出,总体结构布置中边跨与主跨跨径之比 λ 一般为0.4~0.45,主跨钢梁长度与主跨之比 μ 一般为0.3~0.4。

同样为了减少支架的架设,更好地适应山地地形的复杂多变,其跨径布置应遵循以下原则:

①悬臂对称平衡施工。

②墩高跨径比例协调。

③避免高支架现浇施工。

2.2　《城市轨道交通桥梁设计规范》解读

2.2.1　《城市轨道交通桥梁设计规范》的制订目的

城市轨道交通桥梁不仅荷载作用方式和荷载类型显著区别于普通铁路和公路桥梁,其典型桥梁结构的构造形式和运营管理养护要求也大为不同,桥梁检测评定要求及长期健康监测指标的确定,将直接关系到轨道交通的运营安全性和长期可靠性。如前所述,城市轨道交通桥梁与铁路、公路桥梁具有许多不同特点,现有铁路、公路桥梁的设计规范内容在安全、景观、环保、检测、评定、维修、维护等方面无法满足城市轨道交通桥梁设计工作的实际需要。由重庆市轨道交通(集团)有限公司组织制订并颁布《城市轨道交通桥梁设计规范》(GB/T 51234—2017)以及《城市轨道交通运营监测与评价方法》,既可使我国各城市轨道交通建设项目摆脱了当前桥梁设计"无规范可依"的尴尬局面,又实现了科学、合理确定各种技术控制指标及规范各种类型城市轨道桥梁设计的工作目标;既推动了我国城市轨道交通桥梁创新设计的不断进步,又填补了国家标准在这一领域的空白,从而迅速提升我国城市轨道交通规划、建设及运营维护管理的技术水平和国际地位。

2.2.2　《城市轨道交通桥梁设计规范》的主要内容解读

《城市轨道交通桥梁设计规范》(GB/T 51234—2017)主要技术内容是:总则、术语、基本规定、材料、设计荷载、刚度要求、结构设计、桥梁设备系统接口、耐久性设计及养护设施等。对规范中的主要内容解读如下:

1)材料的极限强度和容许应力

《城市轨道交通桥梁设计规范》(GB/T 51234—2017)沿用了铁路设计规范的设计方法,即容许应力法和破坏阶段法。

(1)容许应力法

容许应力法将材料视为理想弹性体,用弹性理论算出结构在标准荷载下的应力,要求构件截面上任意点的钢材和混凝土的应力 σ 不得超过各自的容许应力 $[\sigma]$,即 $\sigma \leqslant [\sigma]$。材料的容许应力由材料的屈服强度或极限强度除以材料安全系数而得。其特点是:

$$[\sigma] = \frac{f_c}{K}$$

式中　$[\sigma]$——材料的容许应力；

　　　f_c——材料的屈服强度或极限强度；

　　　K——材料安全系数。

安全系数是一个大于 1 的数字，K 的取值具有经验性，使用 K 值使构件强度有一定的安全储备，但是针对不同材料，K 值大并不一定说明安全度就高、材料的用量就越多；对具有塑性性质的材料，无法考虑其塑性阶段继续承载的能力，设计偏于保守；单一的 K 值可能还包含对其他因素（如荷载）的考虑，但其形式不便于对不同的情况分别处理（如恒载、活载）。

优点：简单实用，把所有不利因素用 $K>1$ 表示。

缺点：安全系数的确定主要凭借经验，缺乏严格的科学依据。

混凝土棱柱体抗压标准值 f_{ck} 与混凝土立方体抗压强度标准值 $f_{cu,k}$ 之间，由于实验资料比较散，通常可取 0.76 的倍数，即 $f_{ck} = 0.76 f_{cu,k}$。考虑结构中混凝土强度与试件强度之间的差异，对试件强度乘以结构强度换算系数 0.88，故混凝土结构或构件的强度标准值（即规范的"轴心"抗压极限强度值 f_c）$f_c = 0.88 f_{ck} = 0.67 f_{cu,k}$（$f_{cu,k}$ 即规范的混凝土强度等级）。为了说明情况，将本规范的取值与国外主要规范取值进行比较，详见表 2.4。

表 2.4　混凝土轴心抗压极限强度 f_c 等级表

轴心抗压极限强度 f_c/MPa	混凝土强度等级								
	C20	C25	C30	C35	C40	C45	C50	C55	C60
GB/T 51234—2017	13.5	17.0	20.0	23.5	27.0	30.0	33.5	37.0	40.0
CEB-FIP—1990	16.0	20.0	24.0	28.0	32.0	36.0	40.0	45.0	50.0
GB 50010—2010（2015 年版）	13.4	16.7	20.1	23.4	26.8	29.6	32.4	35.5	38.5
DL/T 5057—2009	13.4	16.7	20.1	23.4	26.8	29.6	32.4	35.5	38.5

注：CEB-FIP 1990：混凝土结构模式规范欧洲混凝土委员会（CEB）和国际预应力混凝土协会（FIP）；GB 50010—2010（2015 年版）：混凝土结构设计规范；DL/T 5057—2009：水工混凝土结构设计规范。

①混凝土轴心受压与弯曲受压容许应力。

对混凝土轴心受压安全系数 K 值取 2.5，对混凝土弯曲受压安全系数 K 值取 2.0，得到规范采用的容许应力值见表 2.5。

表2.5 混凝土轴心受压$[\sigma_c]$、弯曲受压$[\sigma_b]$容许应力表

应力种类	符号	混凝土强度等级								
		C20	C25	C30	C35	C40	C45	C50	C55	C60
轴心受压/MPa	$[\sigma_c]$	5.4	6.8	8.0	9.4	10.8	12.0	13.4	14.8	16.0
弯曲受压/MPa	$[\sigma_b]$	6.8	8.5	10.0	11.8	13.5	15.0	16.8	18.5	20.0

②钢材的容许应力。

钢材基本容许应力是取钢材的屈服强度除以1.7的安全系数或抗拉强度除以2.5的安全系数两者中的小值,《桥梁用结构钢》(GB/T 714—2015)中钢材的屈服强度随板的厚度变化进行了调整(分级仅50 mm为分界),本规范据此计算了钢材的容许应力,具体取值结果见表2.6。

$$K \cdot S \leqslant R$$

式中 R——考虑材料塑性性能的整个截面的极限承载力,由试验得出的经验公式计算;

S——荷载产生的最大内力;

K——材料安全系数,由经验确定。

表2.6 钢材的基本容许应力表

钢材牌号	质量等级	厚度/mm	屈服强度σ_s/MPa	抗拉强度σ_b/MPa	容许应力/MPa		取用$[\sigma_0]$/MPa
					$\frac{1}{1.7}\sigma_s$	$\frac{1}{2.5}\sigma_b$	
Q345q	D	≤50	345	490	202.9	196.0	200
	E	>50	335		197.1		195
Q370q	D	≤50	370	510	217.6	204.0	210
	E	>50	360		211.8		205
Q420q	D	≤50	420	540	247.1	216.0	230
	E	>50	410		241.2		225

(2)破坏阶段法

构件在外界作用下,当某截面的内力达到某极限内力时,构件即失效(破坏)。

设计原则:结构构件达到破坏阶段时的设计承载力不低于标准荷载产生的构件内力乘以安全系数K。破坏阶段法的特点:以截面内力(而不是应力)为考察对象,考虑材料的塑性性质及其极限强度,内力计算大多数采用线弹性方法,少数仍采用弹性方法和单一的、经验的安全系数。

优点:考虑材料塑性和强度的充分发挥,极限荷载可直接由试验验证,构件的总安全度较为明确。

缺点:安全系数的确定依赖经验且为一个定值。

为使结构能满足安全、正常的使用要求,设计预应力桥梁结构时就必须保证其具有一定的强度安全系数。对要求不允许出现拉应力的构件,尚应具有一定的抗裂安全系数。影响结构安全的因素繁多,其中,主要有荷载的变异、材料强度的不稳定、设计计算理论与实际情况不符等。考虑到按原《铁路桥涵设计规范》(TB 10002—2017)(以下简称《桥规》)所规定的安全系数进行设计,基本上能保证结构的安全和正常使用,故本规范仍沿用原《桥规》规定的安全系数,见表2.7。

表2.7 安全系数

安全系数类别		符号	安全系数		
			主力	主力+附加力	施工临时荷载
强度安全系数	纵向钢筋达到抗拉设计强度,受压区混凝土达到抗压极限强度	K	2.0	1.8	1.8
	非预应力钢筋达到计算强度	K_1	1.8	1.6	1.5
	混凝土主拉应力达到抗拉极限强度	K_2	2.0	1.8	1.8
抗裂安全系数		K_f	1.2	1.2	1.1

对预应力结构的分类,原《铁路桥涵设计规范》(TB 10002—2017)要求预应力结构在运营阶段设计荷载作用下不得出现拉应力,1992年铁道部颁布的《铁路部分预应力混凝土梁设计及验收规定》(TBJ 106—1991)(以下简称《规定》),按A类部分预应力(允许出现拉应力但不允许开裂)和B类部分预应力(允许开裂)构件分类,本规范取消了部分预应力的提法,将预应力结构按应力情况分类。对允许出现拉应力但不允许开裂的预应力结构,为使其在运营阶段设计荷载的作用下,一般不会开裂。原《规定》(TBJ 106—1991)根据长沙铁道学院对16 m先张法A类部分预应力混凝土梁进行模拟试验,并参照中国土木工程学会混凝土及预应力混凝土学会部分预应力混凝土委员会编制的《部分预应力混凝土结构设计建议》(以下简称《设计建议》),规定其混凝土拉应力应不大于0.7倍的抗拉极限强度,本规范仍沿用这个规定。考虑在运营线上,有时要通过超载特种列车,因此,规定必要时也应检算裂缝宽度。

2)温度效应

温度效应依据规范划分为三大类:体系温差(均匀升降温)、温度梯度和构件温差。

（1）体系温差

体系温差的变化幅度与桥梁所在地区的自然条件和结构类型有关,其计算应从结构物的合龙温度算起。由于钢桥自身导热性好,对温度变化较灵敏,故应考虑当地历年极端最低气温和历年最高气温;而混凝土桥,由于自身的导热性差,故对尺寸较大的构件,其温度变化要滞后于气温变化,因此,采用历年最热月平均气温和最低月平均气温。

（2）温度梯度

①在规范制订过程中,我们对近年来温度梯度的研究进行了调研,国内有关单位在兰新第二双线对箱梁桥进行温度测试,实测温差为 14~19 ℃;对浙江省内两座典型环境中桥梁的温度梯度进行长期观测(公路,2009 年 12 期),结果表明温度梯度的模式与《公路桥涵设计通用规范》(JTG D60—2015)的规定基本相符,但是内陆地区和海岛区在数值上与规范值略有差异,内陆地区数值高于规范值,海岛区数值低于规范值;国内某设计院对某主跨 200 m 的连续刚构实桥的测试结果,竖向温度梯度的拟合曲线为 $T = 20e^{-6y}$,与铁路规范的数值比较接近。

从规范的角度来看,温度梯度的效应欧洲规范的取值与公路规范、美国 ASSHTO 规范比较接近,中国铁路规范的取值最大,日本规范的效应最小。

轨道交通桥梁由于桥面宽度窄,设有防水层及保护层,同时由于轨道结构的宽度和厚度较大,竖向温度梯度的折减作用比较明显,为便于计算,推荐采用公路规范的温度梯度模式。

②温度梯度确定的基本依据是欧洲规范(BS EN 1991-1-5:2003),并参考了国内外近年来的研究成果。根据中国香港某桥梁实测资料,表明欧洲规范的取值与实际情况比较吻合(日照温差实测值为 21 ℃,欧洲规范为 24 ℃,温度梯度的变化也基本类似,但变化没有欧洲规范剧烈;降温实测最大值为 3 ℃,小于欧洲规范);中国润扬长江大桥悬索桥钢箱梁的实测结果,温度梯度的最大值为 30.7 ℃(顶板处);中国杭州江东大桥在无铺装时的实测结果钢箱梁顶底板的实测最大温差达到 34 ℃,与中国润扬长江大桥的测试结果比较接近。但是中国润扬长江大桥实测的温度模式与欧洲规范的温度梯度模式计算的应力结果比较接近,相差 15% 左右。

综上所述,欧洲规范的关于钢桥温度梯度的取值还是比较可靠的,如图 2.5 所示。由于轨道交通桥面位于下层,同时考虑轨道结构有一定的遮蔽作用,因此,对欧洲规范的日照温差取值进行了折减(系数 0.8);而降温温差因数值较小则不再进行折减。

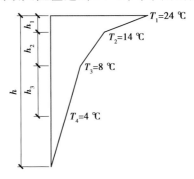

图 2.5　欧洲规范的钢桥温度梯度
（$h_1 = 0.1$ m, $h_2 = 0.2$ m, $h_2 = 0.3$ m）

③结合梁桥的温度梯度。依据欧洲规范(BS EN 1991-1-5:2003)关于结合梁桥温度梯度的简化模式和日本《鐵道構造物等設計標準·同解說,鋼·合成構造物》的关于结合梁桥温度梯度的规定,取混凝土板和钢梁的温差为±10 ℃。

④混凝土箱梁的内外温差。该温差值依据欧洲规范(BS EN 1991-1-5:2003)制订,并经过国内几座桥的实测资料验证。

(3)构件温差

在结构中存在不同类型材料的构件时或构件的空间位置差异过大时,由于材料的导热性能或温度场的分布不同,所以在构件间存在温差,该温差在公路斜拉桥设计细则、欧洲规范和日本规范中均有类似条文,且数值比较接近,对常见结构类型,拉索、吊杆等钢构件与梁、塔、拱肋等混凝土构件之间温差可取 10~15 ℃,拉索、吊杆采用浅色防护套的温差可取 10 ℃,而拉索、吊杆采用深色防护套的温差可取 15 ℃;斜拉索与钢主梁间的温差可取 10 ℃。

3)梁体竖向挠度的容许值

(1)梁式桥跨结构竖向挠度的容许值

竖向刚度控制指标是桥梁设计的重要参数,与线路的运行速度、列车运行的平顺性和舒适度等因素有关,铁路一般采用竖向挠度和自振频率双控。与铁路不同,轨道交通由于列车运行速度低,当列车运行速度为 80~120 km/h 时,列车的激振频率一般为 1.0~1.5 Hz,常用跨度轨道交通桥梁的自振频率已远大于激振频率,因此限定自振频率的必要性不大。

本条关于桥梁刚度控制指标主要基于以下 3 个因素:

①采用无砟轨道后,因扣件的调整量有限,需要对梁体的徐变变形进行控制,而控制梁体的徐变变形则需对梁体刚度进行限制。

②为避免在梁端处产生的轨道不平顺,同时为了控制梁端转角引起的无砟轨道扣件的上拔力和下压力,需控制梁端转角,实际上也对竖向刚度提出了要求,两者宜基本一致。

③为保证列车运行的舒适性和安全性,也需对梁体刚度进行控制。综合上述因素,故本条引用了《地铁设计规范》(GB 50157—2013)的相关规定,见表2.8。

表2.8 梁体竖向挠度的容许值

跨度 L/m	竖向挠度的容许值
$L \leqslant 30$	$L/2\ 000$
$30 < L \leqslant 60$	$L/1\ 500$
$60 < L \leqslant 80$	$L/1\ 200$
$L > 80$	$L/1\ 000$

（2）斜拉桥结构竖向挠度的容许值

对于中小跨度的轨道交通桥梁而言，其技术标准可以根据规范相关的限值条文来确定。对于大跨度轨道交通桥梁而言，其技术标准的确定一方面可以参考现有的规范条文，另一方面又有必要参考国内外同等跨度桥梁设计的经验，如桥梁结构竖向挠度值的确定等。因此，将国内外规范关于刚度限值的条文进行整理和归纳，研究他们制订限值条文的依据，并搜集国内外已建的典型轨道交通桥梁的相关数据，提出结构竖向挠度的容许值。

日本在 2006 年 2 月制订的《铁路结构物设计标准与解释——变位限制》中规定，从运行安全性规定梁体挠度的设计限值见表 2.9、表 2.10。从舒适度规定的梁体挠度设计限值见表 2.11、表 2.12。

表 2.9　从运行安全性规定梁体挠度设计限值（新干线、动车）

联数	最高速度 /(km·h^{-1})	L 跨度/m	
		≤60	≥70
单联	130	L/500	
	160	L/500	
	260	L/700	
	300	L/900	
	360	L/1 100	
复数联	130	L/500	
	160	L/600	
	260	L/1 200	L/1 400
	300	L/1 500	L/1 700
	360	L/1 900	L/2 000

表 2.10　从运行安全性规定梁体挠度设计限值（机车）

联数	最高速度/(km·h^{-1})	L 跨度/m	
		≤60	≥70
单联	130	L/400	
复数联	130	L/600	L/700

表 2.11　从舒适性规定梁体挠度设计限值(新干线、动车)

联数	最高速度/(km·h⁻¹)	L 跨度/m						
		10	20	30	40	50	60	≥70
单联	130	$L/500$						
	160	$L/500$						
	260	$L/2\,200$		$L/1\,700$	$L/1\,200$	$L/1\,000$		
	300	$L/2\,800$		$L/2\,000$	$L/1\,700$	$L/1\,200$	$L/1\,100$	
	360	$L/3\,500$		$L/3\,000$	$L/2\,200$	$L/1\,800$	$L/1\,500$	
复数联	130	$L/900$						$L/700$
	160	$L/1\,100$						$L/800$
	260	$L/2\,200$	$L/1\,700$					
	300	$L/2\,800$	$L/2\,000$					
	360	$L/3\,500$	$L/2\,800$	$L/2\,200$				

表 2.12　从舒适性规定梁体挠度设计限值(机车)

联数	最高速度/(km·h⁻¹)	L 跨度/m	
		≤60	≥70
单联	130	$L/500$	
复数联	130	$L/900$	$L/700$

由于城市轨道交通桥梁设计运行速度较低,以及统计的国内外大跨铁路桥的挠跨比见表 2.13。建议参照日本《铁路结构物设计标准——变位限制》,并综合考虑我国设计的上海闵浦二桥以 $L/550$ 控制、重庆东水门长江大桥、千斯门嘉陵江大桥及红岩村嘉陵江大桥挠度变形均以轨道交通荷载作用下挠度 $L/600$,公路与轨道交通荷载作用下挠度 $L/500$。建议采用 $L/500$ 作为挠度控制指标。

4)桥墩墩顶纵向水平线刚度限值

城市轨道交通通常采用高架桥桥上无缝线路形式,有时需要跨越市区好几层交通线路,长达几千米甚至几十千米。通常,高架桥桥墩沿线路方向高度变化较大,不同区段桥墩纵向水平刚度差异较大。目前,《地铁设计规范》(GB 50157—2013)对采用无缝线路的区间简支梁高架桥桥墩墩顶纵向水平刚度作表 2.14 中的要求。单线桥梁桥墩纵向水平刚度取用边中值的 1/2。

城市轨道交通荷载小,车辆荷载变异性小,我国地铁主要使用 A 型、B 型及 C 型 3 种车型。车辆参数见表 2.15。车辆编组长度较短(6~8 辆),规律性强,车辆速度

（80~100 km/h）一般不高;城市轨道交通桥梁需要考虑城市景观,桥梁刚度比既有铁路线上的桥梁刚度低,桥墩的刚度也偏小。因此,针对城市轨道交通高架桥的特点,对城市轨道交通桥墩合理刚度值进行分析探讨。从桥上无缝线路基本计算理论开始,结合城市轨道交通常用简支梁桥型建立合理计算模型,深入分析这些桥型在温度荷载和制动荷载作用下的纵向受力及变形规律,形成编制本规范的建议,以推动城市轨道交通桥上无缝线路技术的发展。

表 2.13　国内外大跨铁路斜拉桥的竖向挠跨比

桥　名	国　家	主跨/m	竖向挠度/m	挠跨比
巴拉拿河桥	阿根廷	330	0.559	1/590
塞弗林桥	德国	302	0.671	1/450
萨瓦河桥	南斯拉夫	254	0.51	1/500
岩黑岛桥	日本	420	0.97	1/435
柜石岛桥	日本	420	1.06	1/396
厄勒海峡桥	丹麦—瑞典	490	1.2	1/408
芜湖长江大桥	中国	312	0.531	1/587
闵浦二桥	中国	252	0.28	1/892
上海长江大桥	中国	730	以 1/550 控制	
重庆千厮门嘉陵江大桥	中国	312	0.262	1/1 190
重庆东水门嘉陵江大桥	中国	445	0.42	1/1 072

表 2.14　桥墩墩顶纵向水平线刚度

跨度 L/m	最小水平刚度/($kN \cdot cm^{-1}$)	附注
$L \leqslant 20$	240	不设钢轨伸缩调节器
$20 < L \leqslant 30$	320	不设钢轨伸缩调节器
$30 < L \leqslant 40$	400	不设钢轨伸缩调节器

表 2.15　车辆参数

参数	车型		
	A 型	B 型	C 型
计算车辆长度/mm	22 800	19 520	18 000
车辆最大宽度/mm	3 000	2 800	2 600
车辆高度/mm	3 800		

续表

参数	车型		
	A 型	B 型	C 型
车辆定距/mm	15 700	10 400	12 000
转向架固定轴距/mm	2 500	2 200	2 100
轴重/kN	160	140	120

注:A 型车参数取自广州地铁 1 号线,上海地铁 1,2 号线;B 型车参数取自重庆轨道 1 号线;C 型车参数取自慕尼黑第三代 C 型车资料。

(1)线桥纵向相互作用原理

桥上无缝线路(直线地段)与路基上不同,其钢轨除受温度力的作用之外,还受桥上附加纵向力的作用。梁因温度变化而产生伸缩,在列车荷载作用下梁因挠曲而产生位移,在明桥面上,梁上翼缘的这种纵向变形(即伸缩和位移),将通过梁、轨间的联结约束,使钢轨受到纵向力的作用;在有砟桥上,道床也会对梁、轨间的相对位移产生一定的约束阻力。因梁伸缩而引起的钢轨纵向附加力为伸缩力,因梁挠曲而引起的钢轨纵向附加力为挠曲力。这些附加纵向力同时又反作用于梁跨或固定支座,使墩台产生弹性变形,墩顶发生纵向位移。

此外,如果在桥上发生断轨,或是无缝线路的伸缩区设在桥上,钢轨的伸缩也会通过梁、轨间的约束使墩台和固定支座受断轨力或温度力的作用。

钢轨与桥梁间的相互作用关系是求得钢轨纵向力与位移分布、墩台受力和墩顶位移的关键所在,是对钢轨、墩台进行强度和稳定性检算,从而进行桥上无缝线路结构设计的依据。

(2)计算假定

①假设桥梁固定支座处梁的伸缩位移为零,活动支座不传递纵向阻力;不考虑支座本身的纵向变形,固定支座承受的纵向力全部传递至墩台上;梁在支座外的悬出部分,计算伸缩量时不考虑。

②计算伸缩力时,不考虑梁温升降的交替变化,取一天内的最大梁温差计算。

③不考虑桥梁护轨对无缝线路纵向力及位移计算的影响。

④有砟桥上不考虑梁端头道砟断面所传递的纵向力,假设道床所承受的纵向阻力全部传递至桥梁墩台上。

⑤桥梁墩台顶纵向刚度假定为线性,包括墩身弯曲、基础倾斜、基础平移及橡胶支座剪切变形等引起的纵向刚度。

⑥钢轨与桥梁、钢轨与路基间的纵向约束阻力均假定为纵向弹簧约束,其位移阻力特性与梁轨间、钢轨与线路间的纵向阻力一致。

⑦桥上无缝线路若设置有伸缩调节器,假定其纵向约束阻力为零;若设置有普通

接头,假设接头阻力为定值;若考虑伸缩调节器的纵向阻力时,视为普通接头。

⑧竖向力偏心作用在桥梁墩台上时所引起的墩顶水平位移,或风力引起的墩顶纵向水平位移均视为常量,叠加在桥梁墩台顶处。

⑨桥梁上布置有伸缩调节器时,伸缩力、挠曲力、断轨力均以最大轨温变化幅度作为计算条件。

⑩除简支梁、连续梁、连续刚构以外的所有特殊桥梁,将温度、荷载作用下的桥梁上翼缘纵向位移计算出来后作为已知条件输入,桥梁墩台纵向位移与该位移在计算中进行线性叠加。

（3）线路纵向阻力参数

线路纵向阻力是计算纵向力的重要参数,线路纵向阻力是指道床或扣件抵抗钢轨纵向移动的阻力,其取值一般需通过室内试验或现场试验实测确定。城市铁路高架桥一般均采用无砟轨道结构,如我国北京、上海、武汉、南京的城市铁路高架桥均采用无砟轨道。对于无砟轨道而言,线路纵向阻力的大小取决于扣件扣压力及综合摩擦系数。为减小桥上无缝线路对桥梁的纵向力,我国城市铁路高架桥无砟轨道采用了低扣压力以及低摩擦阻力的扣件,并可通过调整一联桥上橡胶垫板的配置形式来改变线路纵向阻力的大小。铁道科学院曾对我国部分城市高架桥无砟轨道采用的 DT Ⅶ2 型扣件进行扣压力测试,当扣件扭矩为 100 N·m 时,扣件扣压力平均值为 3.9 kN,与设计值 4 kN 基本一致。扣件的综合摩擦系数与轨下橡胶垫板的种类有关:轨下采用橡胶垫板时约为 0.8,轨下采用不锈钢复合垫板能明显降低综合摩擦系数,其值降低至 0.45~0.5。

根据提供的技术资料,线路纵向阻力近似采用双线性阻力,无车时取 15 kN/m/线,有车时取 30 kN/m/线,拐点位移为 0.5 mm。

（4）列车荷载

桥上无缝线路纵向力的大小仅与有载线路阻力和静荷载有关,桥上无缝线路纵向力计算列车荷载时采用静荷载,不考虑冲击系数。

目前,我国地铁常用的车型有 A 型、B 型及 C 型 3 种,单节车车辆参数见表 2.7。

虽然 3 种车型轴重尽管不同,但是一节车总质量除以车体长度所得的均布荷载基本上相同,经计算,本报告按最不利情况采用 B 型车荷载,荷载集度折合每延米重 28.7 kN/m,因荷载长度影响制动力及梁轨快速相对位移,荷载长度按最不利情况采用较长编组的地铁 A 型车,8 列编组运营的列车荷载长度为 22.8 m×8＝182.4 m。

（5）轮轨黏着系数

轮轨黏着系数取 0.164,而欧洲国家（如德国、英国等）轮轨黏着系数通常取 0.25,本书中轮轨黏着系数分别取 0.164 和 0.25 进行计算。

（6）研究内容

以城市轨道交通中常见的 20,30 及 40 m 双线简支梁作为研究对象,暂不考虑桥墩刚度的差异,桥墩刚度按下列规定取值:

①20 m双线简支梁桥墩刚度分别按照 $k=120$ kN/cm，$k=180$ kN/cm，$k=240$ kN/cm取值。

②30 m双线简支梁桥墩刚度分别按照 $k=180$ kN/cm，$k=240$ kN/cm，$k=320$ kN/cm取值。

③40 m双线简支梁桥墩刚度分别按照 $k=240$ kN/cm，$k=320$ kN/cm，$k=400$ kN/cm取值。

单线简支梁桥墩刚度按对应双线桥的桥墩刚度的一半取值。

(7)主要结论

一般钢轨允许应力可取 352 MPa。钢轨最大附加应力等于钢轨允许应力减去钢轨动弯应力(与列车轴重、轴距、行车速度等有关)和钢轨温度应力(与锁定轨温和最高、最低轨温有关)，得到钢轨附加应力允许的最大值分别为拉应力 131.0 MPa、压应力 114.7 MPa。

基于上节"梁轨相互"作用法的计算结果，常见的 20,30 及 40 m 双线简支梁桥上的钢轨强度检算结果见表 2.16。

表 2.16　双线简支梁桥上的钢轨强度检算结果表

跨径/m	桥墩刚度 /(kN·cm⁻¹)	钢轨伸缩附加应力/MPa	钢轨制动应力/MPa		总应力/MPa		允许应力 /MPa
			0.164	0.25	0.164	0.25	
20	120	6.9	19.6	28.3	26.5	35.2	
	180	7.6	16.6	24.1	24.2	31.7	
	240	8.2	14.6	21.3	22.8	29.5	
30	180	11.2	20.7	29.5	31.9	40.7	131.0(拉) 114.7(压)
	240	11.9	18.7	26.6	30.6	38.5	
	320	12.6	16.6	23.8	29.2	36.4	
40	240	15.2	21.8	30.7	37.0	45.9	
	320	16.0	19.6	27.8	35.6	44.8	
	400	16.6	17.9	25.5	34.5	42.1	

注：表中 0.164 和 0.25 表示不同轮轨黏着系数。

由表 2.16 可知，双线简支梁桥钢轨拉、压强度均能满足要求，且安全储备较为充足，这主要是因为列车活载较小且桥梁温度跨度较小，各种工况下的钢轨总的附加应力也较小，《地铁设计规范》(GB 50157—2013)限制的折减系数为 0.8。

按照《地铁设计规范》(GB 50157—2013)规定：桥上铺设无缝线路且无钢轨伸缩调节器的双线及多线简支梁桥，桥墩的墩顶纵向最小水平线刚度限值应根据梁-轨共同作用计算确定，也可按表 2.17 的规定取值。单线桥梁桥墩纵向水平线刚度宜采用表中数值的 0.6 倍。

表 2.17　桥墩墩顶纵向水平线刚度限值

跨度 L/m	最小水平刚度/(kN·cm^{-1})
$L \leqslant 20$	190
$20 < L \leqslant 30$	240
$30 < L \leqslant 40$	320

5）桥墩墩顶水平位移控制

（1）铁路桥墩台顶弹性水平位移计算沿革

关于铁路桥墩台顶帽面的弹性水平位移计算问题，在 1951 年的《铁路桥涵设计规程》和 1959 年的《铁路桥涵设计规范》(TB 10002—2017) 中，均未做过规定。在中华人民共和国成立初期修建的铁路中，大多数为既有铁路改建与沿海、平原地区的铁路，桥墩台的高度并不高，此问题也不突出。

机车司机反映，随着铁路向山区发展，高墩台不断出现，当列车通过较高的墩台时，会产生水平方向的位移和晃动。在 1958 年 11 月召开的第一次高桥墩研究会议上，根据当时苏联的资料，暂定以 $0.4\sqrt{L}$ 作为墩顶偏移的允许值[L 为桥梁跨度以米 (m)计；偏移值以厘米(cm)计]。后来铁道部科学研究院向苏联铁道研究院了解来源、意义及适用范围等问题，得到苏联规程制定人的回复如下："此限制是从线路平面对行车的影响考虑制定的，中国可结合自身情况考虑。"

20 世纪 60 年代，铁道部第二设计院通过对黔桂线张家山二号桥（跨度 16 m，墩高 39 m）的实测位移与计算位移进行比较研讨，提出以下具体意见：

①张家山二号桥桥墩纵向墩顶计算位移为 4.55 cm，折合为 $1.15\sqrt{L}$（注：实测值为计算值的 1/7）。

②建议专业设计院将纵向墩顶容许位移采用 $1.2\sqrt{L}$，横向墩顶容许位移采用 $1.0\sqrt{L}$。

后经铁道部专业设计院与铁道部基建总局反复磋商，仍维持铁道部鉴定委员会的鉴定意见，即纵向位移小于 $0.5\sqrt{L}$，横向位移小于 $0.4\sqrt{L}$。

20 世纪 70 年代，在修订桥涵设计规范的过程中，曾对墩顶水平位移问题进行大量调研。当时从列车运营对线路纵、平面的要求，从实测墩高为 43.6 m 的铁塔架位移，从线路爬行与墩顶位移无明显关系，从位移容许值对提高列车运营速度无影响，从桥梁晃动与墩顶位移影响不大，以及从墩顶位移对偏心及应力影响不大等方面，都说明墩顶位移容许值还可放大一些。

但是对有些问题的认识尚待进一步深化，还应保留一定的安全度，故不宜再增大容许值。墩顶水平位移被第一次正式纳入1975年《铁路工程技术规范·第二篇·桥涵》中。

到目前为止,相关研究并不多,正如《99桥规》条文说明所述:"墩台顶帽面水平位移容许值的确定,一直为设计人员所关心。但是由于制订该项容许值时需要考虑的问题相当多(如需要考虑列车运行安全、养护方便、结构经济、旅客舒适等),墩台顶帽面位移计算中碰到的困难不易解决(如墩台身弹性模量和截面惯性矩如何合理取值、顺桥轴方向上部结构对墩台顶帽面的约束作用如何考虑等),加上缺乏足够的试验和系统的理论研究,以致长期以来墩台顶帽面水平位移容许值的制定没有进展。"虽然《05桥规》修订时加强了对运行列车横行晃动的研究,并在对横桥方向的弹性水平位移限值方面取得了实质性的进步,但顺桥方向的弹性水平位移限值的研究仍维持在原有水平。

(2)桥墩墩顶水平位移研究

与桥墩墩顶纵向水平线刚度限值研究一样,采用同样的模型以及计算参数和基本假定。对城市轨道交通常见的3种跨度的双线简支梁钢轨强度检算结果,见表2.18。

表2.18 双线简支梁钢轨强度检算结果表

跨径/m	桥墩刚度/[kN·(cm·双线)⁻¹]	一股钢轨		单轨制动应力/kN		墩顶位移/mm		允许应力/mm	结论
		断轨力/kN	伸缩力/kN	0.164	0.25	0.164	0.25		
20	120	150	4.3	27.7	42.4	17.5	19.9	22.4	满足
	180		6.0	32.2	49.1	12.2	14.1		满足
	240		7.5	35.1	53.5	9.5	11.0		满足
30	180	225	8.9	36.9	57.5	17.1	19.4	27.4	满足
	240		11.1	41.8	64.4	13.3	15.2		满足
	320		13.8	46.5	71.1	10.4	11.9		满足
40	240	300	14.4	48.9	75.7	17.2	19.4	31.6	满足
	320		17.8	54.5	83.6	13.3	15.2		满足
	400		20.8	58.8	89.8	11.0	12.5		满足

注:表中0.164和0.25表示不同轮轨黏着系数。

从表2.18中的结果可知,轮轨黏着系数越大,墩顶位移就越大,但3种简支梁桥桥墩墩顶的位移在不同的桥墩刚度下均能满足设计规范$5\sqrt{L}$的要求。桥墩墩顶纵向水平位移计算荷载:活载+制动力(牵引力)+无缝线路纵向水平力(断轨力及伸缩力等)。

6）承台设计

当承台下面外排桩中心离墩台边缘距离大于承台高度时，其内力按悬臂梁计算，强度按一般受弯构件进行检算，但不验算裂缝宽度；否则，承台的内力按"撑杆-系杆体系"计算其内力和强度，如图 2.6 所示。结构设计仍采用容许应力法，其公式推导如下：

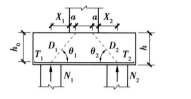　　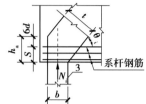

（a）"撑杆-系杆体系"力学模式　　（b）撑杆计算高度

图 2.6　承台按"撑杆-系杆体系"计算

"撑杆-系杆体系"计算方法，避开了常规材料力学公式对短悬臂梁不能反映结构材料非线性应变与剪应力不均匀分布等的不足。轨道交通桥梁桩基承台大多属于短臂梁；截面内抗力力臂较一般应变按平面假定为小，抗弯能力随之降低，所以，当外排桩中心距墩台边缘小于或等于承台高度时，宜按"撑杆-系杆体系"计算方法计算承台截面强度是较为合理的。

撑杆的抗压强度计算公式系参照《美国规范 AASHTO-LRFD》5.6.3.3.3 并结合 5.5.4.2.1、5.6.3.2 的撑杆抗压强度设计值为其特征抗压强度的 0.7 倍，进行换算而得：

$$f'_{cu} = \frac{0.7 f_{cu,k}}{0.8 + 170\varepsilon_1} \leqslant 0.7 \times 0.85 f_{cu,k} \tag{2.1}$$

其中

$$\varepsilon_1 = \varepsilon_s + (\varepsilon_s + 0.002) \cot^2 \alpha_s \tag{2.2}$$

式中　α_s——撑杆压力线与系杆拉力线的最小夹角及图 2.2 中的 θ_i；

　　　　ε_s——系杆方向混凝土的拉伸应变；

　　　　f'_{cu}——撑杆的极限抗压强度；

　　　　f'_c——$\phi150$ mm×300 mm 混凝土圆柱体 28 d 特征抗压强度。

《铁路桥涵混凝土结构设计规范》（TB 10092—2017）规定的混凝土 28 d 特征抗压强度 $f_{cu,k}$ 是由边长 150 mm 立方体试验得出的，与美国规范 $\phi150$ mm×300 mm 混凝土圆柱体 28 d 特征抗压强度的关系为 $f'_c = 0.80 f_{cu,k}$，因此，式（2.1）可改为：

$$f'_{cu} = \frac{0.7 \times 0.8 f_{cu,k}}{0.8 + 170\varepsilon_1} \leqslant 0.7 \times 0.85 \times 0.8 f_{cu,k} \tag{2.3}$$

或

$$f'_{cu} = \frac{f_{cu,k}}{1.43 + 304\varepsilon_1} \leqslant 0.48 f_{cu,k} \tag{2.4}$$

引入容许应力法的概念用$[\sigma_b]$代替$0.48f_{cu,k}$,得到$f_{cu,k}=[\sigma_b]/0.48$;再将撑杆的强度用应力表示,即f'_{cu}用σ_b表示,式(2.4)可改为:

$$\sigma_b = \frac{[\sigma_b]}{0.69 + 146\varepsilon_1} \leqslant [\sigma_b] \tag{2.5}$$

设

$$\varphi = \frac{1}{0.69 + 146\varepsilon_1} \leqslant 1 \tag{2.6}$$

得到撑杆的抗压强度计算公式为:

$$\sigma_b = \frac{D_i}{tb_s} \leqslant \varphi[\sigma_b] \tag{2.7}$$

承台冲切强度计算公式是参照国家标准《混凝土结构设计规范(2015年版)》(GB 50010—2010)中第6.5.1条并结合行业标准《铁路桥涵混凝土结构设计规范》(TB 10092—2017)容许应力法换算而得。

一般情况下,城市轨道交通桥梁承台设计均是不配置箍筋或弯起钢筋的普通钢筋混凝土结构。依据《混凝土结构设计规范(2015年版)》(GB 50010—2010)中第6.5.1条对板的受冲切承载能力计算公式为:

$$F_1 \leqslant 0.7\beta_h \eta U_m h_0 f_t \tag{2.8}$$

参照《公路钢筋混凝土及预应力混凝土桥涵设计规范》(JTG 3362—2018),β_h取0.85,η取1.0,式(2.8)可改为:

$$F_1 \leqslant 0.6 f_t U_m h_0 \tag{2.9}$$

引入容许应力法的概念以及计算容许应力时的冲切力F与式(2.9)中F_1之间存在1.3的荷载组合综合系数,即$F \approx \dfrac{F_1}{1.3}$,则:

$$\tau_c = \frac{F}{U_m h_0} \approx \frac{F_1}{1.3 U_m h_0} \tag{2.10}$$

又因《混凝土结构设计规范(2015年版)》(GB 50010—2010)中混凝土轴心抗拉强度设计值f_t与《铁路桥涵混凝土结构设计规范》(TB 10092—2017)中混凝土容许纯剪应力$[\tau_c]$之间也存在一定的关系,见表2.19,即

$$[\tau_c] \approx \frac{f_t}{1.3} \tag{2.11}$$

表 2.19　铁路规范 $[\tau_c]$ 与混凝土设计规范 f_t 的关系

强度等级	C30	C35	C40	C45	C50	C55	C60
铁路规范 $[\tau_c]$/MPa	1.10	1.25	1.35	1.45	1.55	1.65	1.75
混凝土设计规范 f_t/MPa	1.43	1.57	1.71	1.80	1.89	1.96	2.04
$\dfrac{f_t}{[\tau_c]}$/MPa	1.30	1.26	1.27	1.24	1.22	1.19	1.17

将式(2.9)两边同除以 1.3 并将 $U_m h_0$ 移至公式右边为:

$$\frac{F_1}{1.3 U_m h_0} \leqslant 0.6 \frac{f_t}{1.3} \tag{2.12}$$

综合式(2.10)、式(2.11)和式(2.12),即得本规范公式:

$$\tau_c = \frac{F}{U_m h_0} \leqslant 0.6[\tau_c] \tag{2.13}$$

U_m 承台冲切截面周长的计算均参照《公路钢筋混凝土及预应力混凝土桥涵设计规范》(JTG 3362—2018)第 8.5.5 条所得。

参考文献

[1] 邓文中. 桥梁话语:邓文中文选[M]. 北京:人民交通出版社,2014.
[2] 任国雷,刘安双. 山地城市跨江大桥设计创新和关键技术[M]. 重庆:重庆大学出版社,2018.
[3] 中华人民共和国住房和城乡建设部.城市轨道交通桥梁设计规范:GB/T 51234—2017[S].北京:中国建筑工业出版社,2017.

第 3 章　大跨径轨道悬索桥合理刚度研究

3.1　大跨径轨道悬索桥概述

大跨径轨道悬索桥已越来越多地应用于轨道交通中,但是其在理论和规范上仍比较缺乏,如桥梁刚度,由于轨道桥梁宽度往往较窄,不一定能够满足横向刚度的要求,且现行规范对桥梁刚度限值的规定是基于中小跨径桥梁动力分析和实测试验得到的,针对的都是常规桥梁及中小跨径桥梁,刚度往往较大。对大跨径桥梁,特别是大跨径轨道悬索桥已不再适用,设计人员在选择合理刚度进行大跨径轨道桥梁设计时,往往找不到相应的依据,造成很大的设计困难。

对于大跨径轨道悬索桥而言,桥梁的总体布置以及各主要构件相关刚度参数的确定对桥梁的使用性能有决定性的影响,刚度常常是控制设计的关键,所以,对合理刚度限值进行研究显得尤为迫切。

3.2　桥梁刚度现状分析与限值建议

3.2.1　桥梁刚度规定

1)竖向刚度

桥梁竖向刚度大多采用挠跨比 f/l 作为评价尺度,针对不同桥梁结构类型及车速,有不同的规范限值:

①日本《鉄道構造物等設計標準·同解説》(変位制限)规定了速度 160 km/h 和 130 km/h 的动车、机车以及新干线梁体挠度限值,且对于施加预拱度的桥梁,规定的限值可适当放宽。

②德国用荷载 UIC-71 乘以 φ(冲击系数)计算竖向变形,最不利的变形按考虑扭转时仅单线加载和双线加载两种方法确定。

③国际铁路联盟(International Union of Railway, UIC)规定: $f/l \leqslant 1/800$。

④美国 AREA 规定: $f/l \leqslant 1/640$。

⑤苏联规定: $f/l \leqslant 1/(800-1.25l) \leqslant 1/600$。

⑥我国《铁路桥涵设计规范》(TB 10002—2017)规定,梁式桥跨结构在列车竖向静荷载作用下的竖向挠度限值为 $l/900 \sim l/700$。

由此,德国与日本的规范中竖向刚度限值与速度有密切关系,车速越大,刚度要求越严格,其他国家规范没有明确车速与刚度的关系,而针对大跨度轨道悬索桥的竖向刚度,则缺乏明确规定。

2)横向刚度

基于设计水平荷载的桥梁横向刚度限值,各国规定存在一定差异:

①国际铁路联盟仅对行驶高速(120 km/h<v<200 km/h)的桥梁,限制其水平挠度为 $f_h/l \leqslant 1/4\,000$,其中,f_h 由列车横向摇摆力、离心力、风力和温度力作用产生。

②欧洲铁路结构荷载标准规定,在列车横向摇摆力、离心力、风力和温度力作用下,简支梁端部的横向角度变化不超过 2‰ 弧度。

③法国国家铁路规定,由于列车动力影响而产生的位移量限制在 0.4 mm/m 以内则使用弦长法。

④德国国家铁路规定,由墩台横向水平位移引起相邻结构物轴线间的水平折角在 v>160 km/h 区段内不得超过 1‰,水平折角按不同荷载组合进行计算。

⑤苏联桥梁检定规程规定,对运行线路上的实测资料进行统计分析确定 $A<l/15\,000$,式中,水平振幅 A 和跨度 l 均以 mm 计。

⑥我国铁路桥涵设计规范从梁体水平挠度和墩台横向位移两个方面对桥梁横向刚度的限值进行规定。

经分析,各国规范明确了横向刚度与速度的关系,即伴随着列车速度的提高,横向刚度限值愈加严格,但对横向刚度的控制指标有所不同:在设计水平荷载下,各国多以横向挠跨比作为控制指标,其中,日本新干线网结构物设计标准考虑了横向梁端折角和错位量,欧盟则采用梁端折角和横向变形后的曲线半径(曲线在平面内的曲率半径即为曲线半径,以 R 表示,且 $R=\dfrac{l^2}{8\Delta h}$,其中,l 为跨度,Δh 为列车横向摇摆力、离心力、风力和温度力作用引起的跨中横向变形)来衡量横向刚度,而针对大跨度轨道悬索桥的横向刚度,则缺乏明确规定。

3）梁端折角

桥梁在荷载作用下会产生挠曲，挠曲后主梁梁端处切线与水平方向的夹角即为梁端折角，以竖向梁端折角为例，如图 3.1 所示，θ_1 和 θ_2 分别为相邻两片梁之间的竖向梁端折角，θ_3 为桥台与桥梁之间的竖向梁端折角。

图 3.1　竖向梁端折角示意图

日本新干线网结构物设计标准规定，在列车速度 110 km/h 以下，双侧竖向梁端折角限值为 9.0‰；国际铁路联盟规定，单线桥梁竖向梁端折角限值为 6.5‰（单侧）和 10.0‰（双侧）；而针对中低速铁路，我国规范对竖向梁端折角无相应规定。

由此，综合考虑列车走行的安全性和轨道结构的稳定性，大跨度轨道悬索桥双侧竖向梁端折角限值可取 9.0‰，单侧可取 4.5‰，同理，双侧横向梁端折角限值可取 6.0‰，单侧可取 3.0‰。

4）加速度

欧洲规范"EUROCODE"规定，有砟轨道桥梁竖向加速度限值为 3.5 m/s^2；我国秦沈客运专线研究和设计中，桥梁竖向加速度限值为 3.5 m/s^2。

因此，大跨度轨道悬索桥竖向加速度限值可采用 3.5 m/s^2，同理，依据日本国铁技术研究所试验结果、我国铁路桥梁检定规范等，横向加速度限值可采用 1.4 m/s^2。

3.2.2　典型在役大跨度轨道悬索桥

基于桥位资源珍贵、工程经济等因素综合考虑，在役大跨度轨道悬索桥一般为公路和铁路的合建桥，以日本为例，竖向刚度控制参数见表 3.1。

表 3.1　典型在役公铁两用悬索桥竖向刚度控制参数

桥　名	主跨/m	竖向挠度/m	竖向挠跨比	建成年份/年
大鸣门桥	876	2.90	1/302	1985
下津井濑户大桥	940	2.46	1/382	1988
北备赞濑户大桥	990	2.66	1/372	1988
南备赞濑户大桥	1 100	3.08	1/357	1988

对比现有规范与典型在役公铁两用悬索桥可知，相对中小跨度轨道桥梁，在役大跨度轨道悬索桥刚度偏小，不符合现有规范的刚度限值规定，但目前仍处于正常运营状态。

3.2.3　合理刚度限值建议

综合国内外规范中关于轨道桥梁刚度限值的规定、典型在役大跨度轨道悬索桥结构刚度参数控制标准和运营状态、在建轨道桥梁静力特性分析与风-车-桥耦合振动分析列车过桥走行性结果、横向刚度取值与竖向刚度关系、考虑适宜安全储备等因素,有针对性地提出大跨度轨道悬索桥建议的合理刚度限值范围。

1)竖向刚度

针对竖向刚度,依据表 3.1,上限值可取为 1/300,结合国内多座正常运营和在建轨道悬索桥的竖向刚度,下限值可取为 1/500,以在建重庆鹅公岩轨道专用桥为例,经静力特性分析,在列车竖向静荷载和人群荷载的作用下,竖向刚度为 $0.987\ \mathrm{m}+0.203\ \mathrm{m}=1.190\ \mathrm{m}<L/500=1.200\ \mathrm{m}$,满足限值要求,故竖向刚度限值可取[1/500,1/300],再结合 3.2.1 节,提出大跨度轨道悬索桥竖向刚度限值范围建议,见表 3.2。

表 3.2　大跨度轨道悬索桥竖向刚度限值范围建议

竖向刚度	竖向梁端折角/$10^{-3}\mathrm{rad}$		竖向加速度/$(\mathrm{m}\cdot\mathrm{s}^{-2})$
	双侧	单侧	
1/500~1/300	9.0	4.5	3.5

2)横向刚度

针对横向刚度,依据日本《鉄道構造物等設計標準·同解説》(変位制限),梁体通常在水平方向具有比较大的刚性,由于一般伴随列车运行的变形较小,故没有对水平方向的梁体挠度进行规定,对于认为水平方向刚性小的场合,一般按照将水平方向梁体挠度不超过垂直方向设计极限值的 1/2 进行设计为宜。因此,在确定大跨度轨道悬索桥竖向刚度限值的基础上,横向刚度限值即可相应确定,考虑安全储备和经济因素,下限可乘以安全系数(取 1.2),如竖向刚度限值取 1/500,则横向刚度限值为 1/1 200,再结合 3.2.1 节,提出大跨度轨道悬索桥横向刚度限值范围建议,见表 3.3。进行横向刚度验证,应计入列车横向摇摆力、离心力、风力和温度力作用,检算桥跨结构梁体的横向水平挠度,要求满足列车运行安全性和舒适性。其中,风力应依据相关标准规范[如《城市轨道交通桥梁设计规范》(GB/T 51234—2017)]执行,当风荷载与列车荷载组合时,按运营风处理。

表3.3 大跨度轨道悬索桥横向刚度限值范围建议

横向刚度	横向梁端折角/10^{-3}rad		横向加速度/(m·s^{-2})
	双侧	单侧	
1/1 200~1/600	6.0	3.0	1.4

3.3 基于风-车-桥耦合振动分析的大跨径轨道悬索桥刚度控制研究

开展大跨度轨道悬索桥刚度控制研究,需要进行静力特性分析和风-车-桥耦合振动分析。针对静力特性分析,宜采用杆系有限元方法,主缆以分段悬链线索单元模拟,吊索以索单元模拟,桥塔和主梁以梁单元进行模拟,边界条件按实际情况处理,考虑主力(永久作用或经常作用的荷载,包括恒载和活载)、附加力(不是经常发生或发生概率较小的荷载)和特殊荷载(发生概率极小、作用时间短、有的还是灾难性的荷载),按照可能出现的最不利组合情况进行计算。其中,竖向刚度分析时,计入列车竖向静荷载作用和人群荷载作用;横向刚度分析时,计入列车横向摇摆力、离心力、风力和温度力作用。针对风-车-桥耦合振动分析,需要对列车模型、桥梁模型、列车与桥梁相互作用模型、轨道不平顺模拟进行研究,通过风-车-桥耦合振动系统,实现桥梁和列车动力响应分析。

3.3.1 列车模型分析

列车采用两系四轴车,依据多体系统动力学进行计算,将列车视为运动的多刚体系统,建立空间振动模型,如图3.2所示,进行大跨度轨道悬索桥列车振动分析,分析时采用以下假定:

①车体、转向架和轮对均为刚体。
②不考虑列车、列车纵向振动和列车对桥梁振动与行车速度的影响。
③轮对、转向架和车体均作微振动。
④弹簧均为线性,阻尼按黏滞阻尼计算,蠕滑力按线性计算。
⑤沿铅垂方向,轮对与钢轨的竖向位移相同。
⑥忽略构架点头运动、轮对侧滚和摇头运动。
由此,列车空间振动有侧摆、侧滚、摇头、点头、沉浮5个自由度,每个轮对有侧摆和摇头2个自由度,整个四轴列车共23个自由度,按二系弹簧计算。

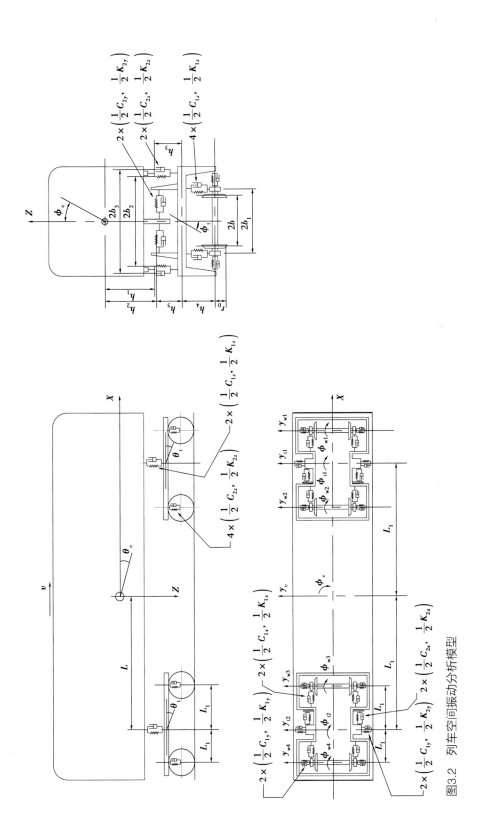

图3.2　列车空间振动分析模型

根据 D'Alembert 原理,建立列车运动方程:

$$M_c \ddot{u}_c + C_c \dot{u}_c + K_c u_c = F_{bc} \tag{3.1}$$

式中　$\ddot{u}_c$——列车加速度;

$\dot{u}_c$——列车速度;

u_c——列车位移;

M_c——列车系统质量矩阵;

C_c——列车系统阻尼矩阵;

K_c——列车系统刚度矩阵;

F_{bc}——轮-轨相互作用力矩阵。

3.3.2　桥梁模型分析

利用有限元计算程序,采用索单元、梁单元等,设置符合实际的边界条件,建立精细化模型,由动力学势能驻值原理及形成矩阵的"对号入座"法则,建立桥梁质量、阻尼和刚度矩阵,进而得到桥梁的运动方程:

$$M_b \ddot{u}_b + C_b \dot{u}_b + K_b u_b = F_{cb} \tag{3.2}$$

式中　$\ddot{u}_b$——桥梁加速度;

$\dot{u}_b$——桥梁速度;

u_b——桥梁位移;

M_b——桥梁系统质量矩阵;

C_b——桥梁系统阻尼矩阵;

K_b——桥梁系统刚度矩阵;

F_{cb}——轮-轨相互作用力矩阵。

3.3.3　列车与桥梁相互作用分析

列车与桥梁相互作用关系体现在轮轨接触处几何位移关系和轮轨相互作用力,即未发生脱轨情况下,在轮轨接触处,列车和桥梁具有相同位移协调条件,所受荷载为大小相等、方向相反的作用力。

联立式(3.1)和式(3.2)即得列车与桥梁相互作用模型,进行分别独立求解列车和桥梁运动方程,再通过分离迭代,以满足列车与桥梁的相互作用关系。

3.3.4　轨道不平顺模拟分析

轨道不平顺包括轨道垂直、水平方向和轨距的不平顺。作为大跨度轨道悬索桥,轨道不平顺可视为沿轨道全长近似平稳的随机过程,采用美国六级线路谱,模型建立如下:

垂向不平顺:

$$S_v(\Omega) = \frac{KA_v\Omega_c^2}{\Omega^2(\Omega^2 + \Omega_c^2)}$$

方向不平顺:

$$S_a(\Omega) = \frac{KA_a\Omega_c^2}{\Omega^2(\Omega^2 + \Omega_c^2)}$$

水平和轨距不平顺:

$$S_c(\Omega) = S_g(\Omega) = \frac{4KA_v\Omega_c^2}{(\Omega^2 + \Omega_c^2)(\Omega^2 + \Omega_s^2)}$$

式中　$S(\Omega)$——轨道不平顺功率谱密度;

Ω——空间频率;

Ω_c, Ω_s——截断频率;

A_v, A_a——粗糙度系数;

K——$K = 0.25$。

3.3.5　应用分析

1)桥梁概况

重庆鹅公岩轨道专用桥为目前世界上最大跨自锚式悬索桥,主桥跨径组合为 50 m+210 m+600 m+210 m+50 m,结构布置如图 3.3 所示;主梁采用钢箱梁形式,梁高 4.5 m,梁宽 22.0 m,横截面布置如图 3.4 所示;桥塔采用门式框架结构,塔柱为钢筋混凝土,混凝土等级为 C50;主缆中跨矢跨比为 1/10,共设两根主缆,由 91 股钢丝束组成,直径为 625 mm;吊杆共 122 根,标准强度为 1 770 MPa,间距为 15 m。

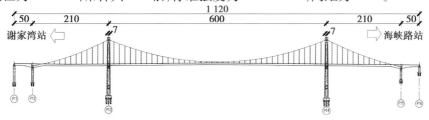

图 3.3　桥梁结构布置图(单位:m)

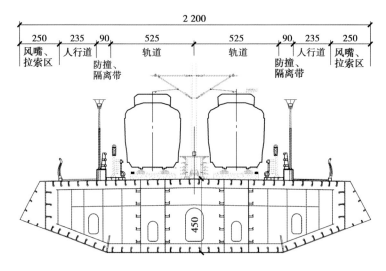

图 3.4　横截面布置图(单位:cm)

2)列车编组和分析工况

进行风-车-桥耦合振动分析,设计行车速度为 80 km/h,检算按 100 km/h 计,列车编组和计算工况见表 3.4。

表 3.4　列车编组和分析工况

列车类型	编组	车速/(km·h⁻¹)	风速/(m·s⁻¹)	运行方式
A 型车	6 节编组	60/70/80/90/100	0/15/20/25	单线列车/双线列车

3)评价标准

参照国内外规范关于列车走行性规定,借鉴铁路桥梁风-车-桥耦合振动分析评价实例,列车评价标准见表 3.5,桥梁评价标准按表 3.2 和表 3.3 执行。

表 3.5　列车评价指标限值

	指标	限定标准
安全性	脱轨系数 Q/P	0.8
	轮重减载率 $\Delta P/P$	0.6
	轮对横向力/kN	80
舒适性	竖向加速度/(m·s⁻²)	2.0
	横向加速度/(m·s⁻²)	1.5
	Sperling 指数	<2.50(优秀),[2.50,2.75](良好),(2.75,3.00](合格)

4）静力特性分析结果

鹅公岩轨道专用桥静力特性计算采用空间非线性分析软件 TDV RM Bridge，根据桥梁实际结构进行空间杆系离散，塔底与墩底均固结，主缆在主梁锚固点固结，主梁在顺桥向无约束，竖桥向和横桥向在桥墩与桥塔处被约束，结构空间单元离散如图 3.5 所示。

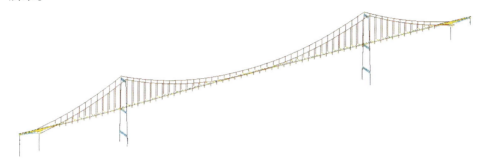

图 3.5　桥梁有限元模型

经分析，鹅公岩轨道专用桥在列车竖向静活载和人群荷载作用下，竖向位移包络分别如图 3.6、图 3.7 所示，竖向刚度 0.987 m+0.203 m＝1.190 m<L/500＝1.200 m，竖向梁端折角 $\tan(0.04)$＝0.7‰<4.5‰，竖向刚度满足要求。在列车横向摇摆力、离心力、风力和温度力的作用下，主梁横向刚度 0.226 m<L/1 200＝0.500 m，在附加力组合下，桥塔处主梁横向梁端折角 $\tan(0.033)$＝0.6‰<3.0‰，横向刚度满足要求。

图 3.6　列车荷载作用下竖向位移包络图（单位：m）

图 3.7　人群荷载作用下竖向位移包络图（单位：m）

5）风-车-桥耦合振动分析结果

经风-车-桥耦合振动分析，得到桥梁动力响应、列车运行安全性和舒适性指标的最大值，并与评价标准进行对比分析，结果见表 3.6 和表 3.7，其中，振动位移评价是经挠跨比限定标准换算，并扣除人群荷载作用后进行的。

表3.6 桥梁动力响应计算最大值与分析评价

工况	风速/(m·s⁻¹)	车速/(km·h⁻¹)	振动位移/mm 跨中竖向 计算	评价	跨中横向 计算	评价	梁端折角/10^{-3} rad 竖向 计算	评价	横向 计算	评价	振动加速度/(m·s⁻²) 竖向 计算	评价	横向 计算	评价
单线	0	60~80	295.6	满足	3.2	满足	0.68	满足	0.02	满足	0.05	满足	0.02	满足
		90~100	300.6	满足	3.4	满足	0.69	满足	0.02	满足	0.07	满足	0.02	满足
	15	60~80	317.1	满足	32.8	满足	0.61	满足	0.04	满足	0.05	满足	0.03	满足
		90~100	317.0	满足	30.3	满足	0.63	满足	0.04	满足	0.07	满足	0.03	满足
	20	60~80	338.9	满足	50.9	满足	0.58	满足	0.05	满足	0.05	满足	0.03	满足
		90~100	339.6	满足	49.3	满足	0.60	满足	0.05	满足	0.06	满足	0.03	满足
	25	60~80	367.2	满足	74.9	满足	0.55	满足	0.06	满足	0.05	满足	0.04	满足
		90~100	368.6	满足	73.2	满足	0.57	满足	0.06	满足	0.06	满足	0.03	满足
双线	0	60~80	576.6	满足	2.2	满足	0.69	满足	0.02	满足	0.06	满足	0.02	满足
		90~100	590.6	满足	2.2	满足	0.71	满足	0.02	满足	0.08	满足	0.03	满足
	15	60~80	597.7	满足	25.8	满足	0.71	满足	0.03	满足	0.06	满足	0.02	满足
		90~100	601.1	满足	26.7	满足	0.70	满足	0.03	满足	0.08	满足	0.03	满足
	20	60~80	627.6	满足	43.8	满足	0.73	满足	0.03	满足	0.06	满足	0.03	满足
		90~100	622.3	满足	43.7	满足	0.72	满足	0.04	满足	0.08	满足	0.03	满足
	25	60~80	661.7	满足	66.3	满足	0.77	满足	0.05	满足	0.06	满足	0.03	满足
		90~100	649.8	满足	65.9	满足	0.75	满足	0.05	满足	0.08	满足	0.04	满足

表 3.7　列车响应计算最大值与分析评价

工况	风速 /(m·s⁻¹)	车速 /(km·h⁻¹)	脱轨系数 Q/P		轮重减载率 $\Delta P/P$		轮对横向力 /kN		竖向加速度 /(m·s⁻²)		横向加速度 /(m·s⁻²)		Sperling 舒适性指标 竖向		横向	
			计算	评价	计算	评价	计算	评价	计算	评价	计算	评价	计算	评价	计算	评价
单线	0	60~80	0.25	满足	0.28	满足	13.30	满足	0.69	满足	0.51	满足	2.41	优秀	2.44	优秀
		90~100	0.40	满足	0.42	满足	15.82	满足	0.92	满足	0.63	满足	2.51	良好	2.54	良好
	15	60~80	0.26	满足	0.31	满足	14.59	满足	0.73	满足	0.61	满足	2.45	优秀	2.49	优秀
		90~100	0.45	满足	0.47	满足	17.14	满足	0.95	满足	0.78	满足	2.59	良好	2.59	良好
	20	60~80	0.36	满足	0.33	满足	18.80	满足	0.76	满足	0.63	满足	2.57	良好	2.51	良好
		90~100	0.53	满足	0.51	满足	22.04	满足	1.01	满足	0.83	满足	2.70	良好	2.61	良好
	25	60~80	0.46	满足	0.36	满足	23.39	满足	0.84	满足	0.69	满足	2.59	良好	2.65	良好
		90~100	0.64	满足	0.56	满足	26.35	满足	1.05	满足	0.86	满足	2.75	良好	2.75	良好
双线	0	60~80	0.26	满足	0.29	满足	13.67	满足	0.77	满足	0.53	满足	2.45	优秀	2.52	优秀
		90~100	0.40	满足	0.43	满足	16.86	满足	0.91	满足	0.71	满足	2.58	良好	2.60	良好
	15	60~80	0.28	满足	0.32	满足	15.26	满足	0.85	满足	0.72	满足	2.54	良好	2.55	良好
		90~100	0.47	满足	0.48	满足	18.91	满足	1.05	满足	0.85	满足	2.63	良好	2.64	良好
	20	60~80	0.36	满足	0.34	满足	18.36	满足	0.93	满足	0.73	满足	2.59	良好	2.58	良好
		90~100	0.54	满足	0.50	满足	21.70	满足	1.14	满足	0.94	满足	2.72	良好	2.72	良好
	25	60~80	0.47	满足	0.38	满足	22.91	满足	1.11	满足	0.90	满足	2.62	良好	2.64	良好
		90~100	0.67	满足	0.57	满足	29.77	满足	1.21	满足	0.96	满足	2.78	合格	2.76	合格

　　综上所述,根据静力特性分析结果,鹅公岩轨道专用桥竖向刚度、竖向梁端折角、横向刚度、横向梁端折角等均满足刚度限值建议;依据风-车-桥耦合振动分析评价结果,单线或双线 A 型车以 60~100 km/h 通过桥梁时,桥梁动力响应正常,列车运行安全性满足要求,车体横向和竖向振动加速度满足限值规定,舒适性达到"合格"标准,桥梁和列车可正常运营。由此,鹅公岩轨道专用桥设计采用的竖向刚度和横向刚度合理,说明大跨度轨道悬索桥竖向刚度和横向刚度的建议限值适用于工程实际。

3.4　基于刚度变化的大跨径轨道悬索桥运营性能分析

　　1)参数说明

　　以重庆鹅公岩轨道专用桥为原型,桥梁概况、列车及桥梁的评定标准见 3.3.5 节,研究采用修改结构弹性模量的方法,使桥梁竖向挠跨比在 1/500~1/300 内变化,分析计算时,分别取 1/300,1/325,1/350,1/375,1/400,1/425,1/450,1/475,1/500,以此模拟桥梁竖向刚度的改变,进行运营性能的分析。

　　2)不同桥梁刚度风-车-桥系统空间耦合振动响应仿真计算

　　车速取 100 km/h,检算按 120 km/h 计,桥面平均风速不超过 25 m/s,进行风-车-桥耦合动力响应仿真计算与分析评价,相关结果见表 3.8—表 3.10。

　　3)不同桥梁刚度对列车走行性的影响研究

　　根据上述风-车-桥系统耦合振动的仿真计算结果,可得出如下动力分析结论:

　　①当桥面平均风速为 25 m/s、桥梁竖向刚度在 1/500~1/300 内变化时,列车通过该桥时,列车的脱轨系数与桥梁竖向刚度的关系如图 3.8 所示,减载率与桥梁竖向刚度的关系如图 3.9 所示,摇摆力与桥梁竖向刚度的关系如图 3.10 所示,竖向振动加速度与桥梁竖向刚度的关系如图 3.11 所示,横向振动加速度与桥梁竖向刚度的关系如图 3.12 所示,乘坐舒适性指标与桥梁竖向刚度的关系如图 3.13 所示。

表 3.8　桥梁动力响应计算最大值与分析评价

桥梁竖向刚度	车速/(km·h⁻¹)	振动位移/cm				加速度/(m·s⁻²)				梁端折角/10⁻³rad			
		跨中竖向		跨中横向		竖向		横向		竖向		横向	
		计算	评价	计算	评价	计算	评价	计算	评价	计算	评价	计算	评价
1/300	80~100	252.69	满足	43.88	满足	0.22	满足	0.06	满足	0.75	满足	0.33	满足
	110~120	264.89	满足	45.19	满足	0.39	满足	0.07	满足	0.85	满足	0.35	满足
1/350	80~100	206.33	满足	37.31	满足	0.17	满足	0.05	满足	0.64	满足	0.27	满足
	110~120	226.39	满足	37.09	满足	0.34	满足	0.09	满足	0.76	满足	0.29	满足
1/400	80~100	174.94	满足	32.31	满足	0.14	满足	0.05	满足	0.57	满足	0.25	满足
	110~120	194.72	满足	31.74	满足	0.34	满足	0.06	满足	0.63	满足	0.26	满足
1/450	80~100	153.84	满足	28.95	满足	0.14	满足	0.04	满足	0.51	满足	0.21	满足
	110~120	168.47	满足	28.03	满足	0.27	满足	0.05	满足	0.52	满足	0.20	满足
1/500	80~100	138.18	满足	26.72	满足	0.12	满足	0.05	满足	0.46	满足	0.19	满足
	110~120	147.00	满足	25.08	满足	0.25	满足	0.05	满足	0.47	满足	0.18	满足

表 3.9 列车（动车）动力响应计算最大值与分析评价

桥梁竖向刚度	车速/(km·h⁻¹)	脱轨系数 计算	脱轨系数 评价	轮重减载率 计算	轮重减载率 评价	轮对横向力/kN 计算	轮对横向力/kN 评价	竖向加速度/(m·s⁻²) 计算	竖向加速度/(m·s⁻²) 评价	横向加速度/(m·s⁻²) 计算	横向加速度/(m·s⁻²) 评价	Sperling指标 竖向 计算	Sperling指标 竖向 评价	Sperling指标 横向 计算	Sperling指标 横向 评价
1/300	80~100	0.62	满足	0.53	满足	32.24	满足	1.21	满足	0.83	满足	2.54	良好	2.52	良好
	110~120	0.62	满足	0.53	满足	32.24	满足	1.21	满足	0.83	满足	2.54	良好	2.52	良好
1/350	80~100	0.57	满足	0.50	满足	28.30	满足	1.16	满足	0.84	满足	2.52	良好	2.51	良好
	110~120	0.57	满足	0.50	满足	28.30	满足	1.16	满足	0.84	满足	2.52	良好	2.51	良好
1/400	80~100	0.53	满足	0.47	满足	25.52	满足	1.11	满足	0.85	满足	2.51	良好	2.50	良好
	110~120	0.53	满足	0.47	满足	25.52	满足	1.11	满足	0.85	满足	2.51	良好	2.50	良好
1/450	80~100	0.51	满足	0.46	满足	23.45	满足	1.13	满足	0.85	满足	2.50	良好	2.50	良好
	110~120	0.51	满足	0.46	满足	23.45	满足	1.13	满足	0.85	满足	2.50	良好	2.50	良好
1/500	80~100	0.49	满足	0.45	满足	21.86	满足	1.09	满足	0.86	满足	2.51	良好	2.50	良好
	110~120	0.49	满足	0.45	满足	21.86	满足	1.09	满足	0.86	满足	2.51	良好	2.50	良好

表3.10 列车（拖车）动力响应计算最大值与分析评价

桥梁竖向刚度	车速 /(km·h⁻¹)	脱轨系数		轮重减载率		轮对横向力 /kN		竖向加速度 /(m·s⁻²)		横向加速度 /(m·s⁻²)		Sperling 指标			
												竖向		横向	
		计算	评价	计算	评价	计算	评价	计算	评价	计算	评价	计算	评价	计算	评价
1/300	80~100	0.72	满足	0.54	满足	40.16	满足	1.16	满足	0.89	满足	2.52	良好	2.57	良好
	110~120	0.72	满足	0.54	满足	40.16	满足	1.16	满足	0.89	满足	2.52	良好	2.57	良好
1/350	80~100	0.63	满足	0.51	满足	35.56	满足	1.15	满足	0.89	满足	2.52	良好	2.57	良好
	110~120	0.63	满足	0.51	满足	35.56	满足	1.15	满足	0.89	满足	2.52	良好	2.57	良好
1/400	80~100	0.57	满足	0.48	满足	31.96	满足	1.12	满足	0.89	满足	2.51	良好	2.56	良好
	110~120	0.57	满足	0.48	满足	31.96	满足	1.12	满足	0.89	满足	2.51	良好	2.56	良好
1/450	80~100	0.53	满足	0.47	满足	29.52	满足	1.06	满足	0.89	满足	2.48	优秀	2.55	良好
	110~120	0.53	满足	0.47	满足	29.52	满足	1.06	满足	0.89	满足	2.48	优秀	2.55	良好
1/500	80~100	0.50	满足	0.45	满足	27.53	满足	1.11	满足	0.90	满足	2.50	良好	2.55	良好
	110~120	0.50	满足	0.45	满足	27.53	满足	1.11	满足	0.90	满足	2.50	良好	2.55	良好

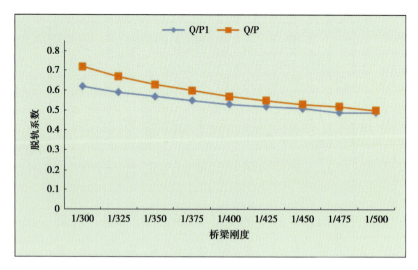

图 3.8　脱轨系数随桥梁刚度变化图（Q/P1 表示动车,Q/P 表示拖车）

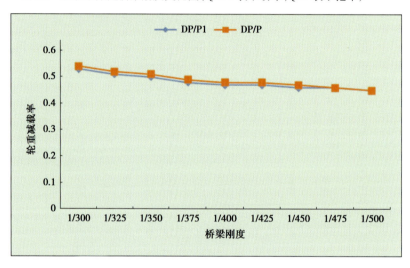

图 3.9　轮重减载率随桥梁刚度变化图（DP/P1 表示动车,DP/P 表示拖车）

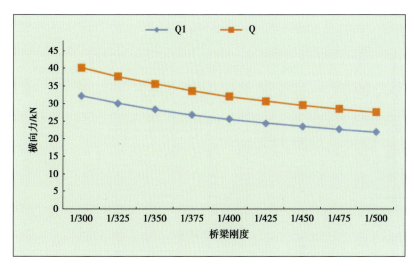

图 3.10　横向力随桥梁刚度变化图（Q1 表示动车,Q 表示拖车）

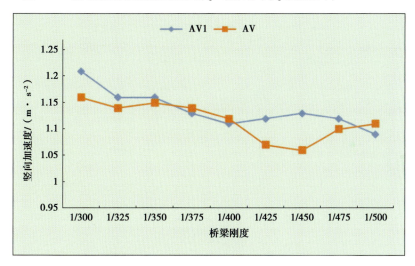

图 3.11　竖向加速度随桥梁刚度变化图（AV1 表示动车,AV 表示拖车）

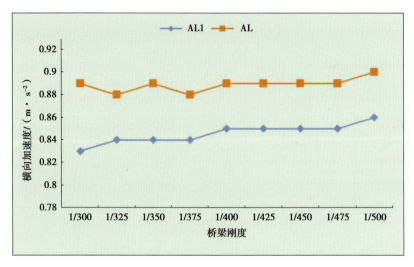

图 3.12　横向加速度随桥梁刚度变化图（AL1 表示动车，AL 表示拖车）

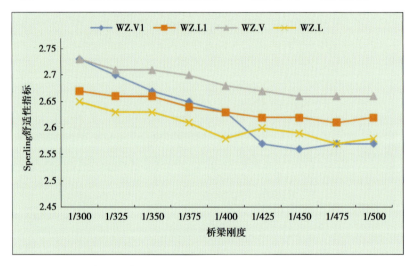

图 3.13　乘坐舒适性指标随桥梁刚度变化图（WZ.V1 表示动车竖向；WZ.L1
表示动车横向；WZ.V 表示拖车竖向；WZ.L 表示拖车横向）

②当桥面平均风速不超过 25 m/s、桥梁竖向刚度在 1/500～1/300 内变化时，列车通过该桥时，桥梁的动力响应均在容许值以内，列车行车安全性满足要求，列车的车体竖、横向振动加速度满足限值要求，列车乘坐舒适性均能达到"良好"的标准。

由此，重庆鹅公岩轨道专用桥在桥面平均风速不超过 25 m/s、桥梁竖向刚度位于 1/500～1/300 变化时，均具有良好的动力特性及列车走行性，因此，竖向刚度采用 1/500～1/300 的标准是合理的。

综上所述，跨径的大小与轨道悬索桥的结构刚度密切相关，针对大跨径的轨道悬索桥，以工程实例为原型，采用修改结构弹性模量的方法，使得桥梁的竖向挠跨比在 1/500～1/300 内变化，以此模拟桥梁竖向刚度的改变，并采用风-车-桥耦合振动分析方法,针对大跨径轨道悬索桥在刚度变化的情况下,分析桥梁的动力响应、列车运行安全性和平稳性,经参数分析,得出基于刚度变化下大跨径轨道悬索桥运营性能的评价结果,验证了大跨径轨道悬索桥竖向刚度标准采用 1/500~1/300 的合理性。

3.5　小结

大跨径轨道悬索桥合理刚度限值标准研究的是一个涉及工程安全性与经济性的综合问题,现有规范关于轨道桥梁刚度限值的规定,主要是针对中小跨径桥梁,对大跨径轨道悬索桥已不再适用。因此,通过文献查阅和广泛调研,收集国内外设计规范中关于轨道桥梁刚度限值的规定和典型在役大跨径轨道悬索桥结构刚度参数控制标准和运行情况,提出大跨径轨道悬索桥建议的合理刚度限值范围,再依托工程实例,采用杆系有限元方法进行静力特性分析,采用风-车-桥耦合振动系统进行桥梁和列车动力响应分析,验证了大跨径轨道悬索桥刚度限值的合理性。

参考文献

刘安双,黎小刚,郭向荣,等. 大跨度轨道悬索桥合理刚度限值研究[J]. 重庆交通大学学报:自然科学版,2018,37(10):13-20.

第4章 大跨度城市轨道交通桥梁钢箱梁疲劳设计研究

4.1 概述

钢箱梁结构刚度大、自重轻,是大型桥梁常用的主梁形式。由于大跨度轨道交通桥梁起步晚,到目前为止,在大跨度轨道专用桥中的应用还不普遍。随着城市轨道交通建设进程的深入,需要不同跨度的轨道专用桥跨越山、河、沟、谷。钢箱梁作为适应范围很好的一种结构形式,势必有越来越广的应用空间。

轨道交通专用桥的独特性,即运营车辆固定、发车频率高等,使其疲劳行为具有独特性:既不同于公路桥梁,也与铁路桥梁相异,前者的活载离散性很大,后者一列车较长,而发车间隔较小,活载也较重。

正交异性钢桥面板的疲劳问题是桥梁钢结构设计研究的热点问题,国内外学者就正交异性钢桥面板的疲劳特性进行了大量的研究。当前关于正交异性钢桥面板疲劳问题的研究绝大多数是针对公路桥梁的,主要集中在试验研究和理论研究两个方面,其中,较为成熟的成果已逐步纳入相关规范。各种用途、各种形式的桥梁正交异性钢桥面板的疲劳开裂问题有共性,但由于用途不同、结构形式不同也会有各自的特点。轨道专用桥梁因其轨道位置固定、桥面铺装形式与公路桥梁差别很大,同时列车轴重较大、振动和冲击作用强,因此,轨道专用桥梁钢箱梁正交异性板结构的静力行为及疲劳易损部位的疲劳性能与公路桥梁存在差异。因而,有必要对轨道专用桥钢箱梁正交异性钢桥面板的疲劳特性进行研究,研究成果还将为《城市轨道交通桥梁设计规范》相关内容的修订提供重要依据。

轨道专用桥梁钢箱梁正交异性板由纵、横肋及顶板组成,直接承受车轮荷载,在纵向和横向都具有较大的刚度,满足列车的行驶需求,有效扩散由轨枕板传递的列车荷载,因此在城市轨道交通桥梁和高速铁路桥梁上得到广泛应用。但由于构造复杂、焊接缺陷难以控制,且列车荷载具有荷载小、速度快、次数多等特点,桥面板的疲劳开裂问题更为突出,严重影响了钢桥的正常使用寿命和行车安全[2-5]。

4.2　钢箱梁疲劳设计现状分析

4.2.1　钢桥面板疲劳破坏

正交异性钢桥面板是纵、横向互相垂直的加劲肋(纵肋和横肋)连同桥面盖板所组成的共同承受车轮荷载的结构。这种结构由于其刚度在互相垂直的两个方向上有所不同,因而造成构造上的各向异性。正交异性板除了作为桥面外,还是主梁截面的组成部分,它既是纵横梁的上翼缘,也是主梁的上翼缘。正交异性钢桥面板因其在力学特性和经济性等方面所具有的突出优点,在现代桥梁工程中得到了广泛应用。但在具有优点的同时,该类结构的疲劳问题较为突出。

英国的布里斯托尔港公路桥建成于 1966 年,位于英国塞文河的,其中,包括988 m跨的悬索桥 Severn 桥、贝奇丽半岛高架桥和 235 m 跨的斜拉桥 Wye 桥,这 3 座桥都采用了正交异性钢桥面板构造。正交异性钢桥面板板厚为 11.5 mm,下设 U 形闭口加劲肋,加劲肋板厚 6 mm,纵向每 4.6 m 设置一道横隔板,横隔板腹板厚 8 mm,U 肋在横隔板处断开并采用单面角焊缝连接在横隔板上。

在丹麦鹿特丹有一座建于 1990 年的 Second Van Brienenoord 桥,由于在建成之初规范中没有对桥面板疲劳进行相关规定,因此,在设计时没有对桥面板的疲劳进行更多的考虑。在通车 7 年后,即 1997 年该桥的桥面板中出现了许多疲劳裂缝,从而导致该桥的重建,在该桥的桥面板中疲劳裂缝主要为如图 4.1 中所示的裂缝形式,主要为桥面板与加劲肋连接处位于加劲肋内侧的桥面板纵向裂缝和桥面板与加劲肋的连接纵向角焊缝上的纵向裂缝两种。

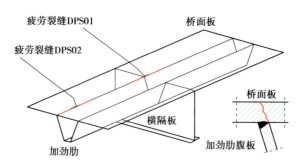

图 4.1 Second Van Brienenoord 桥顶板疲劳破坏形式

在日本,正交异性桥面板的疲劳破坏现象也屡见不鲜,如建成于 1978 年的 Kinuura 桥,是连接 Takahama 和 Handa 两座城市的一座连续梁桥。如图 4.2 所示,这座桥梁采用板厚 8 mm 的 U 形加劲肋,采用金属衬垫的单面坡口的工地焊缝连接。2003 年 6 月,检测人员发现纵向加劲肋的连接中出现了许多裂缝。据分析,这种疲劳裂缝的产生是由坡口焊缝的未完全熔透导致的;另外,在 Maihama 桥上,由于每天高达 80 000 辆车的交通量使得该桥的正交异性钢桥面板发生了如图 4.3 所示的疲劳裂缝,其中,包括纵向加劲肋之间的对接焊缝、纵向加劲肋与桥面板的连接焊缝、桥面板与加劲肋焊接处的桥面板顶板以及横梁腹板的过焊孔边缘处 4 种疲劳裂缝形式。

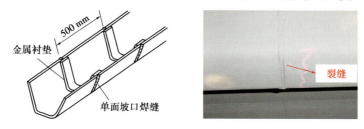

图 4.2 Kinuura 桥桥面板 U 形肋疲劳破坏形式

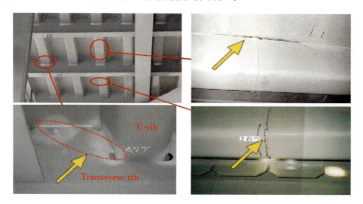

图 4.3 Maihama 桥疲劳破坏形式

20 世纪 80 年代后期开始,正交异性钢桥面板在我国迅速发展。尽管我国大量建设钢桥只有不到 30 年的历史,但近年来也出现有疲劳破坏现象。如图 4.4 所示为我国某大跨悬索桥钢桥面板疲劳破坏形式。

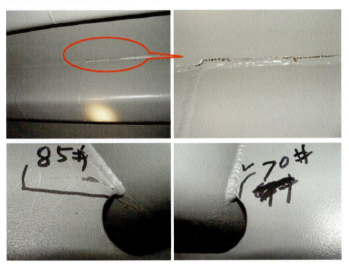

图 4.4　国内某大桥疲劳破坏形式

4.2.2　闭口加劲肋钢桥面板疲劳破坏形式

如图 4.5 所示是闭口 U 肋钢桥面板较为典型的疲劳病害,可归纳为以下 6 种类型。

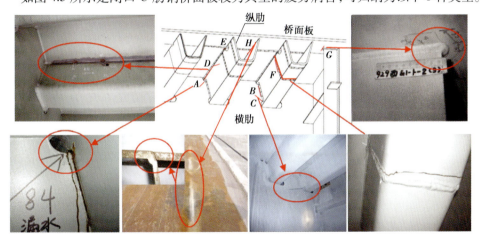

图 4.5　闭口 U 肋钢桥面板常见疲劳病害

①顶板与闭口肋焊缝处的纵向裂缝 H 的特征是裂缝位于车辆的轮迹线处,沿闭口肋与顶板焊缝方向发展。

②闭口肋与顶板焊缝的纵向裂缝 D 的特征是裂缝沿着闭口肋与顶板焊缝方向发展,该类裂缝贯通后往往从钢箱梁内可以观察到,在闭口肋采用角焊缝的结构中尤其多见。

③闭口肋下端过焊孔处横隔板裂缝 B 和 C 的特征是闭口肋加劲处横隔板不连续,过焊孔处刚度变化大,闭口肋下端过焊孔处横隔板出现焊缝。

④闭口肋对接焊缝处裂缝 F 的特征是在闭口肋对接焊缝处裂缝沿着接缝发展,主要集中在闭口肋的嵌补焊缝处。

⑤闭口肋上端过焊孔处闭口肋的裂缝 A 和 E 的特征是闭口肋上端过焊孔横隔板与闭口肋焊缝处,闭口肋局部出现裂缝。

⑥腹板竖向加劲肋与顶板焊接处的顶板裂缝 G 的特征是竖向加劲肋与顶板焊接处刚度突变导致处应力集中,腹板竖向加劲肋的端部顶板局部出现裂缝。

4.2.3 开口肋钢桥面板典型的疲劳病害

如图 4.6 所示是开口肋钢桥面板较为典型的疲劳病害,针对钥匙形开孔形状,裂纹形式可归纳为 5 种类型,如图 4.7 所示。

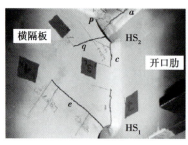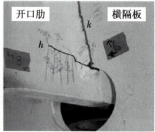

图 4.6　开口加劲肋疲劳裂纹

①顶板与开口加劲肋相交位置的裂缝 A,B 和 C 的特征是过焊孔边缘垂直于顶板接触,在顶板上由于挤压会产生很大的应力集中,在局部容易出现疲劳裂纹。

②开口加劲肋下端过焊孔处横隔板裂缝 D 的特征是因开口加劲肋的纵向挠曲,引起横隔板位置的面外变形,沿着开口加劲肋与横隔板的焊缝的焊趾开裂。

③开口加劲肋横隔板开孔边缘裂纹 E 的特征是过焊孔处刚度变化大,出现在开孔边缘应力集中位置。

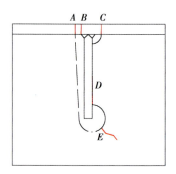

图 4.7　开口加劲肋裂纹形式

4.3　钢箱梁正交异性桥面板及轨道结构设计

4.3.1　典型疲劳构造细节

1）开口肋正交异性桥面板

开口肋正交异性桥面板的疲劳细节 1~5 如图 4.8 所示。由于有限元在局部连接处存在应力失真,在有限元模型中:

①疲劳细节 1 取距离一个顶板厚度的横隔板位置。

②疲劳细节 2 取各距一个顶板厚度和一个板肋厚度的横隔板位置。

③疲劳细节 3 取距离一个横隔板厚度的顶板位置。

④疲劳细节 4 取距离一个板肋厚度的横隔板位置。

⑤疲劳细节 5 取横隔板开孔边缘最不利位置。

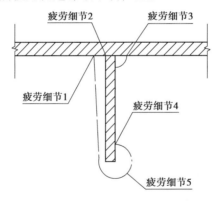

图 4.8　钥匙型开口孔疲劳细节示意图

2）闭口肋正交异性桥面板

闭口肋正交异性桥面板的疲劳细节 1~4 如图 4.9 所示。疲劳细节 1~4 均取距离一个板厚位置处。

①疲劳细节 1 取距离一个横隔板厚度的横隔板位置处。

②疲劳细节 2 取向上距离一个顶板厚度,向左距离一个 U 肋厚度的横隔板位置处。

③疲劳细节 3 取距离一个横隔板厚度距离的横隔板位置处。

④疲劳细节 4 取附近应力较大的 U 肋位置处。

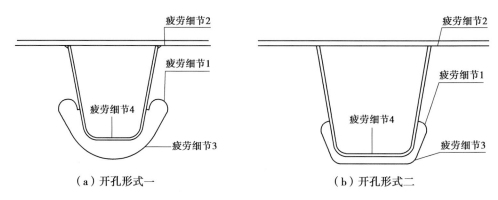

（a）开孔形式一　　　　　　　　　　　　（b）开孔形式二

图 4.9　闭口肋疲劳细节示意图

4.3.2　典型轨道结构形式

典型轨道结构形式有 5 种,分别为橡胶减震垫浮置板、梯形轨枕轨道、高架承轨台（短轨枕）、地下整体道床(长轨枕)和隔离式减震垫整体道床。

1)橡胶减震垫浮置板

如图 4.10 所示为橡胶减震垫浮置板道,该种结构形式通过加入一层橡胶垫,使上部道床与下层基础隔离,从而达到减震效果。

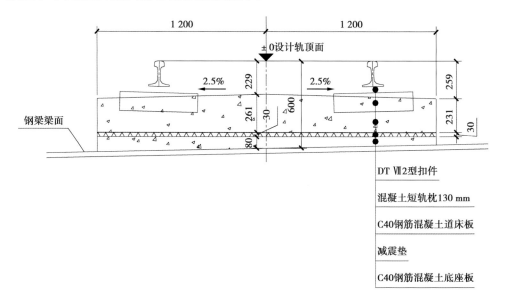

图 4.10　橡胶减震垫浮置板道-钢桥梁

2）梯形轨枕轨道

如图 4.11 所示为梯形轨枕轨道。梯形轨枕、减震垫与钢轨、扣件形成双弹性叠合梁,一方面增大了轨道抗弯刚度,扩大了轮轨力分布范围,同时改善了轮轨动力学性能,起到主动隔振和降低噪声的作用;另一方面有纵梁和点支撑的减震垫形成了轻型质量弹簧系统,从而起到双重减震的作用。

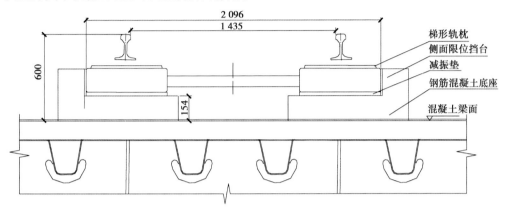

图 4.11　梯形轨枕轨道

3）高架承轨台(短轨枕)

如图 4.12 所示为高架承轨台(短轨枕),高架轨道是将轨道铺设在架空的桥形建筑物上的铁路,一般为了缓和大城市中心街道而修建。与地铁相比,高架轨道工程容易,造价便宜,通风采光皆好,但也有占用土地、产生振动和噪声的缺点。

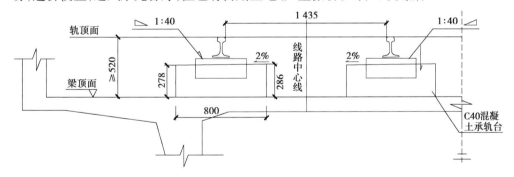

图 4.12　高架承轨台（短轨枕）

4）地下整体道床(长轨枕)

如图 4.13 所示为地下整体道床(长轨枕),地下整体道床是由混凝土整体灌筑而成的道床,道床内既可预埋木枕、混凝土枕或混凝土短枕,也可在混凝土整体道床上直接安装扣件、弹性垫层和钢轨,故又称为整体轨道。

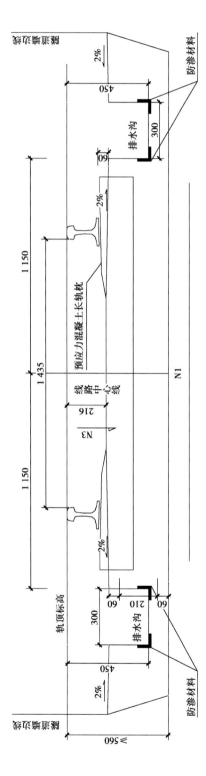

图4.13 地下整体道床（长轨枕）

5）隔离式减震垫整体道床

如图 4.14 所示为隔离式减震垫整体道床,不同于橡胶减震垫浮置板道用减震垫把上下道床分离,该结构将减震垫直接铺设在钢梁和道床之间,以直接到达减震效果。隔离式减震垫整体道床是近年来城市地铁较常使用的设计,具有工程造价低、施工方便、降噪效果好等优点。

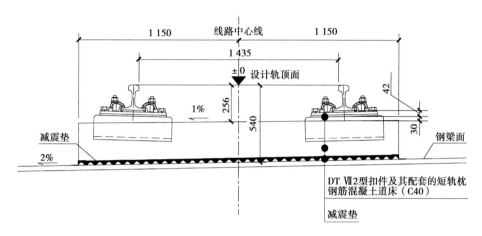

图 4.14　隔离式减震垫整体道床

由图 4.10—图 4.14 可知,橡胶减震垫浮置板道、地下整体道床(长轨枕)、隔离式减震垫整体道床 3 种受力形式类似,都是道床整体受力,这里选取典型的隔离式减震垫整体道床进行分析;梯形轨枕轨道和高架承轨台(短轨枕)两种受力形式类似,都是分离式道床,可选取高架承轨台(短轨枕)进行分析。

4.3.3　典型城轨钢箱梁正交异性桥面结构形式

1）开口肋正交异性桥面板

这里选取典型的基准结构进行关键构造细节疲劳参数分析。如图 4.15(a)所示为开口肋正交异性桥面板基准模型,如图 4.15(b)所示为开口肋正交异性桥面板轨枕板细部构造图。表 4.1 为开口肋正交异性桥面板基准结构尺寸。纵向上:4 个横隔板间距,横隔板基准间距为 3 m,横隔板高 3 m;横向上:板肋高 200 mm,厚 20 mm,板肋间距为 300 mm,顶板厚 16 mm,横隔板厚 12 mm;轨枕板厚按嘉华大桥减震方案图纸定为 261 mm;双向轨道,线间距为 4.5 m。

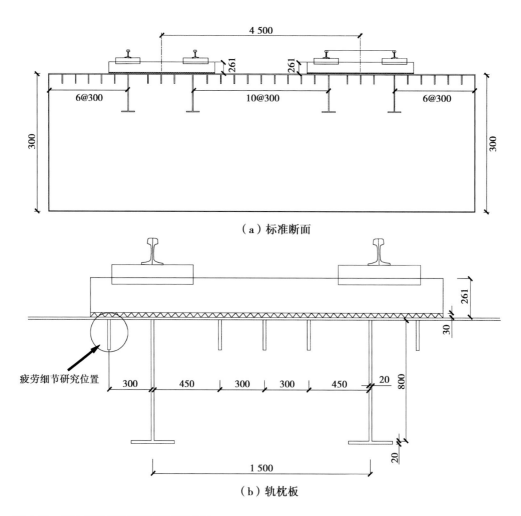

图 4.15　正交异性板肋基准模型截面图

表 4.1　基准结构尺寸

位置	板肋参数	板肋尺寸/mm
纵向	横隔板间距	3 000
	横隔板高	3 000
横向	板肋高	200
	板肋厚	20
	板肋间距	300
	顶板厚	16
	横隔板厚	12

续表

位置	板肋参数	板肋尺寸/mm
道床板	轨枕板厚	261
	减震垫厚	30
	线间距	4 500

2）闭口肋正交异性桥面板

选取典型的基准结构进行关键构造细节疲劳参数分析，如图4.16（a）所示，为闭口肋正交异性桥面板基准模型，如图4.16（b）所示为闭口肋正交异性桥面板轨枕板细部构造图。

表4.2为闭口肋正交异性桥面板基准结构尺寸。纵向上：4个横隔板间距，横隔板基准间距为3 m，横隔板高3 m；横向上：U肋上宽300 mm，下宽170 mm，高280 mm，板厚8 mm，U肋中心距600 mm；顶板厚16 mm，横隔板厚12 mm；轨枕板厚按环线高家花园大桥减震方案图纸，定为261 mm；双向轨道，线间距4.5 m。

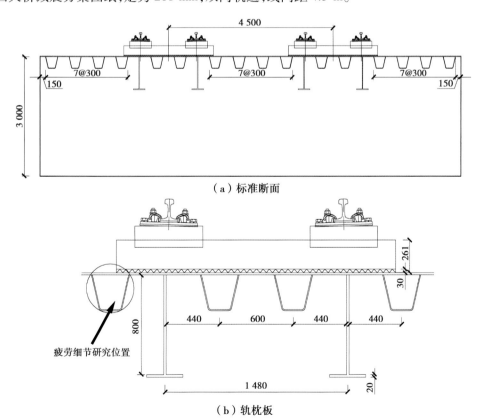

图 4.16　正交异性 U 肋基准模型截面图（单位：mm）

表 4.2　基准 U 肋尺寸

位置	U 肋参数	U 肋尺寸/mm
纵向	横隔板间距	3 000
	横隔板高	3 000
横向	U 肋上宽	300
	U 肋下宽	170
	U 肋高	280
	U 肋厚	8
	U 肋中心距	600
	顶板厚	16
	横隔板厚	12
道床板	轨枕板厚	261
	减震垫厚	30
	线间距	4 500

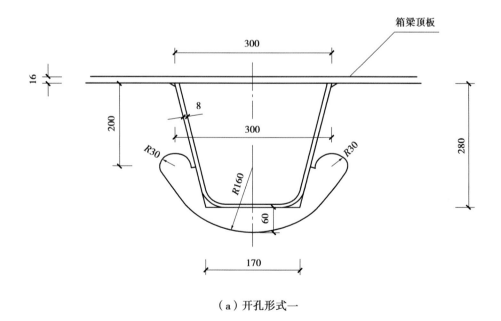

（a）开孔形式一

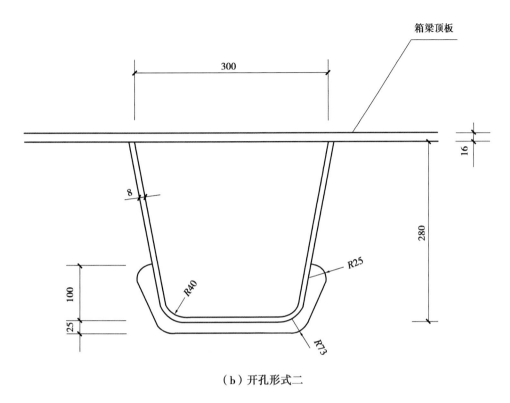

（b）开孔形式二

图 4.17　两种开孔形式（单位：mm）

3）闭口肋正交异性桥面板（不含 T 肋）

选取典型的基准结构进行关键构造细节疲劳参数分析，如图 4.18（a）所示，为闭口肋正交异性桥面板（不含倒 T 肋）基准模型，如图 4.18（b）所示为闭口肋正交异性桥面板（不含倒 T 肋）轨枕板细部构造图，如图 4.19 所示为闭口肋正交异性桥面板（不含倒 T 肋）的 U 肋开口形式。

表 4.3 为闭口肋正交异性桥面板（不含倒 T 肋）基准结构尺寸。纵向上：4 个横隔板间距，横隔板基准间距为 3 m，横隔板高 3 m；横向上：U 肋上宽 300 mm，下宽 170 mm，高 280 mm，板厚 8 mm，U 肋中心距 600 mm；顶板厚 16 mm，横隔板厚 12 mm；轨枕板厚按环线高家花园大桥减震方案图纸，定为 261 mm；双向轨道，线间距为 4.5 m。

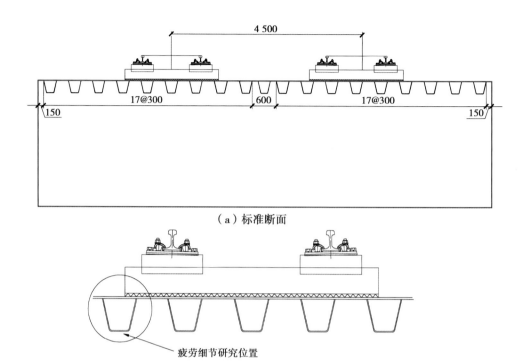

（a）标准断面

（b）轨枕板

图 4.18　正交异性 U 肋（不含倒 T 肋）基准模型截面图

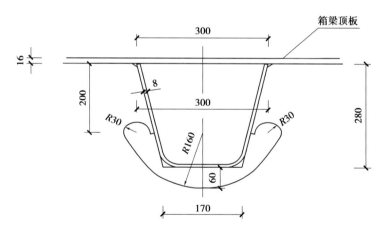

图 4.19　U 肋开孔形式

表 4.3　基准 U 肋尺寸

位置	U 肋参数	U 肋尺寸/mm
纵向	横隔板间距	3 000
	横隔板高	3 000

续表

位置	U 肋参数	U 肋尺寸/mm
横向	U 肋上宽	300
	U 肋下宽	170
	U 肋高度	280
	U 肋厚度	8
	U 肋中心距	600
	顶板厚	16
	横隔板厚	12
道床板	轨枕板厚	261
	减震垫厚	30
	线间距	4 500

4.4　列车荷载

《城市轨道交通设计规范》(DG/T J08-109—2017)规定疲劳设计荷载分为地铁 A 型和 B 型车。单轴车轮荷载分别为 160 kN 和 140 kN,各轴轴间距如图 4.20 所示。列车荷载传力途径为列车—钢轨—轨枕板—橡胶垫层—钢箱梁。

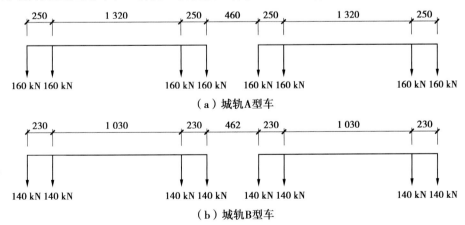

图 4.20　疲劳设计荷载

4.5 列车荷载的影响范围

基于表面外推热点应力法确定开口肋疲劳细节1~5,闭口肋正交异性桥面板的疲劳细节1~4,经计算城市轨道 A 型车对疲劳细节应力影响较大。结合调研数据,一个车厢4个轴,单轴轴重为 148.65 kN,未超过设计 150 kN,因此,以下分析以轴重150 kN计。

4.5.1 纵向影响范围

根据移动荷载的逐步加载,可计算出疲劳细节纵向影响范围,如图 4.21 所示。由纵向移动荷载应力影响线可知,距离跨中一个节间以外的纵向位置处,荷载对关键横隔板应力影响较小且应力影响线满足以下特征:

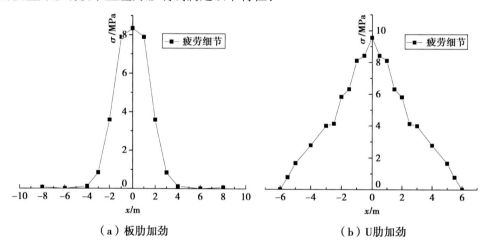

（a）板肋加劲　　　　（b）U肋加劲

图 4.21 纵向移动荷载下疲劳细节影响线

1）对称性

对称性即纵向移动单位荷载,对于点应力而言,在纵向上具有较好的对称性。

2）相邻荷载有效性

横隔板节间内各截面主要受本节间内荷载影响,横隔板截面处主要受相邻两节间荷载影响,称这种应力仅受本横隔板节间或相邻横隔板节间的荷载影响的性质为"相邻荷载有效"特性。

4.5.2　横向影响范围

将 75 kN 单轮移动荷载在所要研究的位置范围内横向移动,移动范围为一个轨枕板宽度,由图 4.22 可知:

1)开口肋特性

①疲劳细节 1~5 变化趋势都是在距离疲劳细节较近处应力较大,且满足"荷载对中应力最大"这一特性。

②对疲劳细节 1~5,在两个板肋节间横向影响较为显著,超过两个板肋节间的范围,对疲劳细节应力几乎没有贡献。

2)闭口肋特性

①疲劳细节 1~4 变化趋势都是在距离疲劳细节较近处应力较大,且满足"荷载对中应力最大"这一特性。

②对疲劳细节 1~4,在两个板肋节间横向影响较为显著,超过两个板肋节间的范围,对疲劳细节应力几乎没有贡献。

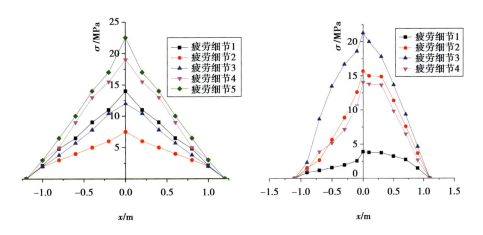

（a）开口肋疲劳细节 1~5 处横向影响线　　（b）闭口肋疲劳细节 1~4 处横向影响线

图 4.22　疲劳细节横向影响线

4.6　减震垫、轨下纵梁和轨枕板的影响分析

4.6.1　减震垫

轨道交通桥梁设计时会在钢梁与轨枕板之间设置一层减震垫,以达到行车安全、舒适的目的,为研究减震垫刚度对疲劳细节应力的影响,根据工程数据统计选取2 000~8 000 GPa的刚度变化范围进行分析,如图4.23和表4.4所示,结果表明减震垫刚度对疲劳细节应力影响微弱,可忽略不计。

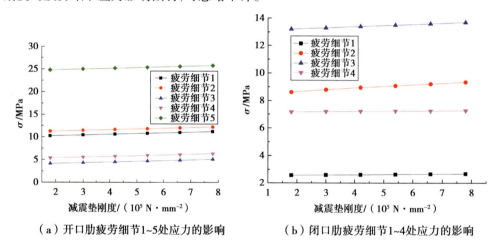

（a）开口肋疲劳细节1~5处应力的影响　　（b）闭口肋疲劳细节1~4处应力的影响

图4.23　减震垫刚度对疲劳细节应力的影响

表4.4　减震垫刚度对疲劳细节应力的影响

桥面板类型	减震垫刚度/10^5 MPa	1.80	3	4.20	5.40	6.60	7.80
开口肋桥面板	疲劳细节 1	10.24	10.44	10.64	10.84	11.04	11.24
	疲劳细节 2	11.25	11.45	11.65	11.85	12.05	12.25
	疲劳细节 3	4.12	4.32	4.52	4.72	4.92	5.12
	疲劳细节 4	5.36	5.56	5.76	5.96	6.16	6.36
	疲劳细节 5	24.80	25	25.20	25.40	25.60	25.80

续表

桥面板类型	减震垫刚度/10^5 MPa	1.80	3	4.20	5.40	6.60	7.80
闭口肋桥面板	疲劳细节 1	2.56	2.58	2.60	2.62	2.63	2.65
	疲劳细节 2	8.41	8.62	8.80	8.96	9.09	9.22
	疲劳细节 3	13.10	13.20	13.30	13.40	13.40	13.50
	疲劳细节 4	7.14	7.17	7.20	7.22	7.24	7.25

4.6.2　轨下纵梁

对开口肋正交异性钢桥面板,取翼缘宽度为 0,改变轨下纵梁(T 肋)高度,分别在轨下纵梁(T 肋)高度为 200,300,400,500,600,700,800 mm 的情况下计算疲劳细节应力。由图 4.24 可知:

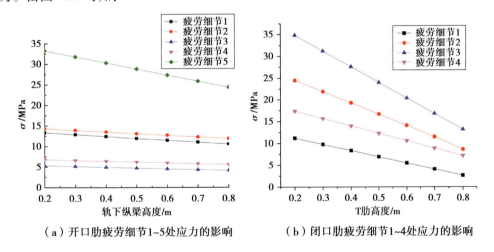

（a）开口肋疲劳细节 1~5 处应力的影响　　　（b）闭口肋疲劳细节 1~4 处应力的影响

图 4.24　不同轨下纵梁（T 肋）高度对疲劳细节应力的影响

1)开口肋特性

减小轨下纵梁(T 肋)高度,疲劳细节应力呈增大趋势。轨下纵梁(T 肋)高度从 800 mm 变化到 200 mm,疲劳细节 5 应力从 24.8 MPa 变化到 33.28 MPa,增幅为 38%。

2)闭口肋特性

减小轨下纵梁(T 肋)高度,疲劳细节应力呈增大趋势。轨下纵梁(T 肋)高度从 800 mm 变化到 200 mm,疲劳细节 1 应力从 2.56 MPa 变化到 11.2 MPa,疲劳细节 2 应力从 8.41 MPa 变化到 24.5 MPa,疲劳细节 3 应力从 13.1 MPa 变化到 34.8 MPa,疲劳细节 4 应力从 7.14 MPa 变化到 17.4 MPa。

4.6.3 轨枕板

根据前述 5 种典型的轨枕板铺设方式,总结出两种不同的轨枕传力模式,再考虑普通等间距混凝土轨枕铺设结构,对特定的轨枕传力结构进行有限元分析。

1)开口肋正交异性桥面板

隔离式减震垫整体为 12 000 mm×1 780 mm×220 mm,纵向满布在钢桥面顶板上,通过钢桥面顶板相应的面拉伸得到混凝土枕实体。

普通等间距混凝土轨枕单个尺寸为 320 mm×1 780 mm×220 mm,纵向轨枕每隔 0.57 m(按轨枕 1 760 根/km)配置在钢桥面顶板上,通过钢桥面顶板相应的面拉伸得到混凝土枕实体。

表 4.5 为两种不同轨枕形式的疲劳细节应力比较,隔离式减震垫整体道床疲劳细节 5 的应力为 24.8 MPa,普通等间距混凝土轨枕疲劳细节 5 的应力为 29.1 MPa,增幅达到 17.3%,故普通等间距混凝土轨枕对疲劳细节应力的影响更不利。

表 4.5 不同轨枕铺设方式疲劳细节应力比较

桥面板类型	道床名称	疲劳细节				
		1	2	3	4	5
开口肋桥面板	隔离式减震垫整体道床	10.24	11.25	4.12	5.36	24.8
	普通等间距混凝土轨枕	12.31	12.74	4.59	6.31	29.1
闭口肋桥面板	隔离式减震垫整体道床	2.58	8.62	13.2	7.17	
	普通等间距混凝土轨枕	3.01	9.21	14.13	8.01	—
	高架承轨台(短轨枕)	2.67	8.84	13.75	7.75	

2)闭口肋正交异性桥面板

隔离式减震垫整体道床尺寸为 12 000 mm×2 400 mm×280 mm,纵向满布在钢桥面顶板上,通过钢桥面顶板相应的面拉伸得到混凝土枕实体。

普通等间距混凝土轨枕单个尺寸为 320 mm×2 400 mm×280 mm,纵向轨枕每隔 0.57 m(按轨枕 1 760 根/km)配置在钢桥面顶板上,通过钢桥面顶板相应的面拉伸得到混凝土枕实体。

高架承轨台(短轨枕)单个尺寸为 12 000 mm×525 mm×261 mm,通过钢桥面顶板相应的面拉伸得到混凝土枕实体。

表 4.5 为 3 种不同轨枕铺设方式疲劳细节应力比较,隔离式减震垫整体道床疲劳细节 4 的应力为 7.17 MPa,普通等间距混凝土轨枕疲劳细节 4 的应力为 8.01 MPa,增幅达到 11.7%,故普通等间距混凝土轨枕对疲劳细节应力的影响更不利。

4.7　钢箱梁正交异性桥面板关键构造细节疲劳参数分析

4.7.1　疲劳细节应力分布

为了选取合理的钢箱梁设计参数,可参考前面的计算成果,选定关键疲劳细节,固定荷载位置,首先选择关键参数,在单一参数变化的情况下,研究结构各项关键疲劳细节应力的变化,分析参数对结构关键疲劳细节应力的影响。基本模型根据前面给出的关键构造细节疲劳参数进行分析。

1)开口肋正交异性桥面板

由有限元计算,疲劳细节应力在城轨 A 型车荷载作用较大,是最不利状态,故选用城轨 A 型车作为正交异性板肋模型的基准荷载。表 4.6 为基准结构有限元计算疲劳细节应力。

表 4.6　基准结构有限元计算疲劳细节应力

疲劳细节	1	2	3	4	5
应力/MPa	7.39	7.29	3.89	4.56	28.9

2)闭口肋正交异性桥面板

经比较分析,城轨 A 型车荷载较城轨 B 型车荷载作用下应力大,故闭口肋正交异性钢桥面板采用城轨 A 型车作为基准荷载。表 4.7 为闭口肋正交异性桥面板基准结构有限元计算疲劳细节应力。

表 4.7　基准结构有限元计算疲劳细节应力

疲劳细节	1	2	3	4
开孔形式 1/MPa	2.83	8.59	13.77	7.25
开孔形式 2/MPa	2.83	8.59	17.5	7.25

表 4.8 为闭口肋正交异性桥面板和闭口肋正交异性桥面板(不含 T 肋)的疲劳细节应力对比。

表 4.8   两种闭口肋结构有限元计算疲劳细节应力对比

疲劳细节	1	2	3	4
闭口肋桥面板/MPa	2.83	8.59	13.77	7.25
闭口肋桥面板(不含 T 肋)/MPa	2.78	8.75	13.48	7.39

由表 4.8 可知,闭口肋正交异性桥面板与闭口肋正交异性桥面板(不含 T 肋)的有限元计算疲劳细节 1~4 应力差别很小,故可选用闭口肋正交异性桥面板进行参数分析。

4.7.2   参数分析

1)开口肋正交异性桥面板

①改变顶板厚度对疲劳细节 1 和 3 影响较大,对疲劳细节 5 影响次之,对疲劳细节 2 和 4 几乎没有影响。当顶板厚度由 14 mm 增至 18 mm 时,疲劳细节 1~5 应力分别减小 13%,2.9%,14%,3.3% 和 10%。

②改变板肋厚度(板肋高度)对疲劳细节 1,2 和 4 影响较大,对疲劳细节 3 影响次之,对疲劳细节 5 影响较小。当板肋厚度由 16 mm 增至 24 mm 时,疲劳细节 1,3,5 应力增加 47.7%,8.7%,9.1%;疲劳细节 2 和 4 应力减小 40.5% 和 37.3%。

③改变板肋间距对疲劳细节 2~5 应力影响很大,对疲劳细节 1 影响不明显。当板肋间距由 200 mm 变化到 400 mm 时,疲劳细节 1~5 应力增幅分别是 12.6%,72.4%,104.9%,109.3%,134.5%。

④横隔板间距对疲劳细节 1,2 和 5 影响较明显,对疲劳细节 3 和 4 影响较小。当横隔板间距由 3 m 变化到 4 m 时,疲劳细节 1~5 增幅分别达到 19.3%,23.0%,10.9%,8.2%,23.9%。

⑤横隔板高度变化对疲劳细节 1,4 和 5 影响较大,对疲劳细节 2 和 3 几乎没有影响。当横隔板高度由 2 m 变化到 5 m 时,疲劳细节 1 增幅为 61.6%,疲劳细节 2 几乎没有变化,疲劳细节 3,4 和 5 呈下降趋势。

⑥横隔板厚度从 10 mm 增至 18 mm,横隔板厚度改变对疲劳细节 5 影响最大,减小幅度达到 39%;对疲劳细 1~4 影响较小。

⑦从开孔半径 31 mm 增至 37 mm,开孔半径改变对疲劳细节 1 影响最大,增幅达到 19%。

2)闭口肋正交异性桥面板(不含 T 肋)

闭口肋正交异性桥面板(不含 T 肋)与闭口肋正交异性桥面板有限元计算疲劳细节 1~4 应力差别很小,故可选用闭口肋正交异性桥面板进行参数分析。

①对两种不同开孔形式,改变顶板厚度对疲劳细节 3 影响较大,对其他疲劳细节几乎没有影响。当顶板厚度由 14 mm 增至 16 mm 时,疲劳细节 3 应力分别减小13.4%。当顶板厚度由 16 mm 增至 18 mm 时,疲劳细节 3 应力分别减小 16.3%。顶板厚度是影响疲劳细节 3 应力的重要参数。

②对开孔形式 1 和开孔形式 2,U 肋厚度和横隔板厚度对各疲劳细节应力影响几乎没有影响。

③对开孔形式 1,横隔板高度增加,疲劳细节应力整体呈减小趋势。其中,疲劳细节 1,2 和 3 降幅明显。从横隔板高度 2~3.5 m,疲劳细节 1~4 应力降幅分别为 41%,57.3%,39.1%,6.1%,从横隔板高度 3.5~5 m,疲劳细节 1~4 应力降幅分别为 35.4%,42.8%,28.6%,0.6%。由此可知,疲劳细节 1~4 应力在横隔板高度 2~3.5 m 内降幅较大,在 3.5~5 m 范围内降幅趋于平缓。

对开孔形式 2,横隔板高度增加,疲劳细节应力整体都呈减小趋势。疲劳细节1,2 和 4 应力变化与开孔形式 1 类似,疲劳细节 3 应力下降 42%。

④对开孔形式 1,疲劳细节 1~4 应力随横隔板间距的增大而增大,疲劳细节1,3 和 4 应力增大较明显,疲劳细节 2 几乎没有影响。疲劳细节 1~4 应力增幅分别达到106.2%,7.8%,53.7%,47.1%。

对开孔形式 2,疲劳细节变化趋势与开孔形式 1 类似,疲劳细节 2 几乎没有影响。疲劳细节 3 应力增幅为 24.9%。

⑤开孔形式 1 与开孔形式 2 确定参数时,疲劳细节 1,2 和 4 应力水平及变化幅度基本相同,疲劳细节 3 变化应力幅度有差异。

4.8　钢箱梁正交异性桥面板关键构造细节疲劳强度计算方法

4.8.1　简化计算方法

通过开口肋和闭口肋正交异性桥面板基准模型的参数化计算,研究一般正交异性钢桥面板肋桥关键疲劳细节处的应力。在大量计算的基础上,尝试使用统一、相对简单的公式计算疲劳细节应力:

$$\sigma^{i} = \sigma_{0i} K_1 K_2 K_3 K_4 K_5 K_6 K_7 K_{\text{hs}} \qquad (4.1)$$

式中　σ^{i}——结构疲劳细节 i 处热点应力,MPa,板肋——$i=1\sim5$,U 肋——$i=1\sim4$;

σ_{0i}——典型基准结构各计算应力基准值,MPa,板肋和 U 肋分别见表 4.7 和表

4.8 可得；

K_1——顶板厚度系数,板肋和 U 肋分别见表4.9 线性内插可得；

K_2——纵肋厚度系数,板肋和 U 肋分别见表4.10 线性内插可得；

K_3——横隔板间距系数,板肋和 U 肋分别见表4.11 线性内插可得；

K_4——横隔板高度系数,板肋和 U 肋分别见表4.12 线性内插可得；

K_5——横隔板厚度系数,板肋和 U 肋分别见表4.13 线性内插可得；

K_6——纵肋间距系数,见表4.14 线性内插可得,对 U 肋模型系数取 $K_6 = 1$；

K_7——开孔半径系数,见表4.15 线性内插可得,对 U 肋模型系数取 $K_7 = 1$；

K_{hs}——热点应力系数,板肋和 U 肋分别见表4.16 可得。

表 4.9　顶板厚度系数 K_1

桥面板类型	疲劳细节	顶板厚度/mm		
		14	16	18
开口肋 桥面板	1	1.03	1.00	0.97
	2	1.16	1.00	0.85
	3	1.14	1.00	0.88
	4	1.15	1.00	0.87
	5	1.11	1.00	0.92
闭口肋 桥面板	1	1.07	1.00	0.94
	2	1.16	1.00	0.84
	3	1.02	1.00	0.98
	3′	1.16	1.00	0.84
	4	1.07	1.00	0.94

表 4.10　纵肋厚度系数 K_2

桥面板类型	疲劳细节	纵肋厚度/mm			
		16/6	18/8	20/10	22/12
开口肋 桥面板	1	0.81	0.90	1.00	1.10
	2	1.23	1.11	1.00	0.89
	3	0.96	0.98	1.00	1.02
	4	1.25	1.13	1.00	0.87
	5	0.96	0.98	1.00	1.02

桥面板类型	疲劳细节	纵肋厚度/mm			
		16/6	18/8	20/10	22/12
闭口肋桥面板	1	1.02	1.00	0.98	0.96
	2	1.06	1.00	0.95	0.9
	3	1.04	1.00	0.96	0.93
	3′	1.05	1.00	0.95	0.91
	4	1.03	1.00	0.97	0.95

注:纵肋厚度＊＊/＊,其中,＊＊为开口肋厚度,＊为闭口肋厚度,下同。

表 4.11　横隔板间距系数 K_3

桥面板类型	疲劳细节	横隔板间距/m					
		3	3.2	3.4	3.6	3.8	4
开口肋桥面板	1	1.00	1.04	1.09	1.06	1.13	1.19
	2	1.00	1.06	1.11	1.08	1.16	1.23
	3	1.00	1.03	1.06	1.02	1.06	1.11
	4	1.00	1.03	1.06	0.99	1.04	1.08
	5	1.00	1.03	1.07	1.13	1.18	1.24
闭口肋桥面板	1	1.00	1.21	1.42	1.64	1.85	2.06
	2	1.00	1.02	1.03	1.05	1.06	1.08
	3	1.00	1.19	1.28	1.33	1.43	1.54
	3′	1.00	1.05	1.10	1.15	1.20	1.25
	4	1.00	1.09	1.18	1.27	1.37	1.47

表 4.12　横隔板高度系数 K_4

桥面板类型	疲劳细节	横隔板高度/m						
		2	2.5	3	3.5	4	4.5	5
开口肋桥面板	1	0.83	0.91	1.00	1.09	1.17	1.26	1.34
	2	1.00	1.00	1.00	1.00	1.00	1.00	1.00
	3	1.49	1.22	1.00	0.97	0.94	0.92	0.90
	4	0.78	0.89	1.00	0.79	0.81	0.81	0.81
	5	1.51	1.25	1.00	0.97	0.90	0.82	0.77

续表

桥面板类型	疲劳细节	横隔板高度/m						
		2	2.5	3	3.5	4	4.5	5
闭口肋桥面板	1	1.28	1.13	1.00	0.75	0.61	0.56	0.49
	2	1.5	1.25	1.00	0.64	0.39	0.35	0.32
	3	1.38	1.15	1.00	0.84	0.75	0.67	0.60
	3′	1.26	1.13	1.00	0.93	0.86	0.8	0.73
	4	1.06	1.03	1.00	0.99	0.99	0.99	0.99

表 4.13　横隔板厚度系数 K_5

桥面板类型	疲劳细节	横隔板厚度/mm			
		10	12	14	16
开口肋桥面板	1	1.14	1.00	0.89	0.80
	2	1.08	1.00	0.92	0.84
	3	1.03	1.00	0.97	0.93
	4	1.2	1.00	0.81	0.67
	5	1.17	1.00	0.87	0.78
闭口肋桥面板	1	1.04	1.00	0.95	0.91
	2	1.02	1.00	0.98	0.96
	3	1.03	1.00	0.97	0.96
	3′	1.00	1.00	1.00	1.00
	4	1.01	1.00	0.99	0.98

表 4.14　板肋间距系数 K_6

疲劳细节	板肋间距/mm		
	200	300	400
1	0.94	1.00	1.06
2	0.71	1.00	1.23
3	0.64	1.00	1.50
4	0.64	1.00	1.34
5	0.71	1.00	1.45

表 4.15　开孔半径系数 K_7

疲劳细节	开孔半径/mm			
	31	33	35	37
1	0.89	0.95	1.00	1.06
2	1.01	1.00	1.00	1.00
3	1.03	1.02	1.00	0.96
4	0.94	0.97	1.00	1.03
5	1.07	1.03	1.00	0.97

表 4.16　正交异性疲劳细节热点应力系数 K_{hs} 对应表

桥面板类型	疲劳细节	1	2	3/3′	4	5
开口肋桥面板	$K_{hs}=\sigma_{hs}/\sigma_t$	1.18	1.23	1.14	1.21	1.21
闭口肋桥面板		1.09	1.03	1.17/1.14	1.12	—

注:3′为无纵肋(T肋)闭口加劲肋桥面板。

4.9　实例验证

4.9.1　嘉华大桥

此处选取嘉华大桥来验证方法的合理性。图 4.25 和图 4.26 分别为嘉华大桥横隔板处断面图和板肋布置图。其中,表 4.17 表明疲劳细节的研究位置。

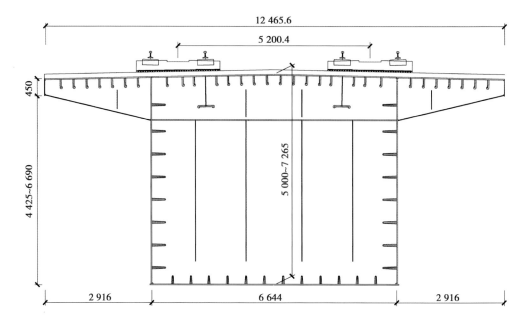

图 4.25　嘉华大桥断面图

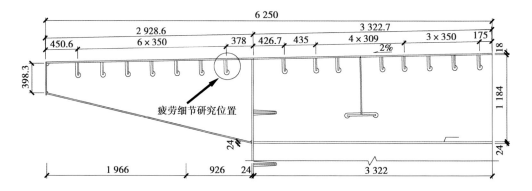

图 4.26　疲劳细节研究位置

将嘉华大桥的实际尺寸分别对应表 4.9—表 4.16 的系数,见表 4.17 和表 4.18。

表 4.17　嘉华大桥对应尺寸

嘉华大桥	顶板厚度	板肋厚度	板肋间距	隔板间距	隔板高度	开孔半径	隔板厚度
尺寸/mm	18	16	350	4 000	5 000	35	12

因为嘉华大桥板肋间距处于 309~350 mm,而在基准模型中只考虑了 200,300,400 mm,所以偏安全取用 350 mm 纵肋间距,参数系数在 300~400 mm 插值。

表 4.18　嘉华大桥对应的各参数系数及计算疲劳细节应力

应力	K_1	K_2	K_3	K_4	K_5	K_6	K_7	K_{hs}	σ^i/MPa
σ^1	0.97	0.81	1.03	1.19	1.34	1.00	1.00	1.18	7.39
σ^2	0.85	1.23	1.12	1.23	1.00	1.00	1.00	1.23	7.29
σ^3	0.88	0.96	1.25	1.11	0.90	1.00	1.00	1.14	3.89
σ^4	0.87	1.25	1.17	1.08	0.81	1.00	1.00	1.21	4.56
σ^5	0.92	0.96	1.23	1.24	0.77	1.00	1.00	1.21	28.9

表 4.19　嘉华大桥有限元计算疲劳细节应力

嘉华大桥	σ^1	σ^2	σ^3	σ^4	σ^5
有限元应力/MPa	10.20	11.08	4.16	5.15	25.4
查表应力/MPa	10.24	11.25	4.12	5.36	24.8
误差/%	0.39	1.51	0.97	3.92	2.42

由表 4.19 可以看出,嘉华大桥有限元计算疲劳细节应力与式(4.1)计算疲劳细节应力误差控制在 5% 以内,由此可知,对开口肋正交异性桥面板此种方法适用且具合理性。

4.9.2　环线高家花园大桥

此处选取环线高家花园大桥来验证方法的合理性。如图 4.27 和图 4.28 所示分别为环线高家花园大桥断面图和顶板 U 肋大样图。

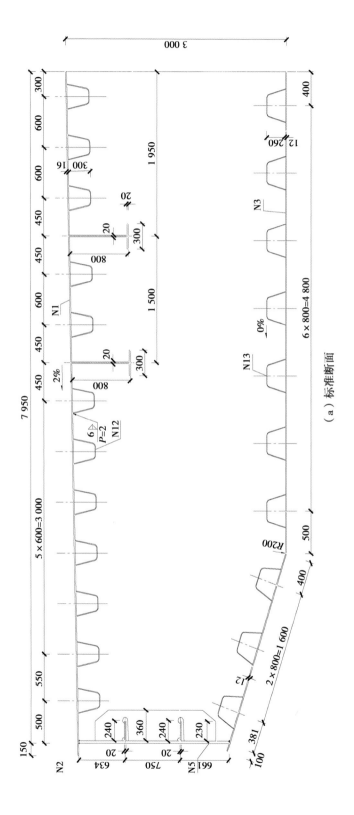

（a）标准断面

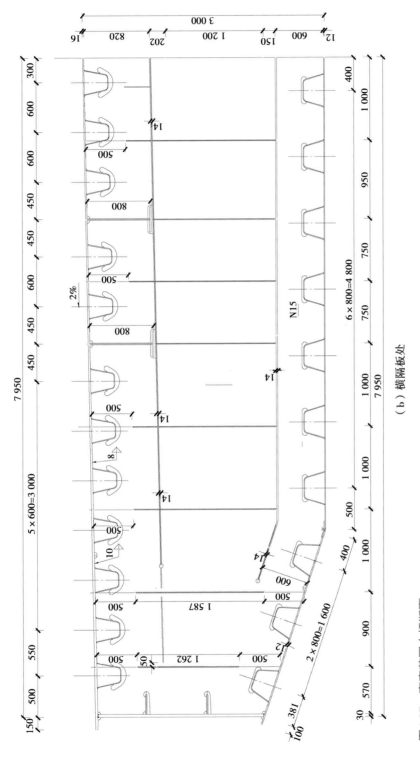

（b）横隔板处

图4.27　高家花园大桥断面

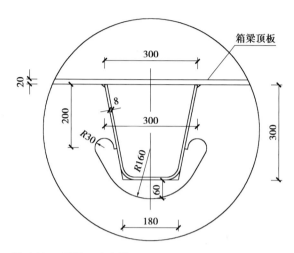

图 4.28 顶板 U 肋大样

将环线高家花园大桥的实际尺寸分别对应表 4.9—表 4.16 的系数,见表 4.20 和表 4.21。

表 4.20 环线高家花园大桥的实际尺寸

环线高家花园大桥	顶板厚度	U 肋厚度	隔板高度	隔板间距	隔板厚度
尺寸/mm	16	8	3 000	3 000	12

表 4.21 环线高家花园大桥对应的各种参数系数及计算疲劳细节应力

应力	K_1	K_2	K_3	K_4	K_5	K_{hs}	σ^i/MPa
σ^1	1.00	1.00	1.00	1.00	1.00	1.09	2.83
σ^2	1.00	1.00	1.00	1.00	1.00	1.03	8.59
σ^3	1.00	1.00	1.00	1.00	1.00	1.17	13.77
σ^4	1.00	1.00	1.00	1.00	1.00	1.12	7.25

由表 4.22 可以看出,环线高家花园大桥有限元计算疲劳细节应力与式(4.1)计算疲劳细节应力误差控制在 5% 以内,由此可知,对闭口肋正交异性桥面板此种方法适用且具合理性。

表 4.22 环线高家花园大桥有限元计算疲劳细节应力

嘉华大桥	σ^1	σ^2	σ^3	σ^4
有限元应力/MPa	2.74	8.51	13.49	7.10
查表应力/MPa	2.83	8.59	13.77	7.25
误差/%	3.28	0.94	2.08	2.11

参考文献

[1] 周张义,李苇,安琪,等. 钢结构焊缝疲劳强度分析技术的最新进展[J]. 中国铁道科学, 2009, 30(4):69-75.

[2] 卜一之,王一莹,崔闯. 新型正交异性钢桥面板关键部位疲劳性能研究[J]. 世界桥梁, 2015, 43(5):20-24.

[3] 叶华文,徐勋,强士中,等. 重庆两江大桥正交异性钢桥面板疲劳性能试验研究[J]. 中南大学学报:自然科学版,2013, 44(2):749-756.

[4] 叶华文,王应良,张清华,等. 新型正交异性钢-混组合桥面板足尺模型疲劳试验[J]. 哈尔滨工业大学学报, 2017, 46(9):25-32.

[5] 王春生,付炳宁,张芹,等. 正交异性钢桥面板足尺疲劳试验[J]. 中国公路学报, 2013, 26(2):69-76.

[6] 张梁,高科,谢红兵,等. 正交异性钢桥面板横隔板开孔部位疲劳性能研究[J]. 公路, 2014, 59(10):6-11.

[7] 陶晓燕. 正交异性钢桥面板节段模型疲劳性能试验研究[J]. 中国铁道科学, 2013, 34(4):22-26.

[8] 吕彭民,王龙奉,李大涛,等. 正交异性钢桥面板 U 肋与横隔板构造细节围焊处疲劳性能[J]. 长安大学学报:自然科学版, 2015, 35(6):63-70.

[9] 中华人民共和国住房和城乡建设部. 城市轨道交通桥梁设计规范:GB/T 51234—2017[S].北京:中国建筑工业出版社,2017.

[10] 孔祥福,周绪红,狄谨,等. 钢箱梁斜拉桥正交异性桥面板的受力性能[J]. 长安大学学报:自然科学版, 2007,27(3):52-56.

[11] 张清华,崔闯,卜一之,等. 港珠澳大桥正交异性钢桥面板疲劳特性研究[J]. 土木工程学报, 2014, 47(9):110-119.

[12] 钱冬生. 关于正交异性钢桥面板的疲劳[J].桥梁建设, 1996(2):10-15,9.

[13] 张丽芳,艾军,张鹏飞,等. 大跨度钢箱梁病害及成因分析[J]. 公路与汽运, 2013(3):203-206.

[14] 姜竹生,瞿涛,吕磊,等. 钢箱梁典型病害分析及其检测与维护技术研究[J].防灾减灾工程学报,2011,31(5):572-577.

[15] 吉伯海. 我国缆索支承桥梁钢箱梁疲劳损伤研究现状[J]. 河海大学学报:自然科学版, 2014, 42(5):410-415.

第5章 组合梁桥突破极限

5.1 概述

对轨道交通预应力混凝土梁桥,截面长期处于偏心受压状态,上下缘应力差较大,随着时间的增长,梁体会逐渐产生较大的徐变变形,即下挠。梁体的徐变下挠会增加线路的不平顺,影响行车安全和乘坐舒适性。我国的既有普通铁路桥大多采用有砟桥面,梁体长期变形不大的可以通过调整道砟厚度来保证线路的正常运行;城市轨道交通梁桥,基本上都采用无砟轨道,运营期间轨道平顺性只能通过扣件进行调整,且扣件调整量十分有限,因此,必须严格限制梁体的长期残余变形,以保证桥上线路的平顺。

《铁路桥涵设计规范》(TB 10002—2017)规定对跨度不大于128 m的混凝土梁及墩高不大于50 m的桥梁:"设计时速200 km及以上铁路无砟轨道桥面预应力混凝土梁,轨道铺设完成后,当跨度小于等于50 m时,竖向残余徐变变形不应大于10 mm;当跨度大于50 m时,竖向残余徐变变形不应大于$L/5\ 000$且不应大于20 mm,L指跨度,单位为m。"梁体的残余变形是指桥上轨道结构铺设完成后梁体的变形,包括混凝土的徐变变形、混凝土的收缩变形、预应力长期损失引起的弹性变形恢复,其中,混凝土的徐变变形为其竖向残余变形的主要部分。需要指出的是,若轨道铺设完成后仍有部分桥面附属设施施工,该部分荷载引起的弹性变形应计入梁体残余变形。

《城市轨道交通桥梁设计规范》(GB/T 51234—2017)规定跨度150 m及以下铺设无砟轨道的预应力混凝土梁的后期徐变变形量控制,宜符合下列规定:当桥梁跨度L小于50 m时,徐变变形量不宜大于 10 mm;当桥梁跨度 L 大于或等于 50 m 时,徐变变形量不宜大于 $L/5\,000$。

对于跨越能力来说,连续刚构桥无疑是梁桥中跨越能力最大的桥型,目前公路纯混凝土梁桥最大跨度可做到 301 m(挪威斯托尔马桥,采用轻质混凝土)。

随着铁路及轨道交通的迅速发展,为满足跨越江河的需要,连续刚桥型也被广泛应用到铁路及轨道交通跨江大桥中。目前,国内跨度最大的混凝土铁路梁桥为襄渝增二线牛角坪双线大桥,跨径布置为(100+192+100)m 预应力混凝土刚构-连续组合梁桥,采用的是有砟道床;国内最大跨度的无砟轨道混凝土铁路梁桥为广珠城际容桂水道特大桥,跨径布置为(108+2×185+115)m 的预应力混凝土连续刚构桥,其后期变形容许值参考德国规范无砟轨道桥梁变形限值确定,按不大于 $L/5\,000$ 控制,并采取了相关联合措施对后期收缩徐变变形进行控制,如桥梁合龙后延长铺轨时间,预留后张索和体外索等措施。

由于铁路荷载的特殊性和轨道交通对结构刚度的要求,无砟轨道混凝土连续刚构桥型在铁路桥梁中,最大跨径也只做到 185 m。这主要是连续刚构桥跨度的增大由混凝土的收缩徐变特性造成的跨中下挠问题越来越突出。

十几年来,大量修建了混凝土连续刚构桥,该桥型的弱点也逐渐被显现,运行十年以上的桥中,如虎门大桥、黄石大桥、黄花园大桥、江津长江大桥等相继出现了跨中下挠过大的情况,比理论值高达 20~30 cm,国外也存在同样的情况,如帕劳共和国的科罗尔-巴岛(Koror-Babeldaob)桥是一座跨中带铰的三跨预应力混凝土连续刚构桥,其跨度组合为(72+241+72)m,是当时世界上同类桥梁中跨度最大者,1978 年建成通车,通车后不久就产生了较大的下挠,到 1990 年,其挠度达到了 1.2 m,后来采用体外索施加预应力,使主跨中央挠度减小,1996 年 7 月加固结束,加固处理结束后不到 3 个月就发生了倒塌事故。美国 1979 年竣工的鹦鹉渡口桥(Parrotts Ferry Bridge),跨径布置为(99+195+99)m,上部结构采用轻质混凝土建造,该桥在使用 12 年后,主跨跨中下挠 63.5 cm。跨中挠度过大成了混凝土连续刚构桥型的通病。

不同跨径桥梁跨中下挠平均速率,从国内一些大跨梁桥的实测记录分析如下:

$$L = 100 \sim 160 \text{ m} \qquad f_{徐} = 0.5 \sim 1 \text{ cm/年}$$
$$L = 160 \sim 220 \text{ m} \qquad f_{徐} = 1 \sim 2 \text{ cm/年}$$
$$L = 220 \sim 270 \text{ m} \qquad f_{徐} = 2 \sim 3 \text{ cm/年}$$

大跨度城市轨道交通连续刚构桥若完全采用混凝土结构,跨中下挠问题将会对轨道运营期的线形要求和运营安全带来影响,并且可采取的修复措施有限,维护难度较大。

2006 年 9 月底,已建成通车的重庆石板坡长江大桥复线桥(市政桥梁)为解决预应力大跨连续刚构因恒载应力过高而难以提高跨越能力的难题,在 330 m 主跨中间创造性地采用了 108 m 钢箱梁(由两端各有 2.5 m 钢-混结合段、中间 103 m 钢箱梁组成),有效地解决了混凝土梁自重过大的问题,钢-混组合连续刚构方案不但有效降低了自重,增强了连续刚构的跨越能力,也减少了施工的风险,同时大大加快了施工进度；在主跨采用可调可换的体外索体系作为结构措施，可解决以往一些桥在使用一段时间后下挠过大、裂缝较多的问题。

管养部门从大桥通车第 2 年起，每年均对该桥进行变形观测并形成报告，到 2014 年 1 月共进行了 7 期观测。从 2007—2014 年的 7 年多时间，梁体累计下挠值与理论设计值吻合度好，特征点 SC88，SC92 及 SC98 这 3 点的实测值分别为 85.7，105.5，86.2 mm，计算值分别为 80.4，108.4，82.8 mm，两者基本相同，仅相差 3%~4%，如图 5.1 所示。实测的每年下挠变形增量呈逐年减少的规律，与理论计算所得的趋势线的规律基本一致。多年的监测数据验证表明复线桥采用的组合体系和体外索主动调节等技术措施能有效地控制梁体下挠量，在体外索实施完阶段 2 的张拉后，可基本消除多年累计下挠值。由于这些技术措施使梁体不会发生过度下挠，因此也有效地避免了因过度下挠而带来的开裂、刚度失效等不利影响，结构的安全性和耐久性得到了更有力的保障。

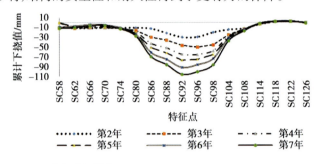

图 5.1　多年实测数据

采用钢-混组合连续刚构并在主跨首次采用可调可换的体外索体系作为结构措施。经过近 10 年的运营证明，这种组合体系及主动控制手段有效地控制和解决了下挠过大、裂缝较多的不利问题。

基于此，对大跨度城市轨道交通梁桥，主梁结构形式可考虑采用与石板坡长江大桥复线桥类似的结构形式，即主梁在跨中区段部分采用变截面钢箱梁，并在主跨采用可调可换的体外索体系作为结构措施来达到增大跨径，控制后期变形和后期下挠问题。

重庆嘉华嘉陵江轨道专用桥是重庆市轨道交通九号线跨越嘉陵江的重要节点工程，位于已建成通车的嘉陵江嘉华公路大桥上游约 100 m 位置处，由于大桥离现有桥梁较近，考虑到景观、通航等因素，有关部门最终确定，桥型方案采用与嘉华公路大桥一致的方案，即主跨 252 m 的连续刚构桥梁方案。如此跨径的连续刚构桥，在公路桥上比较常见，但用在轨道交通桥梁上，尚属首次。为了解决大桥后期变形及下挠等一系列难题，故借鉴石板坡长江大桥复线桥的成功经验，采用钢-混组合结构，将主跨跨中 92 m 混凝土梁用 92 m 钢箱梁来替代，并在主跨采用可调可换的体外索体系作为结构措施，以达到控制后期变形和下挠问题；经理论计算采用此种措施后，考虑 20 年收缩徐变，大桥主梁后期变形为 44 mm，小于规范限值 $L/5\ 000 = 50.4$ mm。

值得一提的是，铁路桥或城市轨道交通桥主梁的竖向刚度比公路或者市政道路桥梁大得多,通过运营若干年后体外索后期张拉来抵消后期下挠变形,作用并不像公路或者市政道路桥那么明显,在重庆市轨道交通九号线嘉华嘉陵江轨道专用桥初步设计时,专门针对此问题进行了研究,设置同样的体外索(中跨共设置 16 束 27 Φ^s15.2 的 1 860 MPa 钢绞线,体外束的数量和石板坡长江大桥复线桥相当)和张拉时机(分两次张拉,第一次在主跨合龙后张拉,张拉控制应力为 0.38 f_{pk};第二次在成桥后张拉,张拉控制应力为 0.6 f_{pk}),对全混凝土梁结构,体外索二次张拉引起主梁跨中的上拱最大位移仅 7 mm,对主跨跨中采用 72 钢箱梁结构,体外索二次张拉引起主梁跨中的上拱最大位移为 22 mm。虽然对刚度比较大的轨道交通桥梁,采用体外索二次张拉抵消主梁后期下挠变形的作用并不明显,但是体外索相当于增加了桥梁的预应力度,这对减小后期徐变变形和开裂有很大的帮助,并且采用二次张拉可以部分抵消主梁后期下挠变形。

5.2 嘉华嘉陵江轨道专用桥设计

重庆市嘉华嘉陵江轨道专用桥是重庆市轨道交通九号线跨越嘉陵江的重要节点工程,以嘉华大桥复线桥形式过江。

桥位区嘉华大桥为公路桥梁,桥梁结构形式为 138 m+252 m+138 m 预应力混凝土连续刚构桥,南岸至北岸方向为 19‰上坡。桥梁分为左、右两幅,桥面布置为 17.8 m+2.0 m+17.8 m=37.6 m。该桥于 2005—2007 年建设,2008 年竣工通车。

轨道交通九号线嘉华大桥以轨道交通专用桥的形式跨越嘉陵江,紧邻建好通车的嘉陵江嘉华大桥,距老桥约 100 m。桥位如图 5.2 所示。

图 5.2 主桥平面位置示意图

　　嘉华嘉陵江轨道专用桥桥跨布置为 28 m +39 m + 48 m + 138 m + 252 m + 110 m,桥梁全长 618.915 m,桥宽 12.5 m。采用刚构-连续组合梁桥,中跨跨中设置 92 m钢箱梁段,如图5.3—图 5.5 所示,大桥纵坡和嘉华公路大桥一致,南岸至北岸方向为 19‰上坡,横坡为双向 2%。大桥除 P5 和 P6 主墩采用墩梁固结外,其余桥墩均设置纵向活动支座,大桥全桥连续,共一联,仅在桥梁两端设大位移伸缩缝。大桥为轨道交通专用桥通行双线 As 型列车,桥梁梁端设置轨道伸缩调节器,近期为 6 辆编组,远期为 8 辆编组。

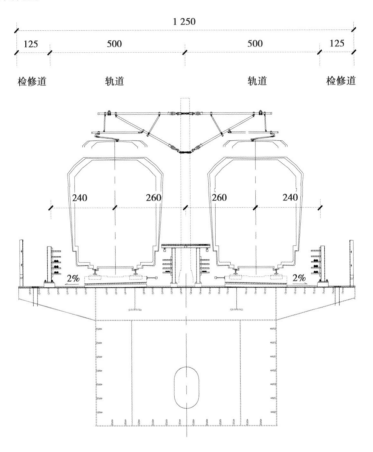

图 5.3　中跨钢箱梁典型横断面布置图(单位:cm)

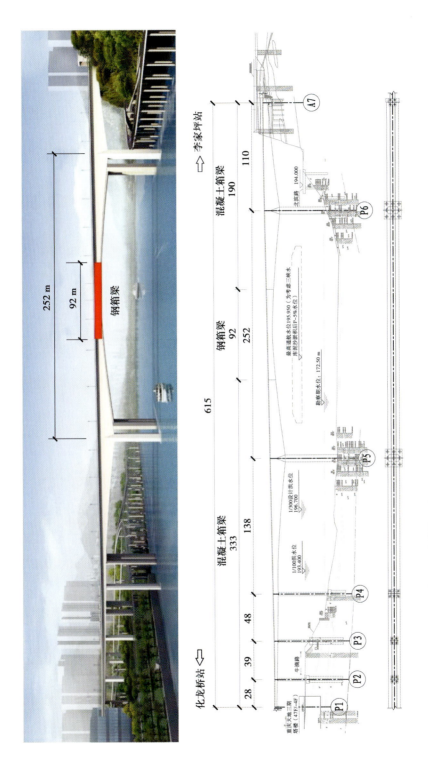

图5.4　嘉华轨道专用桥桥型布置图（单位：m）

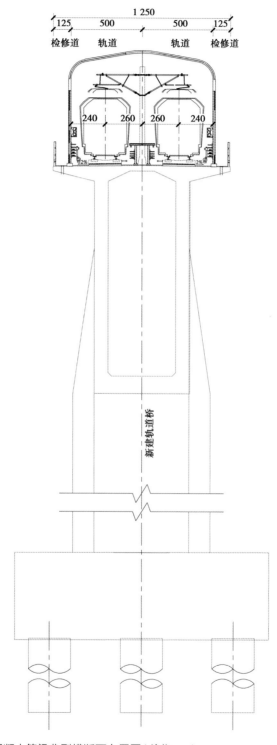

图 5.5　主墩处混凝土箱梁典型横断面布置图(单位:cm)

大桥主梁采用单箱单室箱梁,箱梁分别由预应力混凝土箱梁和钢箱梁组成,均采用带双悬臂的箱形断面。主跨箱梁支点处梁高 15.7 m,跨中 5.0 m,按 1.5 次抛物线变化。箱底板宽 6.7 m,双侧对称悬臂 2.9 m,顶板全宽 12.5 m。主跨 252 m,内跨中 92 m段采用钢箱梁,其余均采用预应力混凝土结构。混凝土箱梁顶板厚 0.37 m,箱梁悬臂根部底板厚为 1.2 m,箱梁底板厚从悬臂根部按 2 次抛物线规律变化,腹板厚0.6~1.0 m。混凝土梁为双向预应力体系。

大桥主跨设有体外预应力。主跨体外索体系采用 16 束 27 ϕˢ15.2 的 1 860 MPa填充型环氧钢铰线,并考虑后期再次张拉。体外预应力锚具可以单根进行换索,也可以调整索力,属于可换可调型。布置在主跨 252 m 内,中间设置转换装置,锚固在 5 号悬臂梁及 6 号悬臂梁的"零"号段横隔梁上。

体外预应力钢束设计锚下张拉控制应力为 1 116 MPa,张拉分两次进行:第一次在施工过程中张拉,锚下张拉控制应力为 837 MPa;第二次在通车运营若干年后(根据桥梁的运营状况来确定)张拉,锚下张拉控制应力为 1 116 MPa。

大桥桩基和承台采用 C35 混凝土,P2,P3,P4 桥墩采用 C40 混凝土,P5 和 P6 桥墩采用 C50 混凝土,P4,P5,P6 桥墩在船舶可撞击部位以下内部均填充 C25 素混凝土,桥台台身采用 C25 素混凝土,混凝土主梁采用 C60 混凝土,钢箱梁和钢-混结合段主体结构钢材采用 Q345qD 和 Q420qD。钢箱梁钢板厚度较大和关键受力区段构件,如钢箱梁的腹板和顶板、底板等钢箱梁主体结构的钢板采用 Q420qD,而其他钢板(如上横梁、横隔板、拼接板、预应力锚板)厚度较小结构采用 Q345qD。

大桥 P5,P6 主墩两边各 80 m 范围梁体采用挂篮悬臂浇筑,其余混凝土梁段均采用支架现浇施工,在 P4 和 P5 桥墩之间以及 P6 和 P7 桥墩之间各设置 2 m 长的合龙段,合龙段采用吊架施工。主跨 92 m 钢箱梁分为两端各 2.5 m 的钢-混结合段和 87 m钢箱梁段,采用桥面吊机吊装施工,87 m 钢箱梁采用整体吊装施工。

5.3　钢箱梁段合理长度的确定

设计城市轨道交通钢-混组合梁桥,要解决的首要问题就是中跨钢箱梁取多长比较合适。从减小后期收缩徐变变形的角度来讲,中跨钢箱梁的长度越长越好,钢梁长度过短,对后期变形改善不明显,如果全部采用钢梁,就不存在收缩徐变的问题,但是钢梁长度过长,一方面钢比混凝土造价高,钢梁的竖向和横向刚度均不及混凝土梁,而轨道交通桥梁对主梁的竖向和横向刚度均要求比较高,因此,需要增加板厚,导致造价增加;另一方面从施工角度来讲,中跨钢梁过长,造成混凝土梁比较短,不利于混凝土梁的对称悬臂施工,还有钢梁长度过长,钢-混接头必然要位于弯矩和剪力比较大的区域,钢-混接头受力过大,不利于钢-混接头的设计。因此,从功能、施工、造价及钢-混接头受力等方面考虑,中跨钢箱梁应有一个合理的长度,才能达到功能、施工、造价、受力各方面的平衡。

在设计阶段,我们对全混凝土梁方案(中跨钢箱梁段长 0 m)、中跨钢箱梁段长 72 m、中跨钢箱梁段长 92 m 这 3 种方案的后期收缩徐变变形进行分析,这 3 种方案均设置了体外索,并考虑分两阶段张拉,第一阶段在施工过程中张拉,第二阶段在运营若干年后,根据实际运行情况,决定是否需要张拉以及张拉的时机。

从表 5.1 中 3 种方案的计算结果来看,中跨采用 92 m 钢箱梁,可将后期收缩徐变变形控制在规范容许的 $L/5\,000$ 以内,钢箱梁的长度与中跨跨度之比约为 0.365,两侧钢-混接头基本位于主梁正负弯矩交替区,因此,中跨钢箱梁长度采用 92 m,对本桥来说是比较合理的。

表 5.1　中跨钢箱梁长度比选

项目	中跨钢梁长度/m	铺轨后 20 年收缩徐变位移/mm	后期收缩徐变位移限值 $L/5\,000$/mm	是否满足
方案一	0	121	50.4	不满足
方案二	72	61	50.4	不满足
方案三	92	44	50.4	满足

5.4　计算结果

5.4.1　整体计算模型

如图 5.6 所示为嘉华轨道专用桥全桥整体计算模型图,其边界条件模拟为:

除主墩 P5 和 P6 桥墩为墩梁固结外,其余桥墩纵桥向左右支座均为纵向滑动支座,在正常使用情况下,各桥墩(台)处均保证主梁横向固定;采用 m 法,考虑桩土相互作用。

图 5.6 嘉华轨道专用桥全桥整体计算模型图

5.4.2 整体计算结果

1）主梁恒载内力计算结果

从内力图 5.7—图 5.11 中可以看出，主梁在恒载（不含预应力效应）的作用下，弯矩处于-3 470 670~196 484 kN·m；主梁在预应力（含体外预应力一次张拉效应）单独作用下，弯矩处于-215 894~2 892 530 kN·m；在恒载（含预应力效应）作用下的轴力处于-460 772~-45 500 kN；剪力处于-84 605~94 826 kN；弯矩处于-750 320~165 215 kN·m。预应力弯矩效应基本平衡了主墩墩顶附近 83.3%的恒载弯矩效应，使梁体受力逐渐逼近"零弯矩"的理想状态。

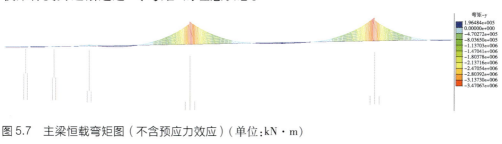

图 5.7 主梁恒载弯矩图（不含预应力效应）（单位:kN·m）

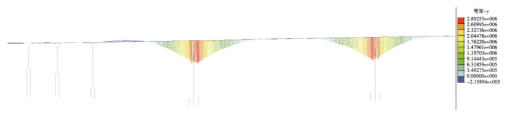

图 5.8 主梁预应力效应弯矩图（含体外预应力一次张拉效应）（单位:kN·m）

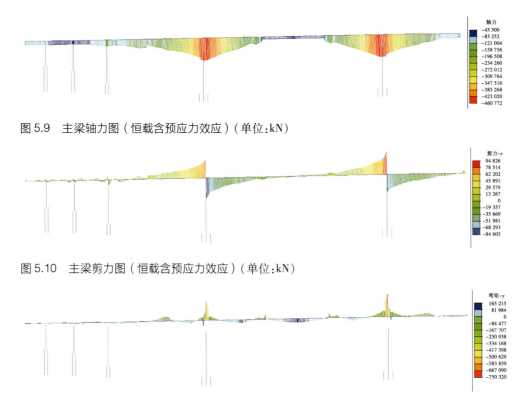

图 5.9 主梁轴力图（恒载含预应力效应）（单位:kN）

图 5.10 主梁剪力图（恒载含预应力效应）（单位:kN）

图 5.11 主梁弯矩图（恒载含预应力效应）（单位:kN·m）

2）主梁活载内力计算结果

从内力图 5.12—图 5.15 中可以看出,主梁在轨道活载作用下的轴力处于-5 422~1 595 kN;剪力处于-7 360~7 482 kN;弯矩处于-393 089~65 764 kN·m;扭矩处于-12 326~12 326 kN·m。主墩墩顶处轨道活载弯矩约占恒载弯矩(不含预应力效应)的 11.33%。

图 5.12 主梁轴力包络图（轨道活载）（单位:kN）

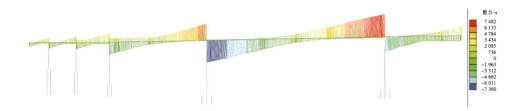

图 5.13　主梁剪力包络图（轨道活载）（单位:kN）

图 5.14　主梁弯矩包络图（轨道活载）（单位:kN·m）

图 5.15　主梁扭矩包络图（轨道活载）（单位:kN·m）

3）运营期主梁应力计算结果

按照《铁路桥涵混凝土结构设计规范》（TB 10092—2017）第 7.3.10 条规定,受压区混凝土的最大压应力应满足:

（1）主力组合作用

$$\sigma_c \leq 0.5f_c = 0.5 \times 40.0 \text{ MPa} = 20.0 \text{ MPa}$$

（2）主力+附加力（特殊力）组合作用

$$\sigma_c \leq 0.55f_c = 0.55 \times 40.0 \text{ MPa} = 22.0 \text{ MPa}$$

按照《铁路桥涵混凝土结构设计规范》（TB 10092—2017）第 7.3.11 条规定,受拉区混凝土的最小应力应满足:

①对于不允许出现拉应力的构件:

$$\sigma_{ct} \leq 0$$

$$\sigma_{ct} \leq 0.6f_{ct} = 0.6 \times 3.5 \text{ MPa} = 2.1 \text{ MPa（特种超载荷载短期作用时）}$$

②对于允许出现拉应力但不允许开裂的构件:

$$\sigma_{ct} \leq 0.7f_{ct} = 0.7 \times 3.5 \text{ MPa} = 2.45 \text{ MPa}$$

$$\sigma_{ct} \leq f_{ct} = 3.5 \text{ MPa（特种超载荷载短期作用时）}$$

按照《铁路桥涵混凝土结构设计规范》（TB 10092—2017）第 7.3.9 条的规定,混凝土的主应力应满足：

$$\sigma_{tp} \leqslant f_{ct} = 3.50 \text{ MPa}, \sigma_{cp} \leqslant 0.66 f_c = 26.4 \text{ MPa}(\text{主力} + \text{附加力组合作用})$$

偏于安全的，只考虑60%的竖向预应力作用。

按照《铁路桥涵混凝土结构设计规范》(TB 10092—2017)第7.3.15条的规定，运营荷载作用下混凝土的最大剪应力符合下式要求：

$$\tau_c = \tau - \tau_p \leqslant 0.17 f_c = 0.17 \times 40 \text{ MPa} = 6.8 \text{ MPa}$$

按照《铁路桥梁钢结构设计规范》(TB 10091—2017)第3.2.1、第3.2.8条的规定，主力作用下，主梁钢结构Q420qD的弯曲容许应力为$[\sigma_w] = 250 \text{ MPa}$，剪应力容许值为$[\tau_w] = 145 \text{ MPa}$；主力+附加力、主力+特殊力作用下，主梁钢结构Q420qD的弯曲容许应力为$1.3[\sigma_w] = 1.3 \times 250 \text{ MPa} = 325 \text{ MPa}$，剪应力容许值为$1.3[\tau_w] = 1.3 \times 145 \text{ MPa} = 188.5 \text{ MPa}$。

（3）主要结果

①混凝土主梁应力验算结果如下：

a.主力组合。上缘最大压应力：$-11.59 \sim -3.17$ MPa，下缘最大压应力：$-14.18 \sim -4.01$ MPa。

b.主力+附加力组合。上缘最大压应力：$-16.91 \sim -7.45$ MPa，下缘最大压应力：$-14.98 \sim -4.82$ MPa。

c.主力+特殊力组合。上缘最大压应力：$-11.61 \sim -3.17$ MPa，下缘最大压应力：$-14.21 \sim -4.03$ MPa，均满足规范要求。

d.主力+附加力组合。上缘最小应力：$-6.25 \sim -0.04$ MPa，下缘最小应力：$-11.21 \sim 0.23$ MPa。可以看出全桥在运营荷载作用下，下缘除南岸支架现浇段1和2交界位置附近出现0.23 MPa拉应力外，均为压应力，故满足规范要求。

e.主力+特殊力组合。上缘最小应力：$-7.94 \sim -1.59$ MPa，下缘最小应力：$-10.22 \sim -0.34$ MPa。全桥在主力+特殊力作用下，均为压应力，故满足规范要求。

f.主力+附加力组合。混凝土主梁最大主应力：$-2.31 \sim 2.69$ MPa，混凝土主梁最小主应力：$-19.96 \sim -0.00$ MPa。全桥在运营荷载作用下，斜截面主拉、主压应力满足规范要求。

g.主力+附加力组合。混凝土主梁剪应力：$-3.55 \sim 3.39$ MPa，可以看出在运营荷载作用下，混凝土主梁剪应力满足规范要求。

②钢主梁应力验算结果如下：

a.主力组合。上缘最大压应力：$-163.56 \sim -18.37$ MPa，下缘最大压应力：$-153.15 \sim 63.56$ MPa，剪应力：$-30.05 \sim 37.83$ MPa。

b.主力+附加力组合。上缘最大压应力：$-201.33 \sim -4.88$ MPa，下缘最大压应力：$-162.91 \sim 92.53$ MPa，剪应力：$-30.29 \sim 38.14$ MPa。

c.主力+特殊力组合。上缘最大压应力：$-163.56 \sim 20.56$ MPa，下缘最大压应力：$-153.15 \sim 107.36$ MPa，剪应力：$-30.51 \sim 48.52$ MPa，均满足规范要求。

4)运营期主梁刚度计算结果

(1)竖向挠度验算

根据《城市轨道交通桥梁设计规范》(GB/T 51234—2017)规定,桥跨结构在列车静活载作用下,其竖向挠度应满足$[\Delta]=L/1\ 000$。

从而,138 m边跨:$\Delta_{max}=2.1$ cm$<[\Delta]=13\ 800/1\ 000$ cm$=13.8$ cm(满足)

252 m中跨:$\Delta_{max}=8.9$ cm$<[\Delta]=25\ 200/1\ 000$ cm$=25.2$ cm(满足)

收缩徐变位移(按20年不大于$L/5\ 000$控制):

20年收缩徐变主梁跨中位移为44 mm$<L/5\ 000=50.4$ mm,满足要求。

(2)横向挠度验算

梁体在摇摆力、离心力和风力的作用下,横向水平挠度为:

$$4.1\ \text{cm}<[\Delta]=25\ 200/4\ 000\ \text{cm}=6.3\ \text{cm}(满足要求)$$

(3)梁端竖向转角验算

根据《城市轨道交通桥梁设计规范》(GB/T 51234—2017)规定,桥跨结构在列车静荷载作用下,无砟轨道桥梁单端竖向转角不应大于3‰,无砟轨道桥梁单端竖向转角大于2‰时,应检算梁端处轨道扣件的上拔力。

P1墩处梁端转角:0.271‰<3‰;

A7桥台处梁端转角:0.355‰<3‰。

P1和A7均满足要求且无须检算梁端处轨道扣件的上拔力。

(4)梁体扭转角验算

列车动活载作用下主梁最大扭转角为0.58‰,由此产生的桥跨结构梁体同一横断面一条线上两根钢轨的竖向变形差为0.87 mm,小于《城市轨道交通桥梁设计规范》(GB/T 51234—2017)规定的不应大于6 mm的规定,满足要求。

5.4.3　钢-混接头静力性能分析

1)结构计算模型

(1)模型简化处理

由于钢-混接头构造复杂,涉及材料种类繁多,在对钢-混接头进行初步理论分析的基础上做了以下假设和处理。

①根据圣维南原理在原桥钢-混接头附近截取21 m长的一个梁段,包括1.5 m的钢-混结合段、7 m的钢箱梁刚度过渡段、6 m的普通钢箱梁段及6.5 m的普通混凝土箱梁段,如图5.16所示,材料均采用线弹性。

②由于混凝土与钢板间的黏结摩擦作用机理十分复杂,难以用有限元来准确模拟,并且该作用对结构是有利的,故在有限元模型中忽略该作用,而将其作为结构的安全储备。PBL剪力键的连接作用模拟为PBL开孔板与其周围的混凝土节点进行耦合。

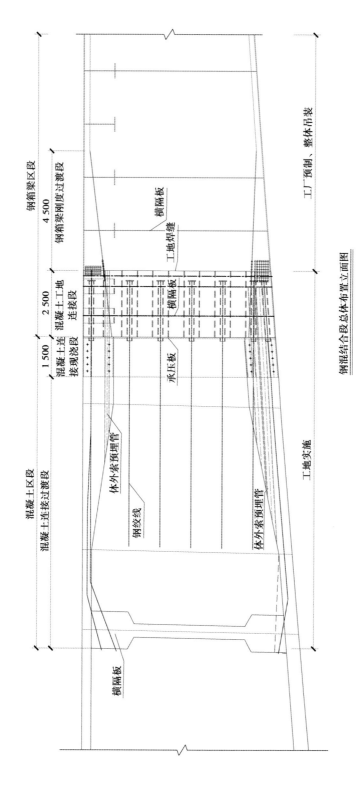

图5.16 钢混接头建模选取节段图（单位：mm）

（2）三维模型建立

实桥关于桥轴线对称，因此有限元模型只选取半幅桥，然后在桥轴线上加对称约束，从而达到既节省计算机资源又充分模拟原桥的效果。钢-混结合段的钢梁部分采用 Shell63 壳单元，混凝土部分采用 Solid45 实体单元，预应力束采用 Beam4 梁单元模拟，模型共计 361 089 个单元。几何模型图、有限元模型图分别如图 5.17 和图 5.18 所示。

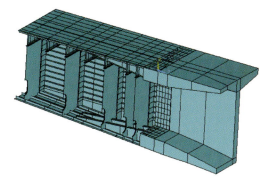

图 5.17 钢-混结合段几何模型

图 5.18 钢-混结合段有限元模型图

（3）边界条件

边界条件为：将混凝土段端头模拟为固定端，即约束其 UX,UY,UZ 3 个方向的自由度，桥轴线处施加对称约束。

（4）荷载

由 MIDAS CIVIL 所建立的全桥梁单元模型，计算各荷载组合下的内力，得到 8 种工况下 6 m 普通钢箱梁端部位置处的内力，见表 5.2。

表 5.2 各荷载组合下 6 m 普通钢箱梁端部位置处的内力

工况	描述	弯矩/(kN·m)	轴力/kN	剪力/kN	扭矩/(kN·m)
工况一	主力组合 M_{max}	102 342	−38 754	−3 741	3 771
工况二	主力组合 M_{min}	43 271	−46 289	−7 084	−3 797
工况三	主力+附加力组合 M_{max}	143 593	−32 373	−3 610	3 873
工况四	主力+附加力组合 M_{min}	23 257	−52 454	−7 246	−4 187
工况五	主力+特殊力组合 M_{max}	149 733	−33 945	−1 889	7 498
工况六	主力+特殊力组合 M_{min}	−4 120	−51 097	−8 936	−7 524
工况七	疲劳活载 M_{max}	32 642	1 587	672	3 795
工况八	疲劳活载 M_{min}	−31 080	−5 390	−2 789	−4 032

2）结构计算结果

由表 5.3 可知，各工况下结合段混凝土最大主拉应力为 3.00 MPa，小于规范限值

3.15 MPa;各工况下结合段混凝土最小主压应力为-10.77 MPa,小于规范限值-20 MPa。

表5.3 各工况下结合段混凝土应力汇总

应力	工况一	工况二	工况三	工况四	工况五	工况六
最大主拉应力/MPa	2.75	2.85	3.00	2.98	2.98	2.96
最小主压应力/MPa	−8.62	−10.77	−9.23	−10.11	−8.93	−9.71

由表5.4可知,各工况下结合段钢箱梁顶板最大Mises应力为169.54 MPa,最大主拉应力为67.48 MPa,均小于规范限值210 MPa;各工况下结合段钢箱梁底板最大Mises应力为159.75 MPa,最大主拉应力为147.54 MPa,均小于规范限值210 MPa;各工况下结合段钢箱梁腹板最大Mises应力为126.81 MPa,最大主拉应力为92.25 MPa,均小于规范限值210 MPa;各工况下结合段钢箱梁顶板PBL板最大Mises应力为172.56 MPa,最大主拉应力为118.34 MPa,均小于规范限值210 MPa;各工况下结合段钢箱梁底板PBL板最大Mises应力为172.97 MPa,最大主拉应力为95.53 MPa,均小于规范限值210 MPa;各工况下结合段钢箱梁腹板PBL板最大Mises应力为185.26 MPa,最大主拉应力为149.59 MPa,均小于规范限值210 MPa;各工况下结合段承压板最大Mises应力为170.15 MPa,最大主拉应力为157.63 MPa,均小于规范限值210 MPa。

表5.4 各工况下结合段钢箱梁各构件应力汇总

应力	工况	顶板	底板	腹板	顶板PBL板	底板PBL板	腹板PBL板	承压板
最大Mises应力/MPa	工况一	158.35	98.93	110.6	160.01	142.22	171	165.69
	工况二	160.69	65.49	126.81	160.48	172.97	170.04	145.3
	工况三	169.54	159.75	98.58	172.08	99.82	150.48	162.48
	工况四	161.63	62.72	113.79	167.69	40.21	161.14	150.1
	工况五	164.49	136.33	94.8	172.56	81.28	178.39	170.15
	工况六	154.46	58.5	115.37	160.38	64.61	185.26	154.14
最大主拉应力/MPa	工况一	55.1	98.25	81.78	114.58	95.53	149.16	150.87
	工况二	64.37	68.58	90.4	117.7	72.56	147.39	133.58
	工况三	57.61	147.54	85.24	107.8	77.57	149.59	121.6
	工况四	65.34	60.33	92.25	118.34	28.98	136.38	137.95
	工况五	52	125.63	71.95	102.03	68.86	146.78	129.75
	工况六	67.48	56.46	92.14	92.92	28.13	140.67	157.63
	工况七	14.46	76.56	32.14	8.42	18.13	23.755	37.73
	工况八	19.55	16.07	27.66	17.40	73.79	48.22	58.66

3)计算结论

基于前述计算内容及计算结果分析,可得出以下结论:

①结合段混凝土的主拉应力、主压应力均能满足相关设计规范要求。

②结合钢箱梁各构件的 Mises 应力、主拉应力均能满足相关设计规范要求。

③疲劳活载作用下结合钢箱梁各构件的主拉应力均能满足相关设计规范要求。

5.4.4　钢梁关键构造疲劳分析

钢结构的疲劳破坏是疲劳裂纹的发生→扩展→断裂过程,它与荷载产生的应力历程和构造细节的抗疲劳强度密切相关。钢桥面板的疲劳计算与静力强度计算不同,需要考虑在结构预期使用期内车辆荷载作用的历程。

1)疲劳设计荷载

疲劳设计荷载如图 5.19 所示,每辆车有 4 个 150 kN 的车轴,车轴分布为 2.2 m + 11.2 m + 2.2 m,车辆间距为 4.4 m。近期每列车按 6 辆编组计算,远期按 7 辆编组计算。荷载传力途径为轻轨列车轮载作用在钢轨上,钢轨将列车轮载传递到混凝土道床板中,混凝土道床板下方有混凝土垫层,将荷载分散到钢箱梁顶板上。

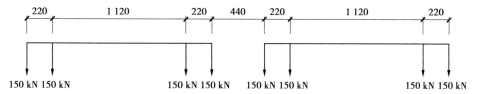

图 5.19　设计疲劳车轴重分布(单位:cm)

2)关键疲劳构造细节

对疲劳细节的应力历程进行计算分析,道床板在钢箱梁顶板上的位置可能对疲劳细节有不同的影响,以横隔板作为参照对道床板进行布置。钢箱梁横隔板间距为 4 m,横隔板有两种形式,即实腹式横隔板和横肋板(中空的横隔板)。这两种横隔板交替分布在钢箱梁中作为横向加劲。

选取跨中 16 m 钢箱梁段进行分析建模,道床板横跨 5 个钥匙型开口孔,将其全部选为研究分析对象,关键疲劳细节为钥匙型开孔部分,如图 5.20 所示,对应的分析应力(名义应力)为开孔边缘主应力。

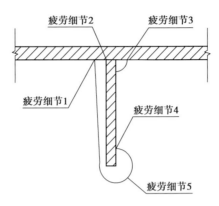

图 5.20　钥匙型开口孔疲劳细节

欧洲规范的 *S-N* 曲线是双斜率有疲劳截止线的形式。其中,构造细节的疲劳等级是根据 *S-N* 曲线中的 200 万次循环对应的应力幅命名,常幅疲劳极限指应力循环 500 万次对应的应力幅值,而截止疲劳极限即为 10 000 万次相应的应力幅循环的幅值。查欧洲规范中对各个疲劳细节等级见表 5.5。

表 5.5　欧洲规范规定各个疲劳细节等级

构造细节	疲劳等级/MPa	常幅疲劳极限/MPa	截止疲劳极限/MPa
疲劳细节 1	71	41.3	22.7
疲劳细节 2	80	58.9	32.4
疲劳细节 3	71	41.3	22.7
疲劳细节 4	56	41.3	22.7
疲劳细节 5	125	92.1	50.6

3)有限元模型

建立跨中 16 m 钢箱梁半幅模型,如图 5.21—图 5.23 所示,中线采用对称约束,两边节点采用简支约束。钢箱梁采用 shell63 单元,道床板采用实体单元 solid65。因道床板与顶板垫橡胶片和直接固结对疲劳细节影响不大,这里采用道床板与顶板的直接固结方式。

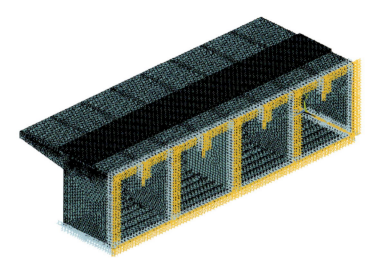

图 5.21　跨中 16 m 钢箱梁段有限元模型

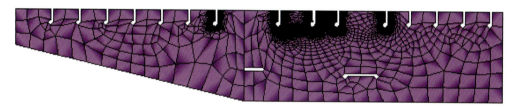

图 5.22　开口钥匙孔在上横梁位置

图 5.23　钥匙型开口孔网格细分

4）荷载工况示意图

将 150 kN 单轴重加载在 16 m 钢箱梁上,如图 5.24 所示,由一端移动到另一端,得出横隔板 3 的位置处疲劳细节 5 的主拉应力历程,如图 5.25 所示。

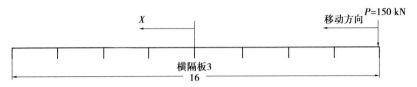

图 5.24　移动荷载示意图

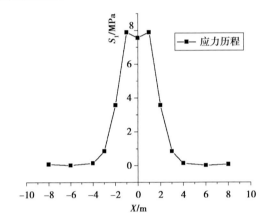

图 5.25　单轴重（150 kN）移动荷载下主拉应力历程

横坐标 X 表示移动荷载到跨中的距离。由单轴重(150 kN)移动荷载应力历程可知,距离跨中 2 m 以外的纵向位置处,荷载对横隔板 3 的关键位置处应力影响较小,在 2 m 以内布置荷载则影响较大,故列出以下加载模式,如图 5.26 所示。

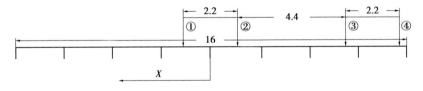

图 5.26　工况示意图

5）疲劳强度检算

采用疲劳荷载进行计算,结果表明,各疲劳细节中细节 5 产生最大拉应力幅,最大主拉应力达到 10.6 MPa。应力幅均在疲劳强度截止线以下,疲劳强度符合规范要求。

5.5　关键构造设计

5.5.1　钢-混结合段和钢箱梁构造

在混合梁斜拉桥中使用的钢-混接头大致有 3 种:钢板式、填充混凝土前板式、填充混凝土后板式。经分析比较,填充混凝土后板式构造刚度过渡较好,应力传递较顺畅,应力扩散较缓和,显得更合理。日本生口桥和滨名湖桥以及中国汕头礐石桥就采用了填充混凝土后板式连接方式。此外,对于大跨混凝土连续刚构桥来说,为增大该桥的跨越能力,通常在最大跨的中跨布置钢梁,利用钢梁自重轻、刚度大,减小了墩梁结合部位的负弯矩,从而形成了钢-混连续刚构桥。我国已建成的大跨连续刚构桥有重庆石板坡长江大桥复线桥、温州瓯江大桥,该类以受弯为主的混合梁的钢-混接头均采用填充混凝土后板式构造。嘉华轨道专用桥钢-混接头也采用的是填充混凝土后板式构造。

在荷载作用下混合梁的钢-混接头主要承受弯矩和剪力作用,但为了使钢-混接头在弯矩作用下混凝土不至于产生较大拉应力,设计了预应力钢筋,使接头处产生轴向压力,因而在钢-混接头处也有轴力。钢-混接头之间的内力传递主要通过承压板、PBL 剪力键以及钢壁面与混凝土之间黏结摩阻 3 种途径来进行。这 3 种途径对压应力、拉应力以及剪应力等的传力机理各不相同。承压板及 PBL 剪力键的传力作用是主要的,且较易掌握,而钢壁面与混凝土之间的黏结摩阻由于有较大的不确定因素而难以掌握,因此通常认为内力的传递主要由承压板和 PBL 剪力键来完成,钢壁面与混凝土之间的黏结摩阻只当作强度的安全余量来看待。在轴力、弯矩和剪力的作用下,钢-混接头处将产生轴向压应力、轴向拉应力和剪应力,其各自的传力机理如下:

①轴力由承压板及 PBL 剪力键共同来传递。

②原则上接头部位在运营过程中应始终有预应力作用,经计算在最不利荷载工况下,预应力筋产生的轴向压应力小于弯矩产生的轴向拉应力,所以在运营过程中钢-混接头截面存在拉应力。出现的拉应力主要由 PBL 剪力键来抵抗。

③剪应力主要由 PBL 剪力键来传递。PBL 剪力键是一种新型的剪力连接器,它由带孔的钢板组成,在钢板孔中横穿钢筋,浇注混凝土,形成贯穿钢板的钢筋混凝土

柱。PBL 剪力键的作用机理主要有 3 个方面：一是依靠孔中混凝土的抗剪作用承担沿钢板的纵向剪力；二是依靠孔中的混凝土的抗剪作用承担钢与混凝土的分离力；三是与型钢连接件相同，依靠钢板受压承担面外的横向剪力。这种剪力连接器具有承载能力高、线性阶段刚度高、破坏阶段延性好等显著特点。

嘉华轨道专用桥钢-混过渡段如图 5.27 和图 5.28 所示，是本桥组合系统的关键部位。钢箱梁与钢-混接头钢箱部分成为一体，直接外包刚构混凝土悬臂主梁。钢箱外包长 1.5 m，内部浇注混凝土。通过钢箱梁顶板、腹板、底板、加劲肋板及其结合部位钢板与混凝土的承压进行轴力传递；通过结合部位顶、底板的预应力筋传递弯矩；通过钢-混接头部位的开孔钢板孔中的混凝土传递剪力。钢-混接头混凝土区段长 11.5 m，由连接过渡段 10 m 和混凝土连接现浇段 1.5 m 组成；钢-混接头钢箱区段长 7 m，由钢箱工地连接段 2.5 m 和钢箱刚度过渡段 4.5 m 组成。

中跨钢箱梁两个腹板分别位于外侧的两根轨道的正下方，在两内侧轨道的正下方增设两道轨道纵梁，轨道纵梁沿钢梁通长布置，为倒 T 形。钢箱梁详细构造如下：

1) 钢梁节段划分

钢箱梁沿桥纵向总长为 92 m，共分成 7 个节段，如图 5.29—图 5.32 所示。两端 2 个节段为钢-混结合段，每个钢-混结合段长为 4 000 mm（钢混结合部分 1 500 mm，钢结构部分 2 500 mm）。中间为钢箱中间段，考虑构造因素，钢箱梁中间 5 个节段划分为 A，B，C 共 3 种类型。其中，A 类节段为主跨板厚加厚梁段，顶板、顶板板肋、腹板、腹板板肋的板厚在此节段发生变化。A 类节段共长 14 500 m，包含钢结构段过渡段 4 500 mm；B 类节段为主跨标准梁段，节段长 18 000 mm，各钢板板厚及结构形式不发生变化；C 类节段为跨中合龙节段，钢梁节段长为 22 000 mm，位于主跨跨中位置，节段内包含板厚变化分界线，底板、腹板、腹板板肋在此节段内板厚发生变化。不同板厚对接时厚度的变化都在箱外侧进行，保持箱内侧平顺。

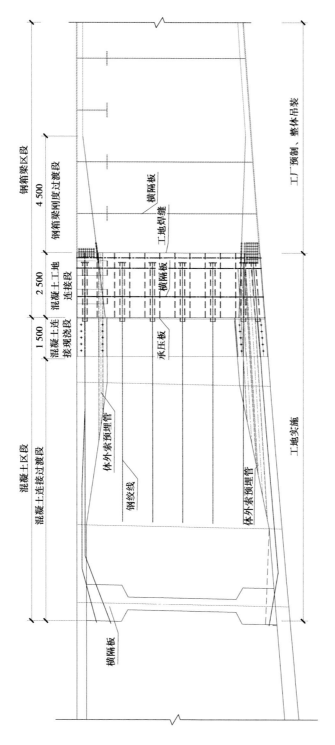

图5.27　嘉华轨道专用桥钢混结合段总体布置立面图（单位：mm）

山地城市大跨度轨道交通专用桥设计

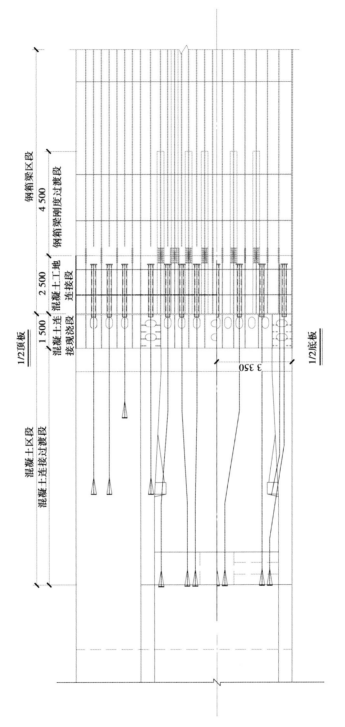

图5.28　嘉华轨道专用桥钢-混结合段总体布置平面图（单位：mm）

134

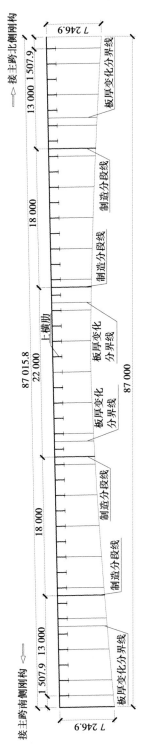

图5.29　嘉华轨道专用桥中跨钢箱梁立面布置图（单位：mm）

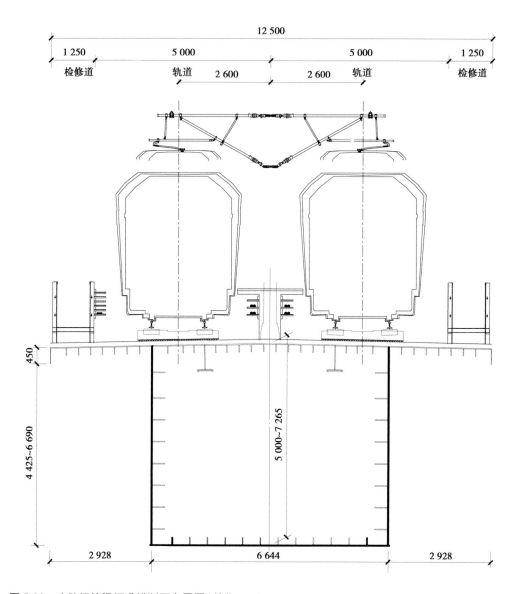

图 5.30　中跨钢箱梁标准横断面布置图(单位:mm)

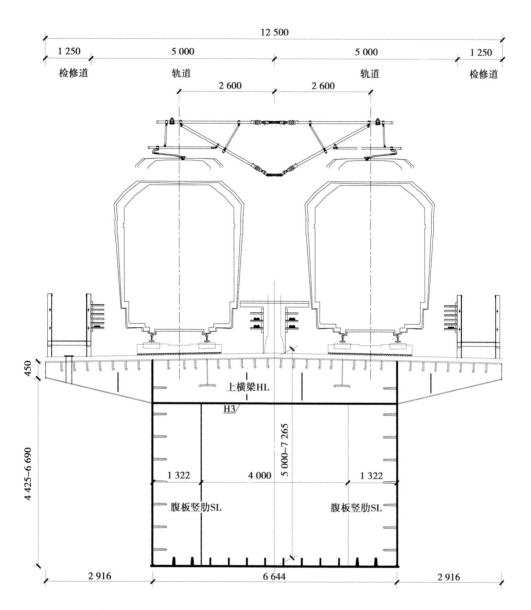

图 5.31　中跨钢箱梁标准横断面布置图（横肋处）（单位：mm）

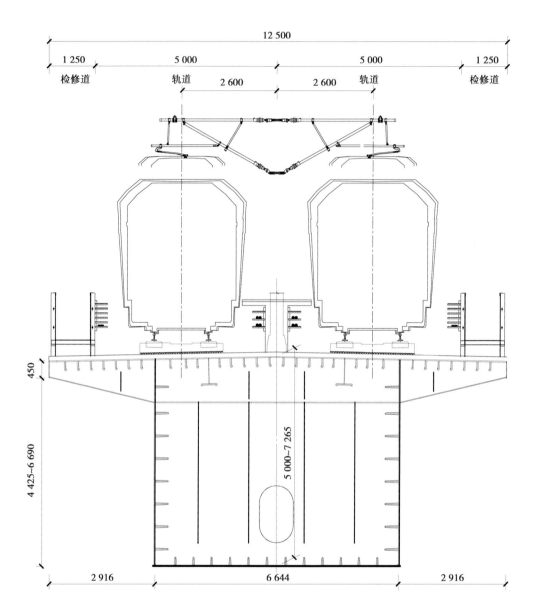

图 5.32 中跨钢箱梁标准横断面布置图（横隔板处）（单位：mm）

2）钢箱梁构造

（1）顶板及其加劲肋

根据受力需要，顶板在顺桥向不同区段采用了 26 mm 和 18 mm 两种不同的厚度，A 类节段的顶板在钢-混结合段的过渡段附近板厚最大，为 26 mm，顶板板厚变化线距钢-混结合段 10 500 mm，纵向变化长为 80 mm，以坡度 1:10 板厚由 26 mm 变至 18 mm。除距钢-混结合段 10 500 mm 范围内顶板板厚为 26 mm 外，其余钢梁顶板均为 18 mm。

顶板加劲肋包括顶板 I 肋和顶板 T 肋。其中，顶板 T 肋不随钢梁顶板厚度的变化而变化，厚始终为 14 mm，翼缘始终为 20 mm。而顶板 I 肋则随顶板板厚变化而变化，在上述提到的顶板板厚变化线处，顶板 I 肋板厚由 20 mm 变为 16 mm。顶板板厚变化线前的 10 500 mm 范围内，顶板 I 肋厚为 20 mm，其余区段厚为 16 mm。

（2）底板及其加劲肋

底板包括水平底板和底板 I 肋两个部分，根据受力需要，底板在顺桥向 A，B 及 C 区段底板板厚变化线前采用了 26 mm，底板在顺桥向 C 区段存在底板板厚变化线，底板板厚变化线靠近 B 区段端部，距 B 区段 20 m，纵向变化长为 40 mm，以坡度 1:10 板厚由 26 mm 变至 30 mm。跨中 18 m 长度内的底板板厚最大，为 30 mm。

底板加劲肋为 I 肋，底板 I 肋不随钢梁顶板厚度的变化而变化，在整个钢梁范围内始终为 20 mm。

（3）腹板及其加劲肋

腹板厚有 28，24，20 mm 3 种，根据受力需要选用适合的厚度。腹板在 A 区段的顶板板厚变化线处由 28 mm 变为 24 mm，在 C 区段底板板厚变化线处由 24 mm 变为 20 mm。作为钢箱梁直接的传力构件，为保证其具有足够的抗压屈能力，设置了通长的板肋加劲以增大腹板外刚度。

腹板纵向通长加劲肋横隔板处开孔穿过，其板厚有 24，20，16 mm 3 种类型，同样在 A 和 C 区段发生变化。板肋在 A 区段的顶板板厚变化线处由 24 mm 变为 20 mm，在 C 区段的底板板厚变化线处由 20 mm 变为 16 mm。

腹板竖肋由宽 1 322 mm、厚 16 mm 的钢板构成，在每相邻两横隔板中间设置一道，注意为腹板、底板的 I 肋留孔并使其通过。

（4）横隔板及其加劲肋

横隔板采用整体式。为避免搭接偏心、提高整体受力性能，板顶与上横梁翼缘板熔透对接。横隔板与上横梁、顶板单元一起组装。

横隔板标准间距为 4.0 m，根据构造要求，A 类钢-混结合段过渡段部分横隔板采用特殊间距布置。

整个钢梁部分的构造横隔板厚为 16 mm，隔板应为腹板及底板的 I 肋留孔使其通过。横隔板加劲肋在横向布置 4 道,加劲板板厚为 12 mm;除此之外,应在隔板上预留人孔,其人孔加劲板厚为 10 mm。

（5）上横梁及其加劲肋

上横梁主要由箱内上部的隔板及其翼缘、翼缘隔板及其翼缘组成。上横梁隔板板厚始终为 16 mm,而对翼缘上的隔板翼缘板厚为 16 mm,箱梁上部隔板翼缘板厚为 24 mm。

箱梁上部隔板与翼缘隔板一般设有竖向加劲肋,其厚均为 12 mm,A 类钢-混结合段过渡段部分箱顶隔板采用无竖向加劲肋布置。

3）连接

为保证焊接质量,避免仰焊,主梁梁段连接采用了栓焊结合的方式。

钢箱梁顶板 T 肋之间、顶板板肋之间、上横梁与钢箱梁横隔板对应的腹板之间、上横梁下翼缘与横隔板之间、钢箱梁的顶板、腹板、底板和其对应的加劲肋等主体箱室结构均采用焊接。

在钢-混结合段与 A 类钢箱梁连接处,考虑临时连接,部分顶板、底板、腹板加劲肋之间直接采用高强螺栓连接。

5.5.2　体外预应力体系构造

嘉华轨道专用桥体外索体外设置在 P5 和 P6 的 0 号块之间,即 252 m 主跨。体外索线形设计以后期下挠曲线为基本参照准绳并结合活载下正弯矩图形一并考虑,同时考虑要部分具备调节主跨控制区域（0 号块~1/8 跨之间及跨中部分）应力的作用。

线形的布置特点:尽量简化线形,减少转向装置,有利于简化结构构造、方便施工和提高体外索使用效率;体外索每一处转折角度较小并尽量靠近箱梁加腋处布置,使转向器受力和构造简单,如图 5.33 所示。

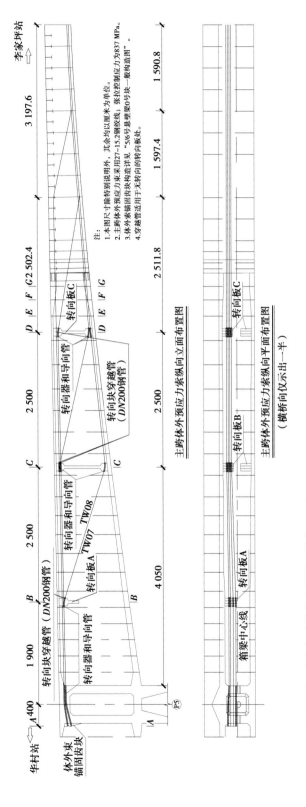

图5.33　中跨体外预应力钢束总体布置图（单位：mm）

1）体外索数量的确定依据的原则

①恒载施工结束后主跨具有良好的初始状态：梁线形平顺，预拱度达到设计预定值；运营期，收缩徐变下挠变形应控制在50.4 mm以内，钢箱梁跨中钢箱梁顶底板的应力满足规范要求，混凝土主梁应力满足规范要求。

②收缩徐变所产生的下挠要通过体外索的后期张拉部分消除。体外索采用27 ϕ^s15.2钢绞线，全桥共布置16束。

在252 m主跨箱内的体外预应力索，是主动的控制手段，其作用为：增加梁体预应力度、优化梁体受力；在钢箱梁完成体系转换后，通过张拉体外索主动控制梁体的内力和下挠。当梁体下挠到一定程度时，通过再次张拉体外索主动予以部分平衡，抑制梁体可能产生的过度下挠。

2）体外预应力体系的构成

①体外预应力体系的索体。

②体外预应力体系的锚固系统。

③体外预应力体系的转向装置。

④体外预应力体系的减震限位装置。

体外预应力体系及材料的各项技术指标均应符合国家相关技术标准及规范的规定，体外预应力体系及材料应具有锚固性能可靠、防腐性能优良、便于检测及可换索等技术性能，满足"易安装、易检查、可维修、可更换"的设计要求。

体外预应力体系应满足单根钢绞线的安装和张拉，并且在运营阶段能整体张拉、单根换索。

体系设计使用寿命不少于30年。张拉端和锚固端钢绞线需采取保护罩、密封装置等防护组件，通过涂抹、灌注专用防腐材料将锚固段钢绞线完全保护起来。

体外预应力体系应满足国际《体外预应力索技术条件》（GB/T 30827—2014）。

体外预应力体系的构造应为投入运营后的检查和更换留下方便，满足钢绞线和锚具的使用状态随时可检测和可监控的要求。

为满足体外索单根钢绞线的安装、张拉、换索、检测功能，便于运营期间的检修和维护，体外预应力体系转向装置应采用分丝管式转向装置，转向装置两端口为喇叭形，以补偿施工误差引起的角度误差。

为有效抑制体外索在运营期间存在的振动，在体外索的转向部位之间的自由段设置减震限位装置。体外预应力体系减震限位装置主要由索箍体、隔振护管、螺栓副及连接螺杆等几个部分组成。安装时通过连接螺杆将减震限位装置固定在箱梁内预埋的钢板上。

为了避免钢束随梁体发生共振，钢束和梁体的竖向自振频率（基频）之比应不小于5。嘉华轨道专用桥的竖向自振基频为0.509 Hz，由此可推算出减震器的最大间距不应超过19 m。在实际设置时按不超过15 m控制。

参考文献

［1］陈新.城际轨道交通无砟轨道大跨度连续刚构桥后期徐变控制措施研究［J］.铁道标准设计,2016,60(8);50-53.

［2］漆勇,刘帮俊,刘安双.蔡家嘉陵江轨道专用桥设计［J］.低碳世界,2014(6X):292-293.

［3］林同棪国际工程咨询(中国)有限公司,重庆轨道交通十号线二期工程.南纪门长江轨道专用桥施工图设计［Z］.重庆:林同棪国际工程咨询(中国)有限公司,2018.

第6章　梁拱组合创新标志

6.1　概述

梁拱组合体系是对传统拱桥的发展,是梁桥和拱桥的结合体,集合了二者的优点。梁拱组合体系造价相对低廉、施工难度相对较小、对通航基本无阻碍,是最具有竞争力的桥型之一。Y型刚构桥墩的高低,对适应山地城市江河洪水位变化能力强。

6.2　广州市轨道交通六号线白沙河大桥设计理念

广州市轨道交通六号线浔峰岗—河沙西区间共3段,约3 100 m,标准段高架桥为40 m跨连续刚构,如图6.1(a)所示,下部结构为双薄壁墩,跨路口桥采用40 m+60 m+40 m Y型连续刚构,如图6.1(b)所示。白沙河大桥为广州市轨道交通六号线浔峰岗—河沙西入洞口区间跨珠江的特大桥,白沙河大桥是广州地铁六号线的标志性工程。大桥布跨为:跨径布置为40 m+40 m+150 m+40 m+40 m,如图6.1(c)所示。白沙河大桥的主体承载结构体系为组合式单肋系杆拱,由两种子结构组成,即预应力混凝土刚构和钢结构系杆拱。刚构、钢箱拱与混凝土箱梁在桥面处刚性连接。梁体主要采用工业化的节段预制预应力混凝土箱梁,是轨道交通工程中最大的单肋系杆拱桥。

（a）普通高架桥梁　　　　　　（b）跨路口Y型刚构桥

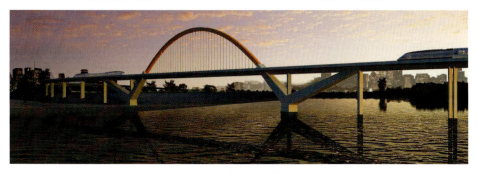

（c）白沙河大桥

图6.1　广州市轨道交通六号线桥梁结构效果图

6.2.1　白沙河大桥主要设计特点

采用密索组合式刚构-钢箱单肋系杆拱桥:功能简单,满足无缝线路要求。施工工艺先进,所需设备少、占用施工场地少,工期利于保证;主梁线形美观、梁体薄,行车视觉冲击小,全线主梁一气呵成;采用拱式结构,刚构拱固接形式,结构刚度和动力性能较好,主梁大斜腹板,结构新颖。其主要设计特点如下:

①项目采用无推力钢箱系杆拱桥,中间单拱肋,整体造型简洁。

②主墩采用矩形截面,Y型刚构由前悬臂、后悬臂、边跨现浇主梁等结构组成。

③主拱结构为钢箱拱,拱跨度为 114 m,吊点标准中心距为 2.6 m,吊杆索采用 HDPE 护套平行钢丝索,上下端均为冷铸锚头,钢箱拱内张拉。

④主梁采用节段预制拼装施工工艺,保持全线高架施工工法的统一性。

6.2.2　白沙河大桥创新理念

白沙河大桥的创新理念主要表现在以下 3 个方面:

①白沙河大桥采用效率是美的设计理念,结合我国国情,采用材料与结构组合技术,即主梁采用节段设计、制造、运输、吊装技术,与全线工法一致,分离式系杆-主动控

制这三大关键技术,创造性地设计了组合式刚构-系杆拱特大桥梁体系,为我国城市轨道交通桥梁结构创新提供了新的选择。该桥在轨道交通桥梁中,位居世界同类系杆单肋拱桥之首。关键子结构体系包括两个预应力 Y 型刚构、一个系杆中拱、节段预拼混凝土梁以及吊杆、系杆系统,如图 6.2 所示。

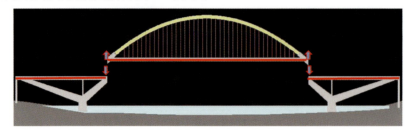

图 6.2 刚构-系杆拱体系

②白沙河大桥结构造型简洁、梁拱组合、与桥位自然和建筑环境和谐统一。在150 m 主跨中间创造性地采用 114 m 钢箱拱及对应的中跨系杆,如图 6.3 所示,有效地解决了主拱推力过大的问题。

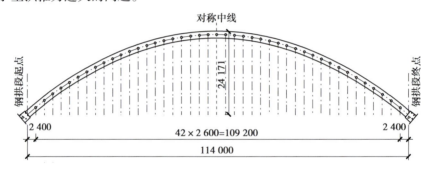

图 6.3 钢箱拱布置图(单位:mm)

③白沙河大桥在城市轨道交通桥梁领域采用的无推力系杆拱桥施工控制、主梁节段的预制工艺、钢箱拱大节段运输及工地拼接工艺技术、提篮钢箱主拱施工工艺、钢绞线系杆施工、防腐、换索工艺等方面取得了多项创新成果。创新了同类桥梁构造设计理念与技术,拓展了拱桥设计内涵。在中国城市轨道交通桥梁工程中具有里程碑意义。

6.2.3 白沙河大桥总体布置及构造设计

白沙河大桥为无推力式系杆拱桥。大桥由 150 m 主跨和两侧对称布置的 40 m+40 m 边跨、次边跨组成,全长 310 m,如图 6.4 所示。拱肋以下结构为 Y 型刚构与墩梁固接,主墩由前悬臂(主跨侧)和后悬臂(边跨侧)组成 Y 型刚构,前、后悬臂在与其他构件连接处采用实心截面,其他位置采用箱形截面,截面尺寸沿高度方向逐渐减小。前悬臂与主梁固接并伸出桥面,与钢箱拱肋通过一个钢-混结合段连接,主桥无支座。

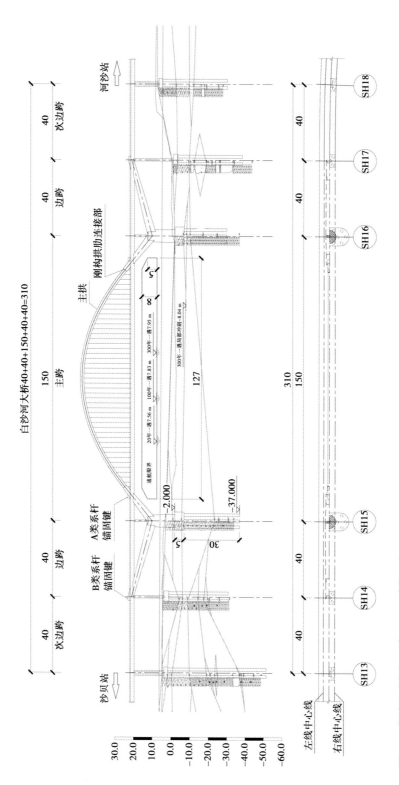

图 6.4　白沙河大桥桥型布置图（单位：m）

大桥结构体系可分为下列子结构：

①SH13,SH14,SH17 及 SH18 桥墩。

②SH15 和 SH16 桥墩,为 Y 型预应力混凝土刚构。

③主跨及边跨系杆,主跨吊杆及主跨节段预制主梁。

④次边跨现浇主梁。

⑤主拱结构。

⑥其他附属结构。

根据广州市轨道交通六号线总体线路走向,白沙河大桥桥轴线与水流方向交角约为 76°。桥面轨顶标高 20.87 m,梁底标高 18.17 m,设计最高通航水位 7.56 m,设计最低通航水位 4.56 m。航道等级为四级航道,单孔通航宽 45 m,双孔通航宽 90 m,净高8 m。桥轴线上河床最低点高程-2.5 m。

桥梁布置为双线轨道桥,如图 6.5 所示,上下游侧均布置实体防护栏杆。在桥轴线位置,设置高 1 m、宽 0.9 m 的紧急疏散平台,该疏散平台由一系列混凝土立柱支承。

1)边墩、次边墩

边墩(SH14,SH17)主要功能是在满足支承主梁的同时,与刚构形成超静定结构。SH14 墩高为 16 m,SH17 墩高为 20.7 m。桥墩截面均采用圆端形,壁厚为 1.2 m、宽为 2.4 m。

次边墩(SH13,SH18)与次边跨主梁固结。SH13 墩高为 16 m,SH18 墩高为 13 m。桥墩采用与区间典型高架同种形式的薄壁墩。壁厚采用 0.7 m,墩顶尺寸为 2.4 m×0.7 m,在墩顶下 4 m 处按 1/20 坡度收缩成 2 m×0.7 m 的尺寸,然后坡度壁厚保持不变,长度方向按照 1/30 坡度放大。桥墩截面形状近似为矩形,长边采用 $R=15$ m 内收圆弧,短边采用 $R=0.6$ m 内收圆弧,四周采用直线倒角。次边墩内设置 17 Φ^{s}15.2 钢绞线。

边墩承台厚 2.5 m,底面尺寸顺桥向宽 6.5 m,横桥向宽 6 m,承台顶面均位于地面以下,每承台设 4 根直径 1.5 m 的钻孔灌注桩。

2)Y 型预应力混凝土刚构

主墩(SH15,SH16)采用圆形截面,截面直径由墩顶 6 m 渐变为墩底 7 m。

Y 型刚构由前悬臂、后悬臂、边跨现浇主梁等结构组成,如图 6.6 所示。在主墩顶部设置一立柱与边跨主梁固结。

Y 型刚构前悬臂纵桥向倾角为 39.06°,刚构后悬臂纵桥向倾角为 15.32°。

刚构后悬臂为 4.6 m×4.2 m~2.0 m×3.6 m 的变截面空心薄壁结构。从后悬臂顶(与边跨主梁相接处)沿中心向下约 12 m 长为实心构造;中间约 25.7 m 长为空心薄壁构造,标准段顶、底及腹板壁厚均为 80 cm;悬臂根部(与主墩相接处)4 m 长为实心构造。

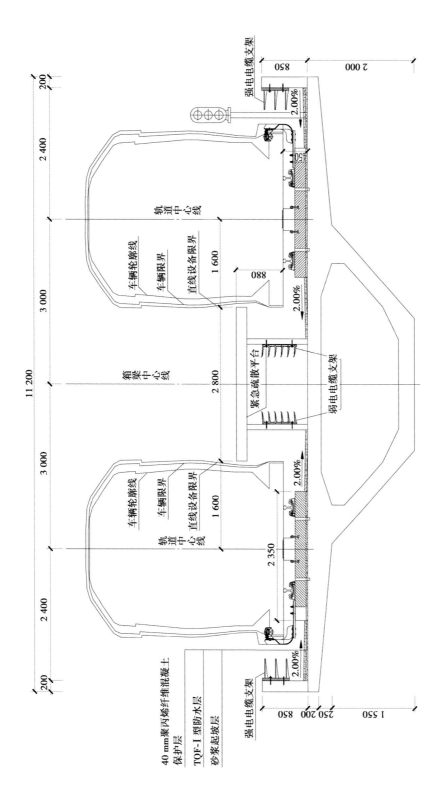

图6.5　白沙河大桥主梁标准断面（单位：mm）

山地城市大跨度轨道交通专用桥设计

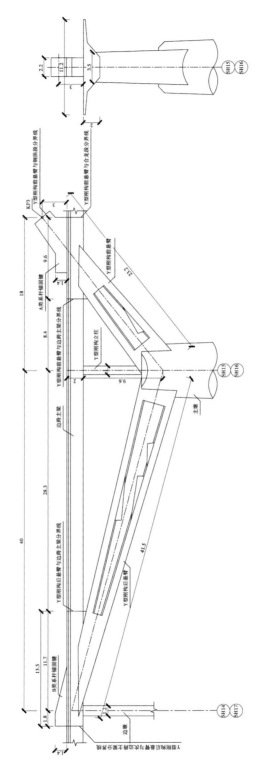

图6.6 Y型刚构构造图（单位：m）

150

刚构前悬臂为 4.6 m×4.2 m~2.2 m×2.4 m 的变截面空心薄壁结构。从前悬臂顶（与边跨主梁相接处）沿中心向下约 11 m 长为实心构造；中间约 8.2 m 长为空心薄壁构造，标准段顶、底及腹板壁厚均为 90 cm；悬臂根部（与主墩相接处）4 m 长为实心构造。

主墩顶 Y 型刚构立柱高约 7 m，采用矩形截面，壁厚为 1.0 m，宽为 2.4 m。

刚构顶现浇主梁外轮廓尺寸与主跨及次边跨主梁相同，前后两端与刚构前后悬臂顶固结，固结段为实心构造，中间段采用箱形断面，断面顶宽 11.2 m，底宽 2.4 m，梁高 2 m，顶板、底板及腹板标准段厚度均为 30 cm。中间段与刚构前悬臂固结段之间设后浇合龙段。

主墩承台厚 5 m，平面尺寸为顺桥向 17 m，横桥向 12 m，承台顶面标高−2.5 m。每个主墩承台下设 12 根直径 2 m 的钻孔灌注桩，均按嵌岩桩设计。

3）主跨节段主梁

主跨节段主梁采用预应力混凝土节段预制构件，两端通过现浇合龙段与边跨现浇主梁后期固结连接。

节段主梁分为 TA，TB 及 TC 三类构造。TA 类节段为标准节段，长 2.6 m，顶宽 11.2 m，底宽 2.4 m，顶板厚 25 cm，底板及腹板厚 30 cm。TB 类与 TC 类节段为端头过渡段，长 2.6 m，顶宽 11.2 m，底宽 2.4 m，TB 类节段顶板、底板及腹板厚均为 30 cm，TC 类节段顶板、底板及腹板厚均为 40 cm。所有节段主梁内部均设置 40 cm 厚横隔板作为吊杆在主梁内锚固的横梁。

节段主梁质量：TA 类，49.06 t；TB 类，50.65 t；TC 类，55.75 t。

4）主拱结构

主桥拱肋为单面拱，主拱圈为钢材料，其截面形式为箱形，高 2 000 mm，宽 1 800 mm，壁厚 40 mm，如图 6.7 所示为钢箱拱构造图。为保证截面的局部稳定性，箱形截面顶板、底板和腹板纵向布置 11 条加劲肋。主拱结构为钢箱拱两端拱脚支承在伸出桥面的钢筋混凝土刚构上，拱轴线为二次抛物线，起拱距离 114 m，矢高23.145 m，矢跨比约为 1/5。拱肋立面左右对称，共分为 11 个节段。拱箱内按水平间距 2.6 m 布置吊索锚箱。拱箱包括起拱段、标准段、合龙段。拱肋最重节段

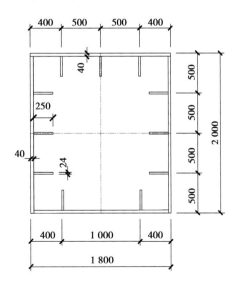

图 6.7　钢箱拱构造图（单位：mm）

151

为 54.1 t。

标准段在桥轴立面内水平线上的投影长度为 13 m，一段内共设置 5 根吊杆。节段内拱轴线采用二次抛物线。标准节段内设 5 道横隔板。纵向加劲肋在吊杆隔板处与其焊接连接，在普通隔板处则穿过所设的"V"形口不与隔板连接。锚垫板通过承压板座在内径为 224 mm 的锚管上，管与隔板间为半熔透等强焊接。

在节段间主拱箱板的连接为熔透焊接，纵向加劲肋的连接为等高强度螺栓栓接。

5）吊杆索及系杆索

本设计将吊杆索、系杆索作为永久构件设计的同时要求吊杆索、系杆索均具有可更换性。

（1）吊杆索设计

吊杆索直接承受来自主梁的恒载及轨道等活载。白沙河大桥沿桥轴水平向吊点标准中心距为 2.6 m。吊杆为 61 丝、直径 7 mm 的平行钢丝索股，极限抗拉强度为 1 860 MPa，索股表面外缠外包带，并包裹双层黑色高密度聚乙烯护套。张拉端和固定端均采用 LZM7-61 型冷铸锚。全桥共 43 根吊杆。钢箱拱内张拉。考虑到疲劳、吊装及可更换性，吊杆索设计安全系数取值为 3.5。

（2）系杆索设计

主跨及边跨系杆索由高强度低松弛镀锌预应力钢绞线制成，外包 HDPE 保护套。系杆钢丝的极限抗拉强度为 1 860 MPa。为平衡拱产生的水平推力，在桥面轴线两侧对称布置，主跨系杆共 4 根系杆，边跨系杆共 8 根系杆，如图 6.8 所示为系杆总体布置图，均设在桥面之上，边跨系杆索的"主跨端"与主跨系杆索都交叉锚定在刚构前悬臂的锚固键内，其另一端锚定在刚构后悬臂端部的锚固键内。钢绞线系杆索安全系数为 2.5。

6）次边跨现浇主梁

次边跨跨度为 40 m，采用箱形断面，断面顶宽 11.2 m，底宽 2.4 m，梁高 2 m，顶板、底板及腹板标准段厚度均为 30 cm。

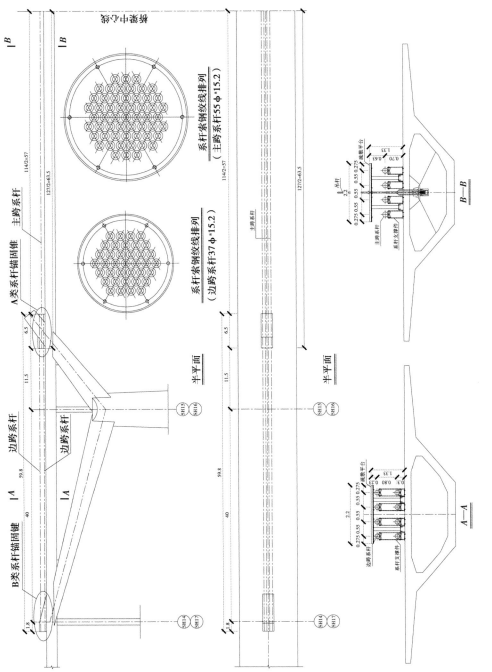

图6.8 系杆总体布置图（单位：m）

6.2.4　总体计算

1)主要荷载

①当地铁车辆单线列车正常运营时,荷载计算图示如图 6.9(a)所示,每列车编组4 辆,总长 72.26 m。列车轴重 P = 125 kN,影响线负区取 80 kN。

②当内燃调机进行紧急救援时,荷载计算图示如图 6.9(b)所示,总长 101.58 m。内燃调机轴重 P_1 = 160 kN,列车轴重 P = 125 kN。

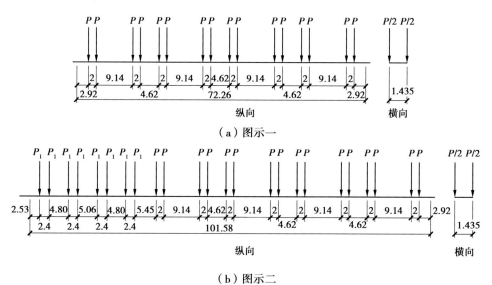

（a）图示一

（b）图示二

图 6.9　列车荷载图示(单位:m)

③年温差效应计算:设计合龙温度为 15~25 ℃。混凝土结构采用升温 13.7 ℃,降温 12.1 ℃;钢结构采用降温 27.6 ℃,升温 23.7 ℃。

日照温差:纵向计算时,取顶底板温差 8 ℃,横向左右温差 8 ℃;横向计算时,顶板上下、腹板内外温差 5 ℃,底板上下温差 3 ℃。

④无缝线路的断轨力 T_3 按轨道专业提供值计算, T_3 = 614 kN/轨。

2)主要结论

强度、抗裂以及其他计算结果分别如下:

①设计安全系数见表 6.1。

表 6.1　强度、抗裂安全系数

构件		截面	强度安全系数		抗裂安全系数	
			主力	主力+附加力	主力	主力+附加力
主梁	次边跨	1/8	5.2	4.9	2.9	2.2
		1/4	3.2	3.0	1.7	1.4
		3/8	2.9	2.7	1.4	1.3
		1/2	3.0	2.8	1.4	1.4
		5/8	4.6	4.0	1.9	1.9
		3/4	10.7	5.3	4.3	5.6
		7/8	2.6	2.2	4.1	2.5
	边跨	距 14#墩 15.6 m	8.8	7.3	5.0	3.3
		距 14#墩 19.6 m	9.1	5.8	4.2	2.4
		距 14#墩 25.6 m	6.0	4.4	2.8	2.4
		距 14#墩 33.6 m	9.8	4.7	12.4	4.3
		距 14#墩 40.0 m	9.9	5.1	3.5	2.7
		距 14#墩 44.9 m	5.9	4.4	7.1	3.3
		距 14#墩 46.9 m	7.9	4.0	4.6	1.3
	主跨	1/8	8.3	4.1	5.7	3.1
		1/4	2.6	2.9	3.8	2.5
		3/8	8.1	3.5	4.2	2.8
		1/2	9.0	3.9	5.2	3.0
		5/8	7.7	3.5	4.2	2.7
		3/4	5.5	3.1	3.7	2.5
		7/8	8.3	4.1	5.9	3.5
Y 型刚构	前悬臂	起点	3.7	3.9	1.9	1.7
		中点	7.7	6.6	6.5	9.2
		端点	3.1	3.3	2.8	2.3
	后悬臂	起点	4.0	3.7	5.4	5.5
		中点	7.7	7.2	26.7	10.0
		端点	2.5	2.6	9.1	4.4

②成桥阶段各构件应力(正值为拉力,负值为压力),见表 6.2。

表6.2 成桥阶段各构件应力表

构件	截面		应力							
			主力				主力+附加力			
			上缘		下缘		上缘		下缘	
			最大	最小	最大	最小	最大	最小	最大	最小
主梁	次边跨	1/8	−3.0	−4.2	−16.2	−18.9	−2.7	−4.6	−15.6	−20.1
		1/4	−4.4	−7.0	−9.8	−15.7	−3.9	−7.5	−8.9	−17.2
		3/8	−5.8	−8.9	−6.0	−12.8	−5.2	−9.5	−4.8	−14.5
		1/2	−6.2	−9.4	−5.1	−12.2	−5.5	−10.1	−3.6	−14.2
		5/8	−5.1	−7.9	−8.3	−14.6	−4.2	−8.8	−6.4	−16.9
		3/4	−10.6	−12.9	−12.7	−17.8	−9.7	−13.9	−10.6	−20.2
		7/8	−13.9	−16.4	−5.8	−11.5	−12.9	−17.5	−3.6	−14.0
	边跨 距14#墩/m	15.6	−9.8	−13.3	−9.0	−11.2	−8.3	−16.3	−7.2	−14.1
		19.6	−8.8	−12.4	−11.3	−14.2	−7.3	−15.3	−9.5	−17.2
		25.6	−8.9	−12.6	−11.0	−14.4	−7.4	−15.5	−9.2	−17.5
		33.6	−8.8	−11.9	−16.5	−18.9	−7.3	−14.6	−14.9	−22.1
		40.0	−5.7	−8.9	−9.4	−12.0	−4.3	−11.9	−8.5	−14.6
		44.9	−8.2	−10.9	−11.6	−14.7	−7.1	−13.3	−10.2	−18.8
		46.9	−7.2	−9.5	−7.2	−10.5	−6.2	−11.4	−6.0	−14.3
	中跨	1/8	−9.5	−12.9	−8.4	−13.0	−8.5	−15.3	−6.3	−15.5
		1/4	−9.0	−13.0	−7.5	−15.0	−8.0	−15.0	−5.3	−18.5
		3/8	−9.4	−12.5	−7.7	−14.6	−8.4	−14.2	−5.6	−18.6
		1/2	−10.1	−12.0	−8.3	−13.3	−9.1	−13.6	−6.2	−17.5
		5/8	−9.4	−12.4	−7.7	−14.6	−8.4	−14.2	−5.6	−18.6
		3/4	−9.1	−13.0	−7.3	−14.9	−8.1	−14.9	−5.2	−18.4
		7/8	−9.6	−12.7	−8.5	−13.2	−8.5	−15.2	−6.4	−15.6
Y型刚构	前悬臂	起点	−5.7	−8.5	−7.9	−11.5	−5.2	−8.6	−7.6	−11.9
		中点	−12.6	−16.2	−8.4	−12.8	−10.9	−16.3	−8.3	−14.1
		端点	−7.1	−10.2	−2.6	−6.2	−5.2	−10.4	−2.4	−7.8
	后悬臂	起点	−4.3	−6.3	−5.5	−8.6	−3.7	−6.8	−3.9	−9.4
		中点	−12.2	−13.8	−11.6	−15.4	−11.8	−13.8	−9.6	−16.3
		端点	−11.5	−16.4	−3.4	−7.9	−10.6	−16.5	−2.3	−8.4
钢主拱		1/8	−83.1	−100.3	−38.8	−60.6	−79.6	−104.4	−36.8	−63.6
		1/4	−60.5	−80.3	−49.1	−73.9	−60.5	−81.9	−46.9	−75.3
		3/8	−43.7	−62.5	−61.9	−80.3	−41.2	−67.1	−56.6	−84.6
		1/2	−40.0	−53.3	−70.9	−79.7	−36.6	−58.9	−64.6	−84.9

构件	截面	应力							
		主力				主力+附加力			
		上缘		下缘		上缘		下缘	
		最大	最小	最大	最小	最大	最小	最大	最小
钢主拱	5/8	−42.5	−60.9	−63.7	−81.2	−40.1	−65.5	−58.4	−85.4
	3/4	−59.1	−77.8	−53.6	−76.5	−59.1	−79.3	−51.4	−77.8
	7/8	−82.6	−98.8	−40.3	−61.9	−79.0	−103.1	−38.1	−65.0

③运营阶段主梁竖向挠度控制，见表 6.3。

表 6.3　主梁竖向挠度控制

位置	有效跨度	最大静活载挠度/mm
次边跨主梁	40 m 双线	14.1
边跨主梁	40 m 双线	4.5
主跨主梁	123.29 m 双线	28.7
主拱	114 m 双线	22.9

④扭曲刚度计算。在活载乘以动力系数作用下，计算得 3 m 梁段扭转角度最大差值为 $6.8×10^{-5}$ rad，则 $t=6.8×10^{-5}×3\,000$ mm$=0.204$ mm<3 mm，满足规范要求。

6.3　桥梁设计的关键构造设计 [1-2]

通过创造性地采用材料、结构组合技术，提高大型桥梁结构材料的使用效率、结构承载效率和跨越能力，使大型桥梁建设达到安全、经济、美观。

1）多层次组合技术设计

为了提高结构的整体效率，白沙河大桥主桥设计在两个层次上使用了"组合"技术，具体如下：

①在材料上，提高钢-混组合材料的使用效率；

②组合混凝土 Y 型刚构-钢箱系杆拱，提高结构跨越能力。

主拱与刚构的前悬臂的连接通过设置钢-混接头实现，如图 6.10 所示为钢-混接头构造图。该接头是以受压为主的压、弯组合型接头。该接头的设计特点是实现钢结构和预应力混凝土结构之间内力、应力的平顺传递，同时具有足够的安全度。

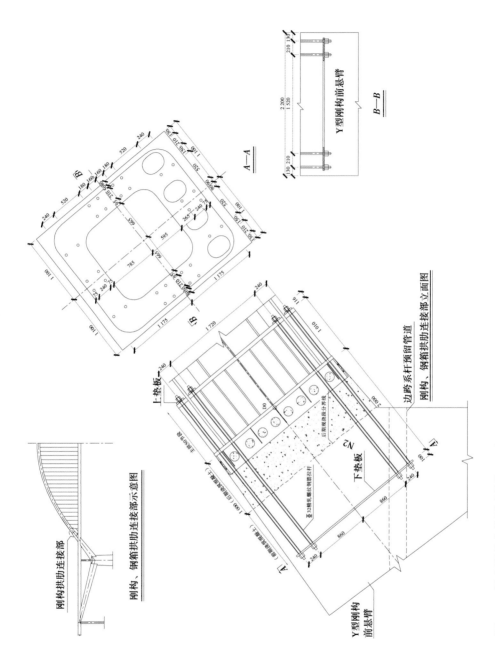

图6.10 钢-混接头构造图（单位：mm）

正是由于这些关键材料、结构"组合"技术，白沙河大桥主桥才具有很高的材料与结构效率，在保证结构安全性与耐久性的同时，与功能类似规模相当的大桥相比，该桥节约永久结构钢材约 130 t。建成后的实景如图 6.11 所示。

图 6.11　白沙河大桥实景图

2）桥梁结构主动控制设计

为增加施工过程的可实施性，通过 Y 型刚构混凝土悬臂、水平系杆索、SH14 及 SH17 桥墩组成竖向刚性拉杆主动控制系统，实现对悬臂、主墩内力的主动控制。在特大系杆拱桥中采用系杆分离体系，即将纵向系杆分为中跨系杆与边跨系杆，并将其独立锚定。在此基础上，SH14 和 SH17 桥墩为竖向刚性拉杆。3 套相对独立的系杆体系可在实施过程中对大桥的主体（刚构、主拱）进行内力与线型的调整和控制，如图6.12所示。

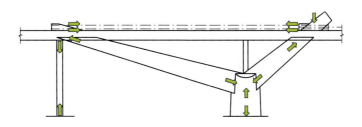

图 6.12　结构主动控制设计

系杆锚固键设计图，如图 6.13 所示，A 类系杆锚固键设置在 Y 型刚构前悬臂处，尺寸为 2.2 m×1.4 m，内部设置 3×4 排预埋管，分别为边跨系杆和中跨系杆穿过。中跨预埋管内径为 140～157 mm，边跨预埋管内径为 110～130 mm。B 类系杆锚固键设置在 SH14 及 SH17 的主梁与后悬臂端处，内部设置 2×4 排预埋管，预埋管内径为 110～130 mm。

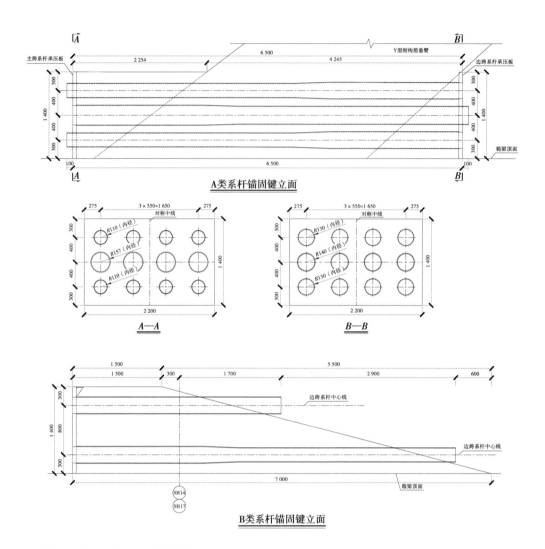

图 6.13 系杆锚固键设计(单位:mm)

6.4 关键施工流程

主桥按施工顺序分为 10 个关键步骤,具体如下:

①搭建水中栈桥,施工桩基础;施工水中基础围堰,施工承台。

②搭建支架,施工 SH13~SH18 桥墩;施工 Y 型刚构、边跨及次边跨主梁支架,浇注 Y 型刚构前后悬臂、边跨及次边跨主梁;待浇筑混凝土达到养护条件后,张拉 Y 型

刚构、边跨及次边跨主梁内钢束,如图 6.14(a)所示。

③安装边跨系杆,并张拉至 10 000 kN;拆除支架,保留 Y 型刚构前悬臂前端处的支架;安装起拱钢箱拱段,如图 6.14(b)所示。

（a）半Y型刚构、边主梁施工　　　　　　　　（b）半钢-混接头吊装

图 6.14　半 Y 型刚构、边主梁施工及半钢-混接头施工

④施工水中钢箱主拱临时支墩;吊装两端钢箱主拱,如图 6.15(a)所示。

⑤用浮吊吊装中间段钢箱主拱,如图 6.15(b)所示。

（a）两端钢箱主拱吊装　　　　　　（b）中间段钢箱主拱吊装

图 6.15　钢箱拱吊装

⑥安装中跨系杆,并张拉至 6 000 kN;拆除钢箱主拱临时支架,如图 6.16 所示。

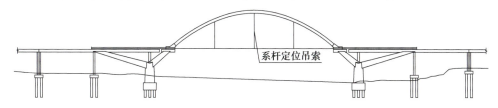

图 6.16　安装中跨系杆

⑦利用浮吊船吊装节段主梁,从两侧向中跨吊装。

⑧张拉中跨节段梁内钢束;张拉中跨系杆至 13 000 kN。

⑨浇筑主跨与边跨主梁合龙段混凝土,达到养护条件后张拉合龙段钢束。施工次边墩竖向预应力,实现墩梁固结。

⑩铺装桥面设施;调整系杆(边跨系杆张拉至 23 000 kN,主跨系杆张拉至21 000 kN);调整吊杆内力,完成全桥施工。

6.5 风-车-桥系统耦合振动分析

桥位区受季风环流控制,冬季处于极地大陆高压的东南缘,常吹偏北风,且恰在冷暖气团交会地带,气象要素变化大。夏季受副热带高压及南海低压槽的影响,常吹偏南风,由于暖湿气流的盛行,气候高温多雨,因而摆脱了回归干燥带及信风带的影响,而表现出季风气候的特色。

桥位区受季风环流控制,风向有明显的季节变化。冬半年(9月至翌年3月)处于大陆冷高压的东南侧,盛吹偏北风,其频率基本在15%~40%;夏半年(4—8月)经常受副热带高压西部及南部支槽与西南低压槽的交替影响,常吹偏南风,其频率为15%~25%。

影响广州市的热带气旋数量,各年之间差别很大,少的全年只有1个,多的达7个,如1961年、1993年,平均每年3.2个。热带气旋侵袭广州市的数量多年平均为0.9个,但各年之间差别大,多的一年中有3个侵袭广州市,如1957年、1960年、1971年,个别年份受台风袭击比较严重,如1971年6—8月,广州市连续3次受台风袭击和影响,少的全年没有热带气旋侵袭广州市,这样的年份近45年来有21年。一年之内,除1—4月没有热带气旋直接影响广州市外,其他各月均有受热带气旋直接影响的可能。而5—10月则有可能受热带气旋直接的侵袭。因此,5—10月是广州市的台风季节,盛夏的7—9月这3个月,热带气旋影响和侵袭广州市的可能性均较大,分别占全年的71.4%和81.5%。这3个月可以说是广州市台风活动的盛期。

1949—1993年的资料统计,有23个台风对广州市影响较大,造成广州市8级以上大风(或极大风速≥24.5 m/s)、日雨量在100 mm以上的大暴雨。

白沙河大桥为双线城市轨道交通桥梁,上下游侧均布置实体防护栏杆。在桥轴线位置,设置高1 m、宽0.9 m的紧急疏散平台,疏散平台由一系列混凝土立柱支承。轨道交通运行的安全性和舒适性极高,白沙河大桥新颖结构体系的桥梁,必须考虑风荷载作用下的桥梁结构响应。

6.5.1 评判指标

1)列车安全性评判标准

国家"八五"科技攻关项目"高速铁路线桥隧设计参数选择的研究"报告之五"高速铁路轨道不平顺日常养护维修管理标准的研究"中,脱轨系数采用0.8作为限值;德国 ICE 高速列车在美国东北走廊进行高速试验时及日本新干线提速试验时，均采用 $Q/P \leqslant 0.8$。我国于 1996 年在环形线 200 km/h 以上的高速列车综合运行试验以及秦沈客运专线桥梁综合动力试验中，脱轨系数的控制限度为 0.8，因此，本桥采用的脱轨系数安全评判指标为 $Q/P \leqslant 0.8$。

1998 年，在美国 FRA 公布的规范中，在"轨道安全标准"的"车辆/轨道相互作用安全限值"中规定："单轮垂向荷载应不小于静轮重的 0.1 倍，也就是说，单轮垂向荷载减载率（相对于静轮重）$P/P_0 \leqslant 0.9$，滤波器/窗长为 $5f$。此标准适用 9 级线路，最高允许速度为 200 km/h。"在秦沈客运专线综合动力综合试验中，采用的评定标准为 $P/P_0 \leqslant 0.6$。在已结题的相关车桥动力仿真计算研究"秦沈客运专线桥涵关键技术研究——常用跨度桥梁动力特性及列车走行性分析研究"和"京沪高速铁路常用跨度连续梁桥设计研究动力分析计算"中，偏于安全考虑，均采用评定标准 $P/P_0 \leqslant 0.6$ 控制高速列车的安全性。《时速 200 公里新建铁路线桥隧站设计暂行规定》也规定为 $P/P_0 \leqslant 0.6$。综合考虑以上情况，本桥采用的单轮减载率安全评判指标为 $P/P_0 \leqslant 0.6$。

2) 列车平稳性评判标准

在我国已成为规范的轨道不平顺管理标准中，针对客车，规定了小于 100, 100~120, 120~140, 140~160 km/h 这 4 个速度等级，按 Ⅰ 级（日常保养）、Ⅱ 级（舒适度）、Ⅲ 级（紧急补修）等标准确定对应的车体垂向加速度分别为 $0.10g$, $0.15g$, $0.20g$；对应的车体横向加速度分别为 $0.06g$, $0.10g$, $0.15g$。另外，在小于 100 和 100~120 km/h 的速度等级中，规定 Ⅳ 级（限速）标准对应的车体垂向、横向加速度值分别为 $0.25g$ 和 $0.20g$。日本新干线慢行管理目标值中车体垂向、横向加速度分别为 $0.45g$ 和 $0.35g$（均为全峰值）。在考虑预留量的基础上，秦沈客运专线 300 km/h 综合试验段轨道不平顺限速标准的加速度评判依据采用车体垂向、横向加速度值分别为 $0.225g$ 和 $0.175g$（即为日本新干线相应值的一半）作为限值。

舒适度管理标准作为评判客车（含动力分散式列车中的动车）车体加速度计算结果的限值（半峰值），即

车体振动水平加速度：

$$a_L \leqslant 0.10g$$

车体振动垂直加速度：

$$a_V \leqslant 0.13g$$

我国铁路长期以来一直采用平稳性指标法评定车辆的运行舒适性，本桥仍采用平稳性指标来评价列车过桥时旅客乘坐的舒适性。根据《机动车辆动力学性能评定及试验鉴定规范》（GB 5599—2019），依平稳性指标 W 确定客车运行平稳性等级的评判标准如下：

$$W \leqslant 2.5（平稳性等级优）$$
$$2.5 < W \leqslant 2.75（平稳性等级良好）$$

$$2.75 < W \leqslant 3.0(\text{平稳性等级合格})$$

本桥以上述平稳性等级良好作为评价车辆平稳性的控制指标。

3)桥梁安全性评判标准

梁体振动过大会使桥上线路失稳,影响列车运行安全,同时还会降低桥梁疲劳强度,因此,对桥梁的变形和振动加速度需要加以限制。参照《铁路桥梁检定规范》(铁运函〔2004〕120 号)及 UIC 规范在铁路桥梁设计中对桥梁振动加速度的要求,对有碴轨道桥梁最大垂向加速度限值为 $0.35g$。

依据《铁路桥梁检定规范》(铁运函〔2004〕120 号),桥梁跨中横向加速度限值为 $0.14g$。

6.5.2 风-车-桥动力计算结果及分析 [3]

1)桥梁模型

建立有限元模型,墩底按直接固结处理,并将二期恒载 81.8 kN/m 以节点形式质量施加于桥面,桥梁有限元模型如图 6.17 所示。

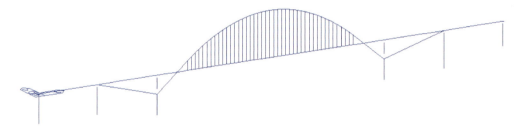

图 6.17 桥梁有限元模型

2)桥梁自振特性

根据模型计算得到的频率和振型,北京交通大学及湖南大学风工程试验研究中心的相应数值对比见表 6.4。由表中数值可知,两模型的频率及振型非常接近。因此,本计算所采用的桥梁模型是可靠的。桥梁模型的前 5 阶自振频率见表 6.4。

桥梁模型以振型叠加法的形式输入车桥动力分析程序。为充分考虑桥梁振动的影响,在计算中,总共考虑了模型的前 200 阶模态,其中,第 200 阶频率为 54.55 Hz,即可认为计算中考虑了桥梁所有低于上述频率的振动。桥梁系统的阻尼按 Rayleigh 阻尼考虑,各阶阻尼比均取 0.01。在计算中,分别考虑了桥梁墩底固结和墩底以"m 法"计算弹簧支承的情况,由表 6.4 中的数值可知,这两种方法求得的桥梁频率非常接近,因此,在计算中采用了桥梁墩底固结的计算模型。

表 6.4　桥梁频率和振型对比表

阶数	振型	频率/Hz		
		北京交通大学		湖南大学
		墩底固结	墩底弹簧	
1	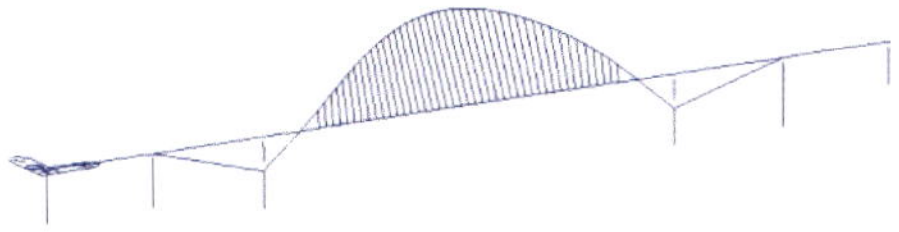 拱肋一阶正对称侧弯	0.621 2	0.619	0.588 8
2	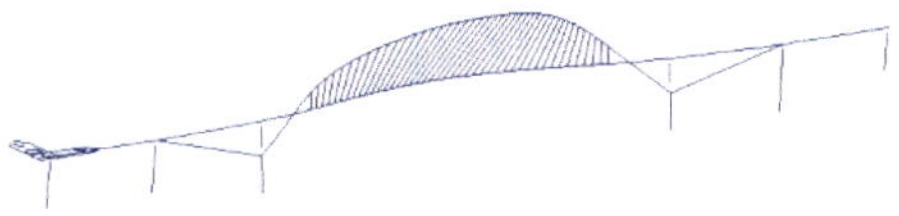 主梁一阶正对称侧弯	0.995 9	0.975	1.011 5
3	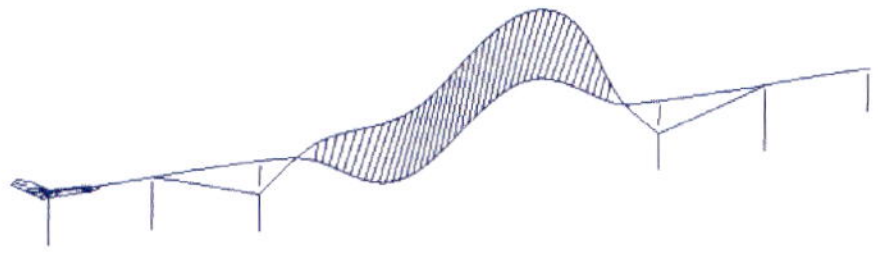 一阶反对称竖弯	1.251 5	1.221	1.239 3
4	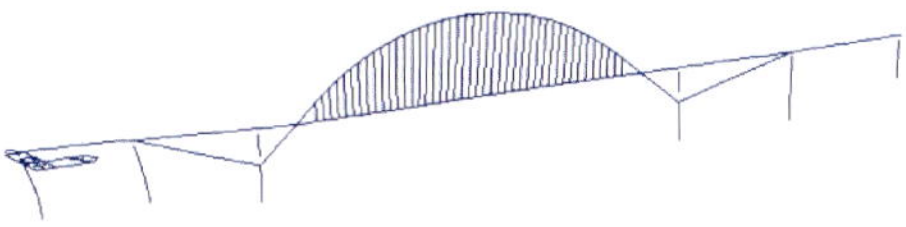 主梁一阶反对称侧弯	—	—	1.145 0
5	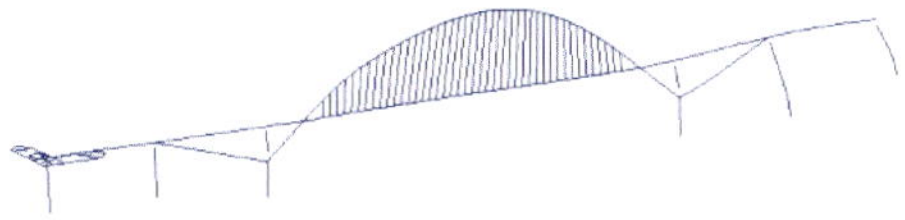 一阶正对称竖弯	1.801 9	1.764	1.818 7
6	拱肋一阶反对称侧弯	1.716 1	1.709	1.644 8

3)风-车-桥动力响应

利用所建立的列车-桥梁-风系统动力分析模型和所给出的计算参数,通过模拟计算得到了不同风速和车速条件下桥梁和车辆的动力响应,结果见表 6.5。

表 6.5 风-车-桥动力响应汇总表

风速/(m·s⁻¹)	工况	车速/(km·h⁻¹)	桥梁响应					车辆响应					
			动力系数	跨中位移		跨中加速度		脱轨系数	减载率	车体加速度		车体舒适度	
				竖向/mm	横向/mm	竖向/(m·s⁻²)	横向/(m·s⁻²)			竖向/(m·s⁻²)	横向/(m·s⁻²)	竖向	横向
0	单线	35	1.004	10.12	0.21	0.30	0.34	0.10	0.12	0.28	0.22	1.83	1.80
		60	1.001	10.09	0.34	0.42	0.37	0.17	0.18	0.34	0.26	1.88	1.87
		90	1.001	10.09	0.46	0.51	0.45	0.23	0.26	0.45	0.36	2.03	1.95
	双线	35	—	20.23	0.25	0.35	0.39	0.11	0.12	0.30	0.22	1.83	1.80
		60	—	20.19	0.40	0.44	0.43	0.19	0.18	0.35	0.27	1.89	1.87
		90	—	20.17	0.52	0.56	0.50	0.25	0.26	0.45	0.37	2.03	1.97
15	单线	35	—	10.23	2.19	0.30	0.41	0.16	0.17	0.28	0.25	1.90	1.95
		60	—	10.42	2.40	0.42	0.42	0.24	0.23	0.35	0.28	1.93	2.03
		90	—	10.23	2.54	0.52	0.55	0.33	0.30	0.47	0.37	2.04	2.14
	双线	35	—	20.72	2.61	0.36	0.45	0.17	0.19	0.31	0.27	1.90	1.95
		60	—	21.18	2.75	0.44	0.50	0.24	0.22	0.36	0.31	1.90	2.04
		90	—	20.26	2.90	0.56	0.60	0.34	0.30	0.47	0.43	2.06	2.14
20	单线	35	—	10.38	5.78	0.31	0.48	0.34	0.29	0.29	0.27	1.90	2.07
		60	—	10.79	5.86	0.43	0.50	0.43	0.38	0.36	0.31	1.93	2.13
		90	—	10.53	6.01	0.53	0.64	0.50	0.45	0.49	0.42	2.07	2.25
	双线	35	—	21.50	6.44	0.36	0.53	0.35	0.30	0.32	0.31	1.92	2.07
		60	—	21.58	6.56	0.44	0.61	0.44	0.40	0.37	0.34	1.95	2.13
		90	—	21.09	6.69	0.58	0.73	0.51	0.45	0.50	0.50	2.10	2.26
25	单线	35	—	10.84	8.02	0.31	0.56	0.42	0.44	0.29	0.30	1.96	2.15
		60	—	11.10	8.24	0.44	0.58	0.55	0.51	0.37	0.37	1.97	2.23
		90	—	10.81	8.34	0.54	0.77	0.63	0.57	0.50	0.46	2.10	2.33
	双线	35	—	21.61	9.25	0.37	0.62	0.43	0.45	0.34	0.34	1.95	2.18
		60	—	21.77	9.37	0.45	0.69	0.56	0.52	0.38	0.39	2.00	2.22
		90	—	21.74	9.49	0.58	0.84	0.64	0.45	0.51	0.52	2.14	2.35

续表

风速/(m·s⁻¹)	工况	车速/(km·h⁻¹)	桥梁响应					车辆响应					
			动力系数	跨中位移		跨中加速度		脱轨系数	减载率	车体加速度		车体舒适度	
				竖向/mm	横向/mm	竖向/(m·s⁻²)	横向/(m·s⁻²)			竖向/(m·s⁻²)	横向/(m·s⁻²)	竖向	横向
30	单线	35	—	11.26	10.02	0.32	0.66	0.50	0.56	0.30	0.33	2.01	2.23
		60	—	11.22	10.17	0.45	0.68	0.63	0.62	0.37	0.43	2.00	2.33
		90	—	11.18	10.31	0.56	0.93	0.78	0.69	0.51	0.55	2.14	2.45
	双线	35	—	22.62	11.21	0.38	0.74	0.51	0.55	0.34	0.35	2.00	2.29
		60	—	22.69	11.40	0.46	0.79	0.63	0.63	0.40	0.42	2.03	2.33
		90	—	21.79	11.54	0.58	1.01	0.77	0.69	0.54	0.61	2.17	2.46
35	单线	35	—	11.66	12.25	0.33	0.78	0.67	0.69	0.31	0.39	2.07	2.32
		60	—	11.33	12.36	0.47	0.78	0.75	0.77	0.38	0.52	2.04	2.45
		90	—	11.48	12.48	0.56	1.13	0.86	0.95	0.54	0.65	2.16	2.53
	双线	35	—	23.29	13.86	0.38	0.89	0.68	0.69	0.35	0.36	2.00	2.41
		60	—	23.61	14.01	0.47	0.95	0.75	0.78	0.40	0.51	2.09	2.41
		90	—	22.64	14.10	0.59	1.23	0.86	0.95	0.55	0.73	2.17	2.56

4）风速阈值

相比表 6.5 中所列的各项评判指标，桥梁跨中竖、横向加速度，脱轨系数，轮重减载率，车体竖、横向加速度，竖、横向舒适度指标如图 6.18—图 6.25 所示，图中横线表示各控制指标限值。

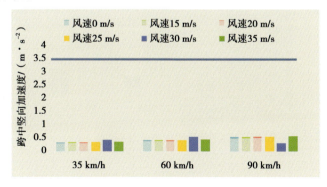

图 6.18　桥梁跨中竖向加速度同限值的对比（限值 3.5 m/s²）

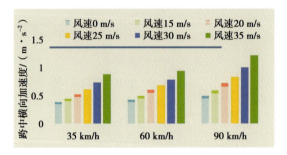

图 6.19　桥梁跨中横向加速度同限值的对比（限值 1.4 m/s²）

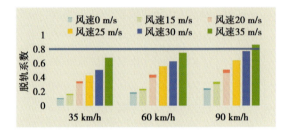

图 6.20　脱轨系数同限值的对比（限值 0.8）

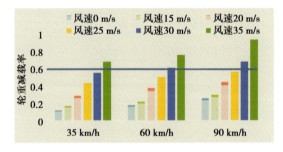

图 6.21　轮重减载率同限值的对比（限值 0.6）

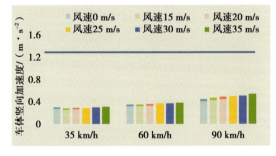

图 6.22　车体竖向加速度同限值的对比（限值 1.3 m/s²）

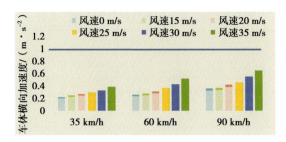

图 6.23　车体横向加速度同限值的对比（限值 1 m/s²）

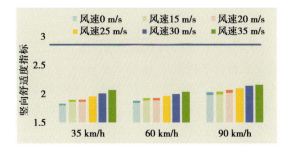

图 6.24　竖向舒适度指标同限值的对比（限值 2.75）

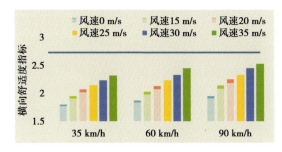

图 6.25　横向舒适度指标同限值的对比（限值 2.75）

　　由以上对比可知,所有超出限值的情况均为脱轨系数或轮重减载率超标,即车辆安全性不符合要求。其原因在于,城市轨道交通车辆轴重较小,对桥梁施加的列车荷载也较小,不致发生很大的桥梁响应,同时,列车各构件质量小,使悬挂系统能较好地发挥减振效能,故车体加速度、舒适度指标均好于普通铁路列车。但因没有很大的轴重,轮轨间相互作用力变化率较大,故较易发生车辆安全性不符合要求的现象。

　　各车速下满足指标限值的最大风速汇总见表 6.6。因此,当列车运行速度为35 km/h 时,桥面平均风速为 30 m/s 及以下可安全通过桥梁;当列车运行速度分别为60 km/h 和 90 km/h 时,桥面平均风速为 25 m/s 及以下可安全通过桥梁。

表 6.6   满足各指标限值的最大风速汇总表

平均风速 /(m·s⁻¹)	控制列车速度/(km·h⁻¹)					
	桥梁加速度		车辆安全指标		车辆振动指标	
	竖向	横向	脱轨系数	减载率	加速度	舒适度
25	90	90	90	90	90	90
30	90	90	90	35	90	90
35	90	90	60	—	90	90

在考虑行车运营安全控制中,以控制桥面平均风速对应的车速限值较为方便。考虑 2 倍的安全余量,建议在桥面平均风速为 12.5 m/s(对应六级风)及以下时,无须控制行车速度;在桥面平均风速为 12.5~15 m/s(对应六至七级风)以下时,列车限速为 35 km/h;在桥面平均风速超过为 15 m/s(对应七级风)时,列车应停止运行。

6.5.3   结论

①在无风状态下,当列车以 35,60 及 90 km/h 通过白沙河大桥时,满足各项桥梁安全性、列车安全性、平稳性指标,列车平稳性优。

②当列车以 35 km/h 通过白沙河大桥时,桥面平均风速等于或低于 30 m/s,可安全通过桥梁。

③当列车以 60 及 90 km/h 通过白沙河大桥时,桥面平均风速等于或低于 25 m/s,可安全通过桥梁。

④因列车通过速度较低,桥梁最大的竖向挠度动力系数仅为 1.004,基本不发生共振现象。

⑤根据研究结果,考虑 2 倍的安全余量,建议在桥面六级风或以下时,无须控制行车速度;六至七级风时,列车限速 35 km/h;超过七级风时,列车应停止运行。

6.5.4   现状

2013 年 12 月 28 日开通运营一期工程(浔峰岗站至长湴站,含白沙河大桥),2016 年 12 月 28 日开通运营二期工程(长湴站至香雪站),广州市轨道交通六号线最高单日客流量达 100 万人以上,运营状态良好,如图 6.26 所示。

（a）跨路口高架

（b）跨高速路高架

（c）白沙河大桥

图 6.26　营运中的广州市轨道交通六号线

参考文献

［1］韩永华. 白沙河大桥成桥及施工阶段索力优化研究［D］. 广州：华南理工大学,2011.

［2］林同棪国际工程咨询(中国)有限公司,广州地铁 6 号线 2 标工程.白沙河大桥施工图设计［Z］.重庆：林同棪国际工程咨询(中国)有限公司,2007.

第7章　斜拉桥梁合理布置

7.1　概述

斜拉桥是将主梁用许多拉索直接拉在桥塔上的一种桥梁,是由承压的塔、受拉的索和承弯的梁体组合起来的一种结构体系,主要由索塔、主梁、斜拉索组成。斜拉桥可看成拉索代替支墩的多跨弹性支承连续梁。斜拉桥可使梁体内弯矩减小,降低建筑高度,减轻结构质量,节省材料。

斜拉桥的构思可以追溯到 17 世纪,但由于受当时科技水平的限制,在 300 多年的漫长岁月中没有得到很好的发展,又因为 19 世纪 20 年代前后修建的几座斜拉桥的坍塌事故,使斜拉桥的发展在相当长的一段时期内处于被遗弃状态。1926 年,西班牙工程师爱德华·托罗佳(Eduardo Torroja)设计的藤普尔引水桥(Acueducto de Tempul)建成,该桥主跨 60.3 m,在桥塔顶部设置了索鞍。顶升索鞍对斜拉索起张拉作用。1938 年,德国工程师狄辛格(Dischinger)设计的铁路悬索桥就采用了斜拉索式,该桥位于汉堡跨越易北河。第二次世界大战后,桥梁建造技术发展得很快,需要发展桥梁设计的新概念。为了使材料与造价经济,斜拉桥被赋予了崭新内容,重新得到了发展。1952 年,法国工程师 Albert Caquot 设计的 Donzere-Mndragon 桥建成,主跨 80 m,是公路混凝土斜拉桥。而真正意义上的现代斜拉桥,是基辛格设计的跨径为 75 m+183.0 m+75 m 的新斯特雷姆伍特 Stroemsund 桥,于 1955 年在瑞典建成。接着,1957 年德国杜塞尔多夫建成了杜塞尔多夫北莱茵河桥,跨径组成为 108 m+260 m+108 m,它们都采用斜索和钢主梁结构,这是早期现代斜拉桥的共同特点,从此斜拉桥得到迅速发展。1962 年,委内瑞拉建成的马拉开波桥是第一座现代混凝土斜拉桥,跨径布置为 160 m+5×235 m+ 160 m。1991 年,挪威建成的挪威斯卡特恩圣特桥,其主跨为 530 m,至今仍保持着混凝土斜拉桥的最大跨径纪录。2012 年,俄罗斯岛建成通车的俄罗斯岛大桥跨度达到 1 104 m,是目前世界上最大跨径的斜拉桥。

斜拉桥在我国的发展始于 1975 年四川省云阳县(现为重庆市管辖)跨径 76 m 的钢筋混凝土斜拉桥,在取得了设计和施工经验后,全国各地开始修建斜拉桥。1991 年建成的主跨 423 m 的上海南浦大桥,标志着中国在斜拉桥设计和施工方面已进入世界先进水平。最具代表性的苏通长江大桥,2008 年建成通车,将当时斜拉桥跨度的世界纪录提高到 1 088 m。2020 年 7 月 1 日,建成通车的沪苏通长江公铁大桥,主跨 1 092 m 采用钢桁梁斜拉桥结构,是中国自主设计建造、世界上首座跨度超千米的公铁两用斜拉桥,创造了世界桥梁和中国桥梁建设的多个之最。

截至 2017 年 12 月,全球已建成 136 座主跨超过 400 m 的斜拉桥,而中国拥有其中的 78 座,超过一半。全球主跨长度排名前 10 位的斜拉桥中,中国占据其中 7 席。主跨超过 600 m 的斜拉桥,全球仅 33 座,其中有 27 座位于中国。这些大多数是公路、铁路或是市政道路桥梁。而作为城市轨道交通斜拉桥的却非常少,表 7.1 列出了轨道交通专用桥。

表 7.1　国内外轨道专用桥一览表

序号	桥名	主跨跨径/m	结构形式	桥塔形式	主梁形式	建成年份/年	所在位置
1	North Romaine River Railroad Bridge	61	斜拉桥			1960	加拿大魁北克
2	天空之桥(Sky Bridge)	340	双塔双索面斜拉桥			1989	加拿大卑诗省大温哥华
3	伊通河大桥	130	独塔无背索斜拉桥	A 型	混凝土梁	2005	中国吉林轻轨工程
4	清河曲线斜拉桥	108	双塔双索面斜拉桥	A 型	混凝土梁	2005	中国北京地铁五号线
5	大治河矮塔斜拉桥	140	矮塔单索面斜拉桥	单柱型	混凝土梁	2013	中国上海轨道16 号线
6	蔡家轨道专用桥	250	双塔双索面斜拉桥	梭形	混凝土梁	2014	中国重庆轨道6 号线
7	重庆高家花园轨道专用桥	340	双塔双索面斜拉桥	H 型	混合梁	2018	中国重庆轨道环线
8	重庆南纪门长江轨道专用桥	480	高低塔双索面斜拉桥	门型	叠合梁	在建	中国重庆轨道10 号线

作为山地城市轨道交通斜拉桥,材料选择、总体布置形式、拉索索面的布置、结构体系的选择等,通过重庆3座轨道交通桥梁的设计,给大家提供参考借鉴。

①蔡家轨道专用桥:五跨连续结构;超高墩;墩、塔、梁固结体系;双塔双索面、扇形空间索;混凝土箱型主梁,如图7.1(a)所示。

②南纪门长江轨道专用桥:五跨连续结构;墩、塔固结、支撑梁体系;双塔双索面、扇形平行索;钢-混结合梁,如图7.1(b)所示。

③高家花园轨道专用桥:五跨连续结构;墩、塔固结、支撑梁体系;双塔双索面、竖琴形平行索;钢-混混合箱型主梁,如图7.1(c)所示。

（a）蔡家轨道专用桥——建成运营

（b）南纪门长江轨道专用桥——效果图

（c）高家花园轨道专用桥——建成运营

图7.1 重庆三座轨道专用桥

7.2　蔡家轨道专用桥设计

7.2.1　桥梁特点

山地城市地形高差大,结构在跨江时形成了大量的高墩桥梁,一般超过60~70 m,有的甚至超过100 m。如蔡家轨道专用桥,如图7.2所示。跨越嘉陵江,主塔主梁以下下塔柱高98 m,引桥桥墩高7~87 m。

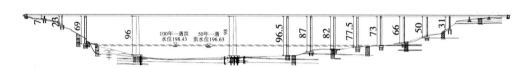

图7.2　蔡家轨道专用桥桥墩高度图(单位:m)

250 m跨度的混凝土斜拉桥轨道专用桥,其跨度世界排名第二,亚洲第一。主梁15 m桥梁跨度相对较窄。引桥位于曲线上且桥面变宽,跨度12~18.09 m。

7.2.2　总体设计

主桥跨径组合为60 m+135 m+250 m+135 m+60 m=640 m,共5跨,如图7.3(a)所示。桥面宽15 m,如图7.3(b)所示。南引桥长45 m+45 m=90 m,采用预应力混凝土连续梁箱梁结构;北引桥第一联3×60 m=180 m,第二联3×60 m=180 m,第三联3×50 m=150 m,采用预应力钢筋混凝土连续梁箱梁结构,A0,A16采用重力式U型桥台,如图7.3(a)所示。北引桥第二、第三联位于曲线上,梁宽从12 m变为18.09 m,如图7.3(c)所示。

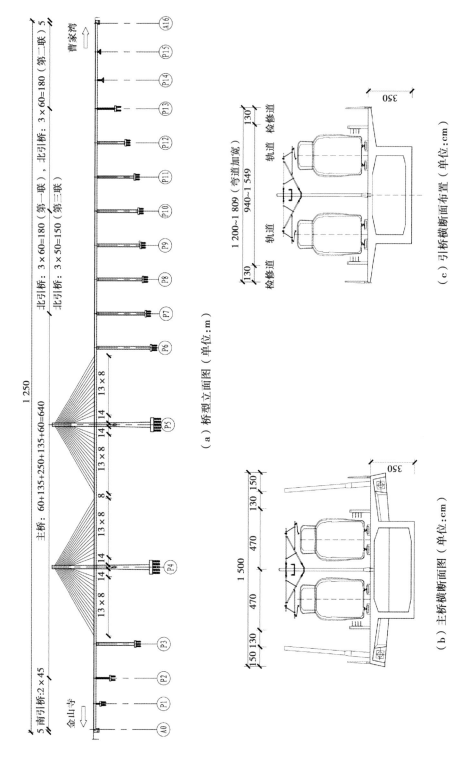

图7.3 总体布置图

结构体系由于桥塔墩柱高 90 多米,因此采用塔、墩及梁固结形式,利用墩高度适应结构整体变形。

7.2.3 主要结构设计

1)主桥混凝土箱梁主要构造

主桥主梁采用单箱单室等梁高混凝土箱梁,梁宽 15 m,梁高 3.5 m;标准梁段顶板厚 0.3 m,腹板厚 0.5 m,底板厚 0.3 m;每 8 m 为一个节段,在拉索处设置拉索横梁,横梁与腹板相接根部高 1.5 m,两端头高 1.2 m,厚 0.5 m,横梁两端设斜拉索锚块。南引桥和北引桥第一联采用单箱单室截面,北引桥第二、第三联位于曲线上,梁宽从 12 m 变为 18.09 m,采用单箱双室截面,梁高 3.5 m。顶板厚 0.3 m,腹板厚 0.65 m,底板厚 0.3 m,如图 7.4 所示。

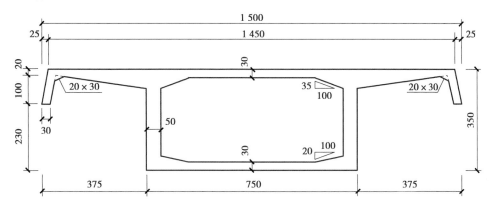

(a)主桥标准横断面构造图

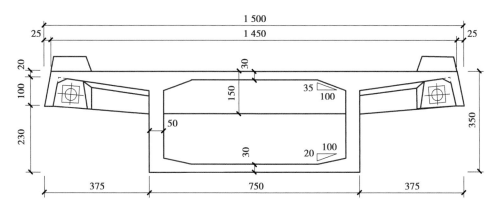

(b)带横梁主桥横断面构造图

图 7.4 主梁构造图(单位:cm)

2）主塔结构

主塔设计主要考虑的因素如下：

①两塔高度基本相等，塔外形基本一致。

②下塔柱高100多米，选择合理的结构体系使塔更利于稳定。

③桥塔考虑防船撞因素，下塔柱在通航洪水位上2 m，用混凝土填实。

主桥桥塔采用菱形形式，塔高约180 m，其中，桥面以上78 m，单肢宽2.8 m，纵向6 m；下塔柱单肢横向宽2.8 m变为4 m，纵向宽6 m变为9 m；塔底横向宽12 m，5号塔底比4号塔底矮1.5 m，采用12 m等截面处理，如图7.5所示。考虑景观效果，

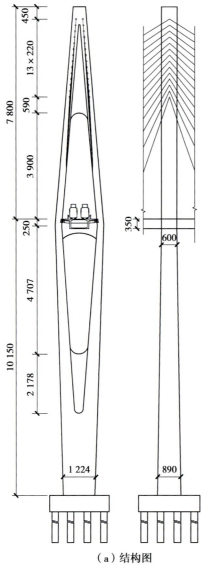

（a）结构图

（b）实景图

图7.5　主塔构造（单位：cm）

塔可做涂装处理。桥塔上塔柱内壁设置钢制爬梯和平台,塔顶开人孔,便于施工和后期维护。

3)斜拉索设计

主桥为双索面斜拉桥,斜拉索在梁上锚固于箱梁两侧横肋的边缘位置。全桥共 56 对斜拉索,梁上的顺桥向标准间距为 8 m,塔上的竖向间距为 2.2 m。斜拉索采用单端张拉,在塔上设置混凝土锚块作为斜拉索的锚固端;在梁上的斜拉索锚固位置处设置混凝土锚块,并将拉索的张拉端设置于此。为了实现斜拉索的张拉及后期换索的方便,要求选用可实现单根张拉和单根更换的钢绞线作斜拉索,钢绞线强度 f_{pk} = 1 860 MPa。斜拉索外包 HDPE 外套管,外套管的颜色采用白色。

7.2.4　关键构造设计

1)塔上锚固

桥塔锚固段索间距为 2.2 m,采用混凝土齿板锚固在上塔柱箱室的梗掖处,并于箱壁施加环向预应力。桥塔环向预应力张拉端锚具均应采用二次张拉锚固系统,如图 7.6 所示。

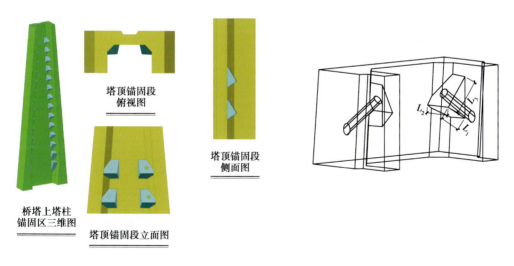

（a）塔上锚区三维示意图　　　　　　　　　（b）锚固齿块三维示意图

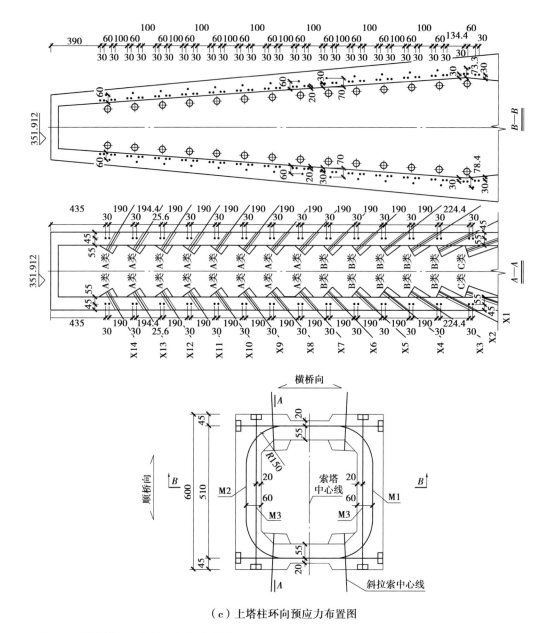

（c）上塔柱环向预应力布置图

图 7.6 塔上锚区环向预应力布置（单位：cm）

2）有索区横隔板设计

主桥主梁采用单箱单室等梁高混凝土箱梁，梁宽 15 m，梁高 3.5 m；标准梁段顶板厚 0.3 m，腹板厚 0.5 m，底板厚 0.3 m；每 8 m 为一个节段，在拉索处设置拉索横梁，横梁与腹板相接根部高 1.5 m，两端头高 1.2 m，厚 0.5 m，横梁两端设斜拉索锚块。

3）梁上锚固细节

斜拉索在梁上锚固于箱梁两侧横肋的边缘位置，如图 7.7 所示。梁上的顺桥向标准间距为 8 m，在梁上的斜拉索锚固位置处设置混凝土锚块，并将拉索的张拉端设置于此。

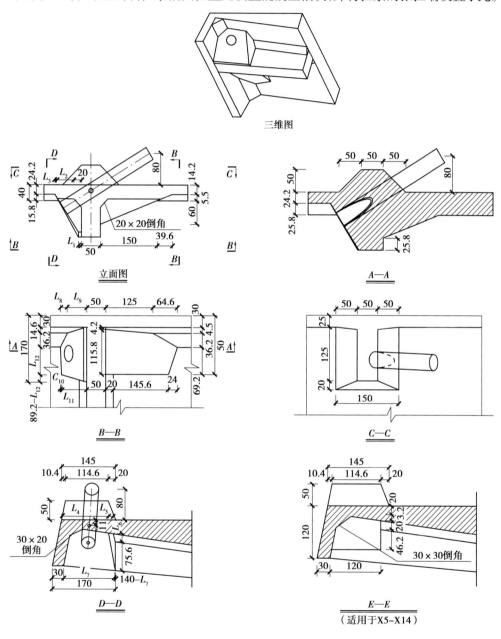

图 7.7　主梁锚块一般构造图（单位：cm）

7.2.5　桥梁关键施工流程

蔡家轨道专用桥施工主要分为以下 8 个关键步骤：

①围堰施工水中基础；施工栈桥及岸上基础；爬模施工桥墩、桥塔；爬模施工桥塔，同时托架施工 0 号块；施工桥台，如图 7.8 所示。

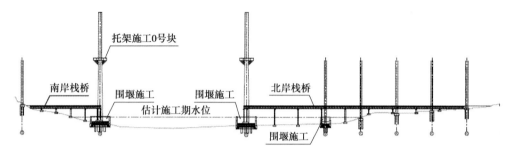

图 7.8　栈桥、围堰施工及下部结构施工

②挂篮施工主梁 1 号块；搭架现浇南引桥和北引桥前两跨主梁。

③挂篮悬臂浇筑主梁，张拉斜拉索；北引桥采用逐跨移动模架施工主梁。

④北引桥继续采用移动模架施工，同时进行拉索段主梁悬臂浇筑。

⑤主桥南边跨 60 m 采用移动模架浇筑，主桥北边跨 60 m 采用搭架现浇，并向主跨侧悬臂处 9 m 准备合龙；同时进行拉索段主梁悬臂浇筑；准备边跨合龙，如图 7.9 所示。

图 7.9　合龙边跨工况

⑥边跨采用吊架合龙；边跨合龙完成后，待合龙段混凝土达到强度后，再拆除 60 m 边跨的支架和移动模架。

⑦中跨采用吊架合龙,张拉预应力钢束。

⑧成桥,进行轨道及桥面系的施工。

7.2.6　总体计算结果

1)有限元模型

采用大型有限元分析软件 Midas Civil 对全桥整体进行分析。在实际建模分析过程中,对主梁、桥墩采用三维梁单元模拟,各个构件截面特性按照结构的实际尺寸进行取值。主桥主梁共划分为 190 个节点、189 个单元。有限元模型如图 7.10 所示。

图 7.10　有限元模型

2)计算结果

经计算分析,桥梁结构强度都满足规范要求。下面列出主梁刚度及索力和断索工况计算结果:

(1)运营期主梁刚度计算结果

①竖向挠度验算。

根据《城市轨道交通桥梁设计规范》(GB/T 51234—2017)第 6.0.3 条的规定:轨道交通专用桥,桥跨结构在列车静活载作用下,其竖向挠度应满足 $[D] = L/600$。

从而,135 m 边跨:

$$D_{max} = 66 \text{ mm} \leqslant [D] = \frac{135\,000}{600} \text{mm} = 225 \text{ mm}(满足)$$

250 m 中跨:

$$D_{max} = 154 \text{ mm} \leqslant [D] = \frac{250\,000}{600} \text{mm} = 417 \text{ mm}(满足)$$

②横向挠度验算。

梁体在摇摆力、离心力和风力的作用下,横向水平挠度为:

$$24 \text{ mm} \leqslant [D] = \frac{250\,000}{4\,000} \text{mm} = 62.5 \text{ mm}(满足)$$

(2)斜拉索

①索力计算,如图 7.11 所示为斜拉索编号示意图。

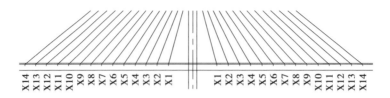

图 7.11　斜拉索编号示意图

索力验算：如图 7.12 所示为不同工况下的索力分布图，斜拉索安全系数 K 在 2.9~3.8 范围内，均大于限值 $[K]=2.5$，满足规范要求。

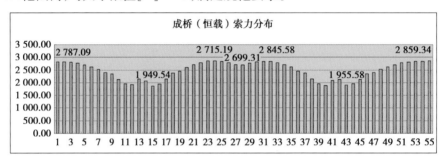

（a）成桥索力分布

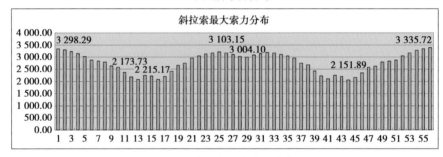

（b）运营状态最大索力分布

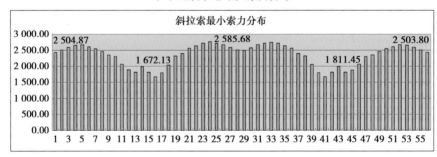

（c）运营状态最小索力分布

图 7.12　不同工况下的索力分布图

②换索、断索工况。

斜拉索及断索工况下的索力、应力验算，考虑某一根斜拉索单侧断裂或更换，以下计算为考虑 X1,X7,X14 单侧断裂的包络值，如图 7.13 所示。

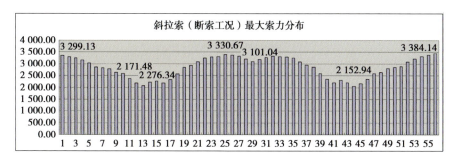

图 7.13　断索工况最大索力分布图

断索工况验算:斜拉索安全系数 K 在 2.8~3.7 范围内,均大于限值 $[K]=2.5$,满足规范要求。

经计算,当主桥中跨 X14 号拉索单侧断裂的情况为最不利时,该工况主梁最不利应力出现在跨中下缘位置,如图 7.14 所示,相应的工况为单侧拉索突然断裂,同时双线列车运营,对应风力最大。最大拉应力出现在跨中下缘位置,大小为 0.8 MPa,该应力满足可出现拉应力但不开裂的构件限值。基于此,在断索工况下,列车可正常运营。

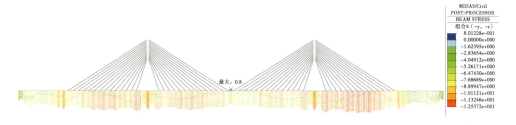

图 7.14　主梁下缘应力分布

7.2.7　运营验证

1)基于成桥荷载试验的验证

为确定蔡家轨道专用桥运营状况及使用条件,为投入运营提供科学依据,开展了成桥荷载试验,结果表明:

①该桥静载试验荷载效率介于 0.91~0.96;主塔、主梁控制截面挠度校验系数为 0.60~0.89,实测最大相对残余变形小于 20%;主塔、主梁、横隔梁控制截面应力校验系数为 0.54~0.91,实测最大相对残余应力小于 20%;斜拉索索力增量校验系数为 0.67~0.90,实测相对残余索力小于 20%。

②实测的各阶阻尼比介于正常范围之内,动力特性正常;实测动应力增大系数 k 值为 1.00~1.03,满足要求。由此,桥梁结构整体的强度和刚度满足设计荷载及正常使用要求,结构基本动力特性指标良好,可按设计荷载投入使用。

2)基于运营安全监测的验证

蔡家轨道专用桥于 2014 年 1 月 1 日投入运营,现场布设了安全监测系统,构建了监测云平台,如图 7.15 所示。

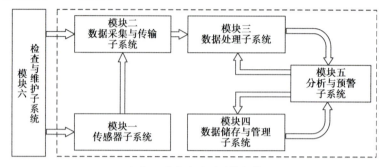

（a）运营安全监测系统架构

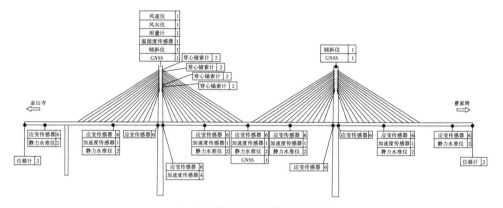

（b）运营安全检测传感设备布置

（c）安全监测云平台

图 7.15　蔡家轨道专用桥安全监测系统

依据运营安全监测系统持续采集的信息,经分析处理,桥梁结构静力特性和动力特性指标良好,能够满足正常使用要求,以 GNSS 系统采集的主梁跨中空间变形信息(按间隔 10 s 采集一次,取其中一天的监测信息)为例,实测与理论分析的对比结果如图 7.16 所示。

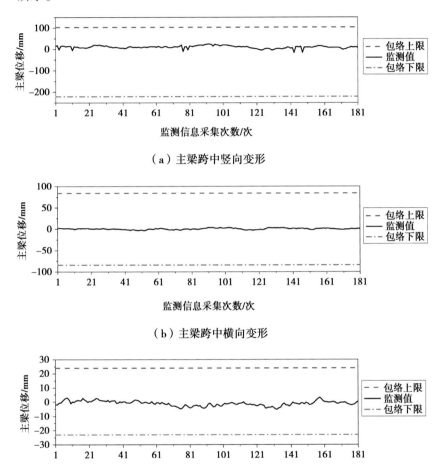

（a）主梁跨中竖向变形

（b）主梁跨中横向变形

（c）主梁跨中纵向变形

图 7.16　蔡家轨道专用桥跨中变形监测与分析

由图 7.16 可知,蔡家轨道专用桥主梁实测竖向、横向、纵向变形均在理论分析包络范围内,主梁刚度处于正常状态。

7.3　南纪门轨道专用桥设计

7.3.1　桥梁特点

南纪门轨道专用桥跨越重庆城市核心区内长江河道,桥址处成 U 形河槽,主航道偏置南岸侧,江面开阔,高水位期江面宽约 850 m,两岸山体巍峨、高楼林立。根据通航条件要求,上游为石板坡长江大桥,主跨 330 m 连续刚构桥;菜园坝长江大桥,主跨 420 m 中承式拱桥,如图 7.17 所示。南纪门轨道专用桥穿南滨国际裙楼,主跨不得小于 480 m,从工程实施角度采用斜拉桥是最合理可行的桥型方案,但斜拉桥高耸的桥塔和密集的索面,对城市天际线的影响在所有桥型中无疑是最显著的。南纪门轨道专用桥建设边界条件复杂,需要综合考虑地形限制、通航要求、技术条件、景观风貌等因素,处理好城市区域空间环境的关系。针对城市景观环境、声环境、交通环境的影响开展对城市环境最友好的设计。

图 7.17　周边桥梁(右上为菜园坝长江大桥、中为石板坡长江大桥、左下为南纪门轨道专用桥)

7.3.2　总体设计

主桥为五跨高低塔双索面斜拉桥,跨径布置为 34.5 m+180.5 m+480 m+205 m+105 m= 1 005 m,引桥为三跨 3×70 m 组合结构桥梁等截面连续梁桥,主桥和引桥主梁均采用钢箱叠合梁的形式,桥塔为门形桥塔形式,如图 7.18 所示。

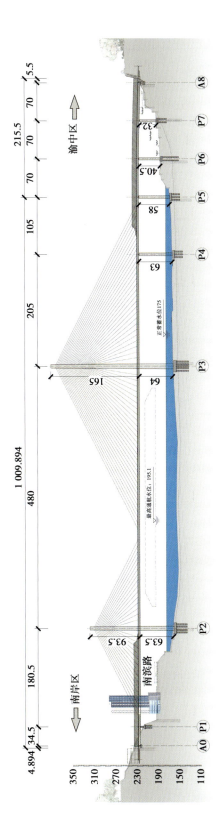

图7.18　桥型立面布置图（单位：m）

主桥横断面布置为 2.8 m(拉索区兼检修道)+16.2 m(轨行区) +2.8 m(拉索区兼检修道)= 21.8 m,如图 7.19 所示。

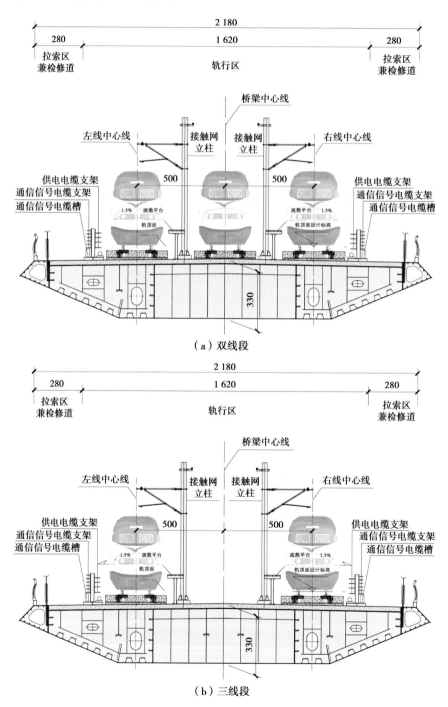

图 7.19　主桥横断面布置图(单位:cm)

7.3.3 主要结构设计

1）主梁构造设计

主桥主梁全长 1 004.04 m,共设 99 个施工节段,21 种节段类型。主梁顶板设双向 1.5%横坡,底板水平,桥梁中心线处整体梁高全桥均为 3.3 m。主桥三线及双线区间典型横断面,如图 7.20 所示。

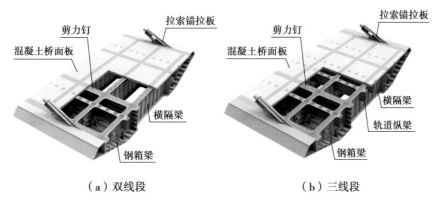

（a）双线段　　　　　　　　　　（b）三线段

图 7.20　主梁三维示意图

钢主梁标准节段长 10.5 m,桥塔根部及左右相邻两个节段长均为 6.5 m,主跨跨中节段长 9.0 m,A0 桥台处端部钢梁节段 5.035 m,P5 桥墩处端部节段 5.535 m。钢梁梁高 2.84~3.02 m,钢梁全宽 20 m(不含风嘴),采用分离式钢箱梁。箱梁水平底板宽 2.0 m,斜底板水平投影宽 3.97 m,斜率为 1:0.41,外侧腹板高 1.522 7 m(以拉索腹板中心线为准)。箱梁顶板厚 20~28 mm,底板厚 16~20 mm,内侧腹板厚与顶板相同,外侧腹板厚 30~50 mm;每条钢轨下设置腹板或轨道梁,钢箱梁内侧腹板与轨道钢轨对应。轨道梁梁高 1.4 m,顶板与钢箱梁顶板等厚,宽 500 mm,腹板厚 16 mm,底板厚 24 mm,宽 260 mm;底板采用 U 肋加劲,U 肋高 260 mm,板厚 8 mm,底宽 400 mm,U 肋之间间距 750 mm;顶板设置剪力钉,通过现浇桥面板与钢梁形成钢-混叠合结构。剪力钉采用圆柱头焊钉,规格为 $\phi22×160$ mm,间距 150~240 mm;主梁横隔板标准间距 3.5 m,桥塔根部隔板间距为 2.5 m 和 3.0 m,A0 桥台处最端部两个隔板间距 2.5 m,P5 桥墩处端部两隔板间距 2.75 m。与拉索对应的隔板厚 16 mm,普通隔板厚 12 mm。支座隔板距梁端 0.785 m;风嘴内侧腹板高 1.522 7 m(以拉索腹板中心线为准),顶底板及腹板厚均为 10 mm,采用板肋加劲,板肋厚 8 mm、高 80 mm。

2）主塔结构设计

P2 南桥塔为矮塔,桥塔总高 158 m(不含 2 m 塔座)。桥塔顺桥向尺寸变化采用单一斜率 106.67:1,沿塔柱高度方向从塔顶 7 m 线性变化至塔底 9.936 m;桥塔横桥向尺寸外轮廓采用单一斜率 40∶1,内轮廓中横梁以上斜率为 100∶1,中横梁以下斜率为 25∶1;P3 北桥塔为高塔,桥塔总高 227 m(不含 2 m 塔座)。桥塔顺桥向尺寸变化采用单一斜率 114.50∶1,沿塔柱高度方向从塔顶 8 m 渐变到塔底 11.965 m;桥塔横桥向尺寸外轮廓采用单一斜率 40∶1,内轮廓中横梁以上斜率为 100∶1,中横梁以下斜率为 40∶1。

塔柱横向分两肢,塔柱截面采用四边形空心薄壁普通钢筋混凝土结构,除外侧为半径 R=7.25 m 圆弧外,其余边均为直线。上塔柱标准段除外侧圆弧边壁厚为 80 cm,其余三侧壁厚均为 120 cm,下塔柱四侧壁厚均采用 120 cm。

矮塔冠上横梁高 7.0 m,高塔冠上横梁高 8.0 m。设计考虑景观需求,平面线性采用圆弧接斜线的箱形变截面形式,直线段斜率为 5∶1,横梁中部宽度矮塔为 3.037 m,高塔为 3.987 m,与塔柱交接处宽度矮塔为 5.637 5 m,高塔为 5.572 m,截面采用单箱单室截面,底板及腹板厚均为 80 cm,腔室内设置 50 cm×50 cm 倒角。

7.3.4 关键构造设计

梁上锚固经多方面比较分析,采用单锚拉板式索梁锚固结构设计,锚拉板嵌入边腹板内,两侧与边腹板熔透焊接,锚拉板厚为 50 mm,根据索力情况加劲板分为 40 mm 和 30 mm 两种。单锚拉板三维示意图,如图 7.21 所示。

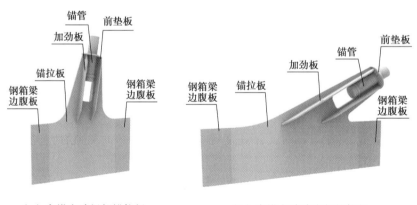

（a）高塔主跨根部锚拉板　　（b）高塔主跨跨中锚拉板

图 7.21　锚拉板三维示意图

7.3.5 桥梁关键施工流程

南纪门轨道专用桥施工主要分为以下 13 个关键步骤:
①施工进场,三通一平。P2,P3,P4 基础钢围堰位置实施水下爆破、钢围堰工厂加

工,钢围堰浮运并下放到位,插打钢护筒,浇筑封底混凝土。搭设施工栈桥及施工作业平台,如图 7.22 所示。

②钢围堰内施工桩基础、承台及塔座;选择枯水期,筑岛实施 P5 墩基础。施工其余桩基础、浇筑承台,其中,A0 台、P1 墩待车站平场到位后施工,P7 墩待雷家坡立交改造工程基坑开挖到停车场设计标高并支护到位后施工。

③安装塔吊,用爬模法逐节段施工塔柱和墩柱。

④完成桥墩施工,拆除桥墩塔吊,继续爬模施工主塔。P5 桥墩架设顶推支架和提升站,在 A8 台附近架设临时支墩,安装步履式顶推设备,蓄水期间通过船舶将梁段运输至桥位处,通过提升站起吊钢梁逐段拼装顶推。拆除 P4 钢围堰,安装 P2,P3 塔旁托架,托架上安装无索区梁段。安装起梁挂篮装置,如图 7.23 所示。

⑤爬模完成 P2 主塔施工。爬模完成 P3 主塔施工。引桥:继续向渝中侧方向实施连续顶推,后继梁段继续拼接。

⑥P2 和 P3 主塔侧钢箱梁船运至起吊位置,利用挂篮起吊并安装钢箱梁、铺设混凝土桥面板、浇筑湿接缝,待混凝土强度达到 95% 后,安装并张拉斜拉索,挂篮行走重复上述步骤,悬臂拼装施工有索区梁段;引桥:继续向渝中侧方向实施连续顶推,后继梁段继续拼接;导梁抵达临时支墩后,适时截断导梁。

⑦主桥按照前述步骤继续施工梁段:钢梁起吊→钢梁安装→预制桥面板安装→浇筑现浇缝→挂索、张拉→挂篮行走。引桥:钢梁顶推到位,如图 7.24 所示。

⑧主桥按照前述步骤继续施工梁段。引桥 P6 和 P7 墩顶顶升后,按顺序安装预制桥面板、张拉预应力钢束,完成引桥主体结构施工。

⑨主桥:按照前述步骤继续施工梁段。主跨侧低塔最后 2 个索段(SMC15 和 SMC16 索段)和高塔最后 10 个索段(NMC18～NMC27 索段)施工时,每延米配重 110 kN。

⑩按照前述步骤继续施工主桥梁段。A0～P1 对应节段位置设置临时支墩,临时支墩墩顶高程按照 P1 墩临时支撑高度比成桥状态高 30 cm 的原则进行设置,完成 A0～P1 边跨无索区主梁节段拼装。

⑪拆除 P2 桥塔悬臂挂篮,继续施工主桥梁段,P4 墩顶设置 25 cm 高度临时支撑,提供 P4 墩顶梁段临时向上 25 cm 的顶升量。P5 墩支架上安装无索区梁段。边跨完成,拆除 P1 和 P4 墩顶临时支撑落梁至设计标高。张拉 P1 和 P4 墩顶范围混凝土桥面板预应力钢束,全桥合龙,张拉跨中桥面板合龙钢束。

⑫拆除桥面板挂篮,拆除临时支架,施工桥塔涂装、景观照明、桥面附属工程。

⑬拆除塔吊、塔旁托架、钢围堰、P5 筑岛围堰、栈桥等。清理施工现场,交付施工轨道桥面系统。荷载试验,竣工验收。

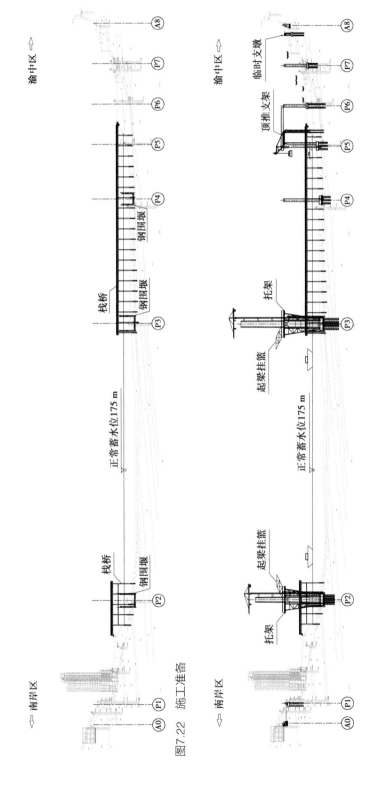

图7.22 施工准备

图7.23 主塔施工、起吊顶推引桥钢梁

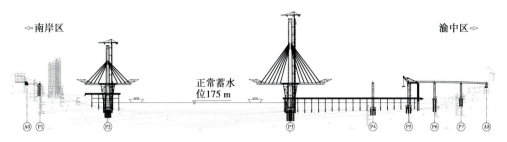

图 7.24 主梁吊装, 引桥顶推到位

7.3.6 总体计算结果

1) 有限元模型

结构计算采用 TDV RM 程序。由于本桥为空间结构, 考虑荷载的空间效应, 同时也为横桥向风荷载作用下索塔的设计及抗风支座的选用提供依据, 采用了三维有限元模型计算, 如图 7.25 所示。

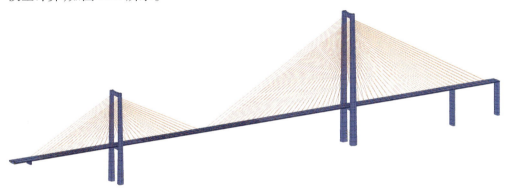

图 7.25 有限元模型

计算中斜拉索采用索单元, 桥塔和主梁采用梁单元。三维静力计算结构离散图如图 7.25 所示, 采用双主梁模型进行模拟。

边界条件:

①索塔塔底为固结。

②墩台顶、低塔下横梁顶均设置双向支座, 高塔下横梁顶设置单向(约束纵向)支座。

③各竖向支座处均设置横向抗风支座。

2) 计算结果

经计算分析, 桥梁结构强度都满足规范要求。以下列出主梁刚度及索力和断索工况计算结果:

①竖向刚度 $0.576/480 = 1/833$,小于 $1/600$,满足规范要求。
②横向刚度 $0.112/480 = 1/4\,285$,小于 $1/4\,000$,满足规范要求。
③梁端竖向转角最大值 $2.9‰$ rad,不大于 $3‰$ rad,满足规范要求。

7.4　高家花园轨道专用桥设计

7.4.1　桥梁特点

高家花园轨道专用桥为双塔三跨斜拉桥,其边跨与主跨跨径比宜为 $0.33\sim0.50$。其中,钢主梁宜为 $0.30\sim0.40$;组合梁宜为 $0.40\sim0.50$;混合梁宜为 $0.30\sim0.45$;混凝土主梁宜为 $0.40\sim0.45$。高家花园轨道专用桥虽然主跨只有 340 m,但受两边地形限制,边中跨比南岸 0.353、北岸 0.344,主梁基本上选择钢主梁和混合梁。

7.4.2　体设计

高家花园轨道专用桥主桥采用 52 m+68 m+340 m+66.5 m+50.5 m 双塔双索面混合梁斜拉桥,边跨设置辅助墩。边跨为混凝土箱梁,中跨为钢箱梁。斜拉索在中跨主梁上的纵向标准索距为 12.0 m,在边跨的标准间距为 8.0 m。塔侧第一对斜索在主梁上的锚固点距主塔中心线边中跨分别为 14.5 m 和 20.0 m,跨中设 12 m 无索区,如图 7.26 所示。

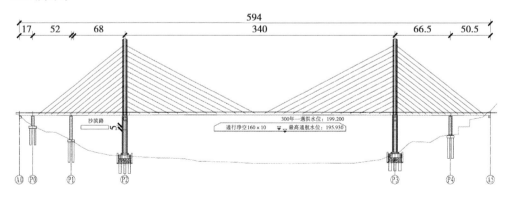

图 7.26　桥型立面布置图(单位:m)

南引桥长 17.0 m,为了保持外观统一,引桥也采用与主桥边跨相同的混凝土箱梁。

主桥结构采用半漂浮体系。主梁于主塔 P2 墩处设置固定支座,其余主塔墩、辅助墩及桥台处均设单向活动支座,约束主梁竖向、横向及绕桥轴线的转动位移,五跨连续体系。

7.4.3　主要结构设计

1)主梁

斜拉桥主梁采用正交异性桥面板流线型扁平钢箱梁,桥梁中心线处梁高 3 m,全宽 19.6 m(包括风嘴),宽高比 B/H=6.53,设有双向 1.0% 的横坡,如图 7.27(a)所示;边跨混凝土箱梁外轮廓尺寸及拉索的横向布置均与中跨钢箱梁相同,在轨道线处设置腹板,将箱梁分成单箱三室断面。箱梁顶底板厚均为 28 cm,腹板厚 40 cm,如图 7.27(b)所示。

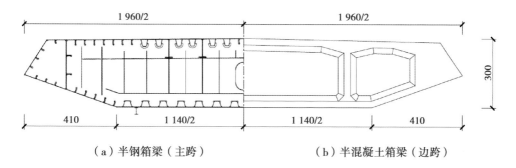

（a）半钢箱梁（主跨）　　　　　（b）半混凝土箱梁（边跨）

图 7.27　标准横断面布置图(单位:cm)

2)主塔

高家花园大桥采用组合式桥塔,下部是整体箱形塔柱,上部是 H 型钢筋混凝土塔柱,下横梁将塔柱连成整体,塔柱分为上下两个部分,如图 7.28 所示。

下部塔在高程 197.54 m 之下为单箱四室空心柱,顺桥向宽 7.0 m,横桥向宽 25.7 m。两端采用圆弧形断面壁厚为 1.3 m,箱内设顺桥向横隔墙,横隔墙厚为 0.6 m。单箱四室空心柱 P2 高为 28.5 m,P3 高为 27.0 m。下塔柱空腔回填 C20 混凝土,回填高程为 197.54 m。

下塔柱 197.54 m 高程之上为竖直的等截面空心柱,下面 5 m 高为实心断面,之上为空心薄壁断面,塔柱短边为圆弧形,长边为直线,顺桥向 7.0 m,横桥向 4.5 m,总高为 10.0 m。

下横梁是使塔横向成为整体的重要构件,单室箱梁。箱梁截面高为 6 m,宽为 5.5 m,顶底板厚均为 0.8 m,腹板厚为 1.2 m。因为下横梁受力较大,在下横梁中采用单向预应力体系,以满足下横梁的受力要求。

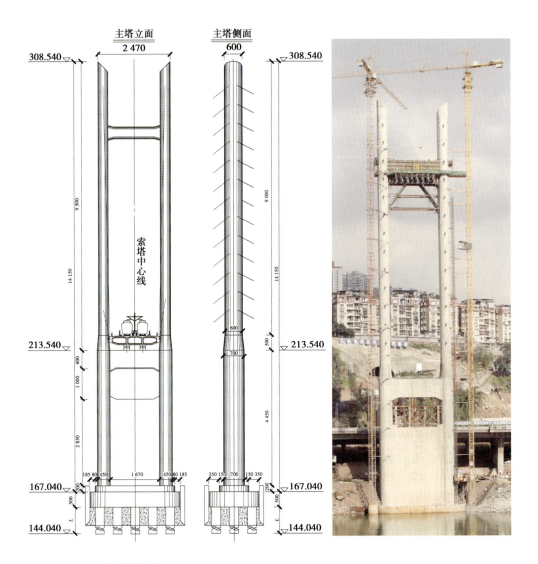

图 7.28　主塔构造图(单位:cm)

　　上塔柱为竖直的等截面单箱单室空心柱,左右各一,塔柱短边为圆弧形,长边为直线,顺桥向 6.0 m,横桥向 3.5 m,壁厚 0.8 m。上塔柱高为 95.0 m,在塔柱 69.5 m 处设置了上横梁,将左右塔肢连接成整体,增强抗风能力,每塔肢共设置两道横隔板。

　　上塔柱两塔肢之间设置了上横梁,上横梁顶面高程为 287.540 m。采用单室箱梁,箱梁截面高为 4.0 m,宽为 4.6 m,顶底板及腹板厚均为 0.8 m。

　　主塔索锚区采用预应力锚固形式。

7.4.4　关键构造设计

主桥在 P2 和 P3 主塔除设置有两道钢-混结合段外,主梁钢-混结合段位于主跨侧,离主塔中心线 6.0 m,采用填充混凝土后面钢板式的结合段主梁构造形式,结合段长 6.8 m,其中,2.9 m 为填充混凝土段,2.6 m 为钢箱梁加强段。钢箱梁与厚为 60 mm 的厚钢板相连,顶底板伸入混凝土梁段 2.9 m,在混凝土横梁内通过钢板、剪力钉和 PBL 键在顶底板位置各形成 2.9 m 厚隔舱,同时与混凝土横梁接触的钢板表面焊有 22 mm×180 mm 的剪力钉,以增强与混凝土的黏结力。在钢箱梁加强段,采取在 U 型肋上增加 T 型加劲肋,增大了厚钢板承压面积的加强措施。同时在结合面配置 ϕ15.2 钢绞线,一端锚固在钢格室 60 mm 厚的厚钢板及混凝土横梁端部钢板上,另一端设齿板锚固在混凝土跨侧,如图 7.29 所示。

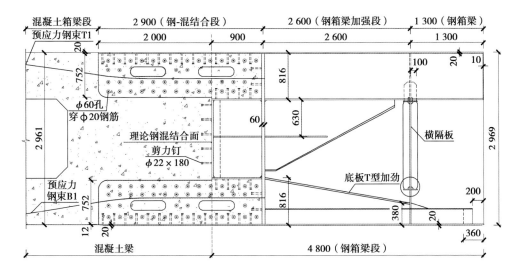

图 7.29　钢-混接头构造图(单位:mm)

7.4.5　桥梁关键施工流程

主桥施工分为 8 个关键步骤,具体如下:

①围堰施工水中基础,施工栈桥及岸上基础,施工主塔基础,施工辅助墩基础及墩身。索塔施工的同时,插打辅助钢管桩,吊安桁架搭设混凝土主梁现浇支架。安装辅助墩支座,铺设主梁模板,绑扎钢筋,浇筑主梁第一节段混凝土,强度达到设计要求后张拉预应力,如图 7.30 所示。

②搭安装主塔墩及辅助墩支座;铺设主梁模板,绑扎钢筋,浇筑主梁第二节段混凝土,张拉相应预应力。

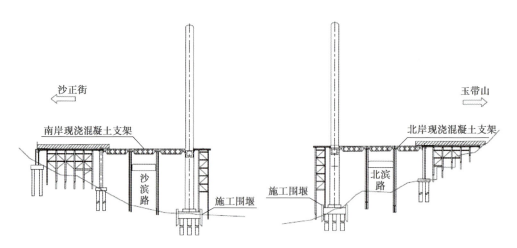

图7.30 主桥设计张拉预应力

③采用浮吊吊安钢-混结合段于现浇支架顶,精确调整就位;铺设主梁模板,绑扎钢筋,浇筑主梁结合段混凝土,张拉相应预应力,完成混凝土箱梁全部施工;完成塔、梁临时固结。

④采用浮吊起吊中跨钢箱梁段于支架顶,利用滑轨平移就位,调整梁段斜率,与钢-混结合段先临时连接,精确调整梁段间缝宽至设计值后,完成全截面焊接;采用浮吊和塔吊起吊拼装中跨侧桥面吊机,如图7.31所示。

图7.31 钢箱梁吊装

⑤桥面吊机调试完毕,前移就位;对称挂设 1 号斜拉索,进行第一次张拉,准备起吊钢箱梁节段进行悬拼。

⑥从 2 号索梁段开始,采用桥面吊机起吊 Z_i 索梁段就位,调整梁段斜率,与 Z_{i-1} 号索梁段临时连接,精确调整相邻梁段间缝宽至设计值,完成全截面焊接,第一次张拉 B_i 和 Z_i 号斜拉索;桥面吊机前移就位,第二次张拉 B_i 和 Z_i 号斜拉索;重复以上步骤,继续施工其他梁段及斜拉索至中跨合龙,如图 7.32 所示。

图 7.32　吊装中跨钢主梁

⑦在稳定的温度时段内多次测量中跨合龙缝长度,换算至设计合龙温度时的长度,依此确定合龙段下料长度;在一较低的温度区间采用中跨合龙段两端桥面吊机同步起吊合龙段至设计位置完成临时连接,待温度达到设计合龙温度时,精确调整焊缝宽度,进行全截面焊接,及时解除塔梁临时固结,完成中跨合龙;拆除桥面吊机;拆除混凝土主梁现浇支架。

⑧安装斜拉索减震设施;完成铺轨、桥面系及附属工程施工;竣工加载试验;全桥竣工通车,如图 7.33 所示。

图 7.33 铺轨及附属工程施工

7.4.6 总体计算结果

1）有限元模型

采用 Midas Civil 建立全桥模型。采用弹性连接模拟主梁支座,各墩台处均为双支座,其中一个为横桥向活动支座;P2 塔为顺桥向固定支座,P3 塔和其他墩台为顺桥向活动支座,如图 7.34 所示。

2）计算结果

（1）塔柱验算

①索塔截面在主力+附加力最不利组合下混凝土最大压应力为 18.56 MPa,小于规范限值 21.84 MPa,满足规范要求。

②索塔截面在主力+附加力最不利组合下混凝土最大主拉应力为 2.38 MPa,小于规范限值 2.79 MPa,满足规范要求。

③索塔截面裂缝最大宽度为 0.17 mm,小于规范限值 0.2 mm,满足规范要求。

④索塔截面最大稳定性应力为 8.73 MPa,小于规范限值 17.42 MPa,满足规范要求。

⑤索塔截面钢筋最大压应力为 148 MPa,钢筋最大拉应力为 236 MPa,小于规范限值 270 MPa,满足规范要求。

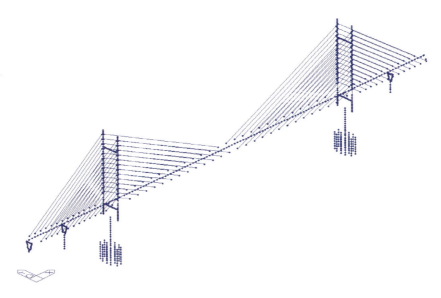

图 7.34　有限元模型

（2）斜拉索验算

①运营阶段,斜拉索索力强度最小安全系数为 2.8,满足规范要求。

②运营阶段,斜拉索索力荷载最大应力为 129 MPa,满足规范要求。

③施工阶段,斜拉索索力强度最小安全系数为 3.3,满足规范要求。

（3）稳定性验算

①施工阶段,恒载+施工风荷载,最小安全系数为 22。

②运营阶段,恒载+极限风荷载,最小安全系数为 21。

（4）钢箱梁验算

①主力组合作用下顶板最大压应力为-70.3 MPa,最小压应力为-4.5 MPa。规范限值为 200 MPa,满足规范要求。

②主力组合作用下底板最大压应力为-122.1 MPa,最大拉应力为 54.9 MPa。规范限值为 200 MPa,满足规范要求。

③主力组合作用下最大剪应力为 14.9 MPa,最小剪应力为-15.4 MPa。规范限值为120 MPa,满足规范要求。

④主力+附加力组合作用下顶板最大压应力为-127.8 MPa,最大拉应力为 28.6 MPa。规范限值为 240 MPa,满足规范要求。

⑤主力+附加力组合作用下底板最大压应力为-167.5 MPa,最大拉应力为 96.9 MPa。规范限值为 240 MPa,满足规范要求。

⑥主力+附加力组合作用下最大剪应力为 24.9 MPa,最小剪应力为-21.8 MPa。规范限值为 144 MPa,满足规范要求。

（5）刚度验算

①混凝土主边跨列车活载计算最大挠度为 3.3 cm，小于规范挠度限值 11.3 cm，满足规范要求。

②混凝土次边跨列车活载计算最大挠度为 1.3 cm，小于规范挠度限值 8.6 cm，满足规范要求。

③主跨列车活载最大挠度为 39.9 cm，小于规范挠度限值 56.7 cm，满足规范要求。

④混凝土主边跨横向荷载组合最大横向位移为 0.7 cm，小于规范横向刚度限值 1.7 cm，满足规范要求。

⑤混凝土次边跨横向荷载组合最大横向位移为 0.3 cm，小于规范挠度限值 1.3 cm，满足规范要求。

⑥钢主梁最大横向位移为 7.9 cm，小于规范挠度限值 8.5 cm，满足规范要求。

⑦运营阶段主力+附加力组合，梁端位移−0.32 m<−0.22 m～+0.17 m<0.32 m，满足规范要求。

⑧荷载作用下南岸梁端最大转角为 0.38‰，北岸梁端最大转角为 0.45‰，小于限值 3‰，满足规范要求。

⑨两轨动态不平顺度为 3.5 mm，小于限值 6 mm，满足规范要求。

参考文献

［1］王应良，高宗余. 欧美桥梁设计思想［M］. 北京：中国铁道出版社，2008.

［2］张喜刚，赵君黎，李文杰. 世界长大桥梁最新统计排名［J］. 桥隧产业资讯，2018（35）：4-6.

［3］中华人民共和国住房和城乡建设部.城市轨道交通桥梁设计规范：GB/T 51234—2017［S］.北京：中国建筑工业出版社，2017.

［4］林同棪国际工程咨询(中国)有限公司，重庆轨道交通六号线二期工程.蔡家嘉陵江轨道专用桥施工图设计［Z］.重庆：林同棪国际工程咨询（中国）有限公司，2010.

［5］林同棪国际工程咨询(中国)有限公司，重庆轨道交通十号线二期工程.南纪门长江轨道专用桥施工图设计［Z］.重庆：林同棪国际工程咨询（中国）有限公司，2018.

［6］招商局重庆交通科研设计院有限公司，重庆轨道交通环线工程.高家花园轨道专用桥施工图设计［Z］.重庆：招商局重庆交通科研设计院有限公司，2014.

第8章 自锚悬索创纪录

8.1 概述

　　一般悬索桥的主要承重构件主缆都锚固在锚碇上,有时为满足特殊的设计要求,也可将主缆直接锚固在加劲梁上,从而取消了庞大的锚碇,变成了自锚式悬索桥。

　　19世纪后半叶,奥地利工程师约瑟夫·朗金和美国工程师查理斯·本德分别独立地构思出自锚式悬索桥的造型。本德在1867年申请了专利,朗金则在1870年在波兰建造了一座小型的铁路自锚式悬索桥。到20世纪,自锚式悬索桥已经在德国兴起。1915年,德国设计师在科隆的莱茵河上建造了第一座大型自锚式悬索桥——科隆-迪兹桥,工程师们之所以选择这种桥型是因为受地质条件的限制,该桥主跨185 m,用木脚手架支撑钢梁直到主缆就位。此后,美国宾夕法尼亚州的匹兹堡跨越阿勒格尼河的3座桥和在日本东京修建的清洲桥都受科隆-迪兹桥的影响。虽然科隆-迪兹桥1945年被毁,但原桥台上的钢箱梁仍保存至今。匹兹堡的3座悬索桥比科隆-迪兹桥的跨径要小,但施工技术比科隆-迪兹桥有了更大的进步。科隆-迪兹桥建成后的25年内德国莱茵河上又修建了4座悬索桥,其中,最著名的是1929年建成的科隆-米尔海姆桥,该桥主跨315 m,虽然该桥在1945年被毁,但它仍然保持着自锚式悬索桥的跨径纪录直至爱沙尼亚穆胡岛桥建成480 m主跨桥。

　　2002年7月,世界上第一座钢筋混凝土材料的自锚式悬索桥——金石滩金湾桥在大连建成,为该类桥型的研究提供了宝贵的经验。此后在吉林、河北、辽宁又有4座钢筋混凝土自锚式悬索桥建成。2004 年建成通车的天津子牙河大桥采用钢箱梁加劲,主跨为 100 m,开始了国内钢结构加劲梁自锚式悬索桥的历史。2006 年建成通车的佛山平胜大桥主跨达 350 m,也是当时国内跨度的纪录。2013 年建成通车的郑州桃花峪黄河公路大桥,主跨突破400 m。同时 2013 年建成通车的福州螺洲大桥是国内首座三塔自锚式悬索桥。国内自锚式悬索桥发展统计表,见表 8.1。到目前,2019 年建成通车的600 m主跨重庆鹅公岩长江轨道专用桥已是世界最大跨度的自锚式悬索桥,如图 8.1 所示。

表 8.1　国内自锚式悬索桥发展统计表

序号	桥名	桥梁功能	跨径布置/m	桥面宽度/m	矢跨比	桥塔形式	塔高/m	主梁加劲形式	主缆形式	建成年份/年
1	大连金石滩金湾桥	市政	24+60+24	10	1/8	门形塔	27	混凝土	双主缆	2002
2	延吉局子街桥	市政	69+162+69	21	1/7	门形塔	45	混凝土	双主缆	2003
3	抚顺万新大桥	市政	70+160+70	41	1/6	门形塔	50	混凝土	双主缆	2004
4	天津子牙河大桥	市政	36+100+36	42	1/6.05	门形塔	32	钢箱	双主缆	2004
5	浙江金华康济大桥	市政	36+100+36	31.5	1/7.5	门形塔	31.3	钢-混混合	双主缆	2004
6	浙江江山北关大桥	市政	40+118+40	24	1/7	门形塔	36	混凝土	双主缆	2005
7	长沙湘江三汊矶大桥	市政	70+132+328+132+70	46	1/5	门形塔	106	钢箱	双主缆	2006
8	佛山平胜大桥	市政	39.64+5×40+30+350+30+29.6	52.2	1/12.5	门形塔	142	钢-混混合	三主缆	2006
9	吉林兰旗松花江大桥	公路	90+240+90	28	1/7	H 型塔	73.9	混凝土	双主缆	2007
10	杭州江东大桥	公路	83+260+83	46.5	1/4.5	单柱式	100	钢箱	空间缆	2008
11	广州猎德大桥	市政	47+167+219.47	36.1	1/13.1	门形塔	128	钢-混混合	空间缆	2009

序号	桥名	桥梁功能	跨径布置/m	桥面宽度/m	矢跨比	桥塔形式	塔高/m	主梁加劲形式	主缆形式	建成年份/年
12	南京江心洲大桥	市政	35＋77＋60＋248+35	36	1/12.6	单柱式	107	钢-混混合	空间缆	2009
13	朝阳麒麟大桥	市政	73+180+73	31.5	1/5.5	门形塔	49	混凝土	双主缆	2009
14	青岛海湾大沽河航道桥	公路	80+190+260+80	47.4	1/12.5	单柱式	149	钢箱	空间缆	2010
15	福州鼓山大桥	市政	50+150+235+35	42	1/10	门形塔	136.2	钢-混混合	双主缆	2010
16	庄河建设大街东桥	市政	70+200+70	27	1/5.5	门形塔	54.5	混凝土	双主缆	2012
17	郑州桃花峪黄河大桥	公路桥	160+406+160	39	1/5.8	门形塔	135	钢箱	双主缆	2013
18	福州螺洲大桥	市政	80+168+168+80	43	1/6	H型塔	53.5	钢箱	双主缆	2013
19	吉林雾凇大桥	市政	40+100+220+100+40	32	1/6.9	门形塔	55.5	混凝土	双主缆	2014
20	武汉古田桥	市政	48＋57＋110＋252+110+57+48	42.8	1/6	门形塔	69.6	钢-混混合、混合梁	双主缆	2015
21	银川滨河黄河大桥	公路市政	88+248+248+88	41.5	1/5	H型塔	96	钢-混混合、混合梁	双主缆	2016
22	株洲枫溪大桥	市政	3×45+300+3×45	32	1/5	门形塔	102.4	钢-混混合、混合梁	双主缆	2016
23	重庆鹅公岩长江轨道专用桥	轨道专用	50+210+600+210+50	17	1/10	门形塔	163.9	钢-混混合	双主缆	2019

图 8.1　体系转换后的鹅公岩长江轨道专用桥

8.1.1　自锚式悬索桥的优点

①因为不需要修建大体积的锚碇,所以特别适用于地质条件很差的地区。

②因受地形限制小,故可结合地形灵活布置,既可做成双塔三跨的悬索桥,也可做成单塔双跨的悬索桥。

③对钢筋混凝土材料的加劲梁,由于需要承受主缆传递的压力,刚度提高了,节省了大量预应力构造及装置,同时也克服了钢在较大轴向力下容易压屈的缺点。

④采用混凝土材料可克服以往自锚式悬索桥用钢量大、建造和后期维护费用高的缺点,能取得很好的社会效益和经济效益。

⑤保留了传统悬索桥的外形,在中小跨径桥梁中是很有竞争力的方案。

⑥桥梁外形美观,不仅局限于在地基很差、锚碇修建困难的地区采用。

8.1.2　自锚式悬索桥的缺点

①由于主缆直接锚固在加劲梁上,梁承受了很大的轴向力,为此需加大梁的截面,对钢结构的加劲梁则造价明显增加,对混凝土材料的加劲梁则增加了主梁自重,从而使主缆钢材用量增加,所以采用这两种材料跨径都会受到限制。

②施工步骤受到限制,必须在加劲梁、桥塔做好之后再吊装主缆、安装吊索,因此,需要搭建大量临时支架以安装加劲梁。若增大自锚式悬索桥的跨径,其额外的施工费用就会随之增加。

③锚固区局部受力复杂。

④相对于地锚式悬索桥而言,由于其受主缆非线性的影响,使吊杆张拉时的施工控制更加复杂。

8.2　鹅公岩轨道专用桥设计

8.2.1　桥梁特点

老鹅公岩长江大桥是重庆市直辖后在主城长江上开工建设的第一座特大跨江桥梁。跨径布置为 211 m + 600 m + 211 m,全长 1 022 m,主塔总高 163.48 m,桥面以上塔高 71.97 m,桥面宽 35.5 m,双向 6 车道,并预留轨道交通位置。西岸采用钢筋混凝土重力式锚碇,东岸采用隧道式锚碇。当初预留的轻轨线路,荷载标准、编组形式、客流运量都无法满足城市的发展。经研究分析变更为地铁的设计标准。这样,鹅公岩大桥预留的空间已无法满足地铁建设的需要了,需要专门修建一座轨道专用桥。

鹅公岩轨道专用桥位于老桥的上游 70 m,两桥间距为 45 m,如图 8.2 所示。专用桥全长 1 650.5 m,主桥长 1 120 m,引桥长 530.5 m。其中,主跨为 600 m 的五跨连续钢箱梁自锚式悬索桥,跨径在同类桥梁为世界之最。新建的鹅公岩轨道专用桥与老鹅公岩长江大桥同桥型、同高度,远远望去就像一对孪生兄弟。

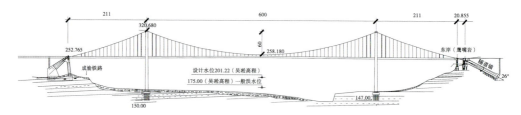

（a）老鹅公岩长江大桥总体布置图（单位：m）

（b）实景图

（c）平面关系图

图 8.2　鹅公岩长江轨道专用桥与老桥关系图

1）新老鹅公岩长江大桥的不同之处

①新桥的桥面比老桥窄一些。

②新桥载轨道列车，老桥载汽车交通。

2）新鹅公岩长江大桥的施工难点

①采用"先斜拉，后悬索"的施工进行体系转换，在国内尚属首例。

②钢箱梁梁体刚度大，单节段质量大，标准节段最大为 410 t。

③老桥的防护难度大，新桥施工安全风险较大。

④施工条件复杂，需跨越南滨路、九滨路、成渝铁路、鹅公岩立交桥。

8.2.2　总体设计

主桥跨径组合为 50 m＋210 m＋600 m＋210 m＋50 m＝1 120 m，共 5 跨。桥面宽 22 m。主梁为钢-混梁混合结构，主墩为钢筋混凝土结构。西引桥长 471.5 m，采用预应力钢筋混凝土连续梁箱梁桥,第一联 39 m+39 m+39 m,第二联 32 m+32 m+32 m,第三联 45 m+45 m+45.85 m,第四联 41.15 m+38.5 m+38 m;东引桥长 59 m,采用预应力钢筋混凝土连续梁箱梁桥+钢筋混凝土板桥结构,跨径布置为 40 m 及6.5 m+6.5 m+6 m 框架式桥台,如图 8.3(a)所示。

主桥桥面布置:B = 2.25 m(索区、风嘴)+0.25 m(栏杆)+2.35 m(人行道)+0.9 m(防撞、隔离带)+10.5 m(轨道限界)+0.9 m(防撞、隔离带)+2.35 m(人行道)+0.25 m(栏杆)+2.25 m(索区、风嘴)= 22.0 m。主缆间距为 19.5 m,吊杆为平行吊杆,为了增加主梁横向刚度,并且减小吊杆对钢梁边腹板的局部弯矩,边腹板贴近吊杆布置,如图 8.3(b)所示。

引桥采用预应力混凝土箱梁,单箱三室,梁高 2.5～2.8 m,梁宽 17 m;桥面宽度布置为 2.35 m(人行道)+0.9 m(防撞、隔离带)+10.5 m(轨行区)+0.9 m(防撞、隔离带)+2.35 m(人行道)= 17 m;引桥第一联由于线间距加大,桥面宽度由 17 m 渐变到约 24 m;引桥距离居住区地段设置全封闭声屏障,如图 8.3(c)所示。

（a）立面布置图（单位:mm）

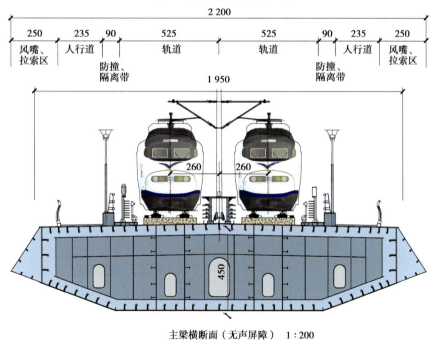

主梁横断面（无声屏障）　1∶200

（b）主桥横断面布置（单位:mm）

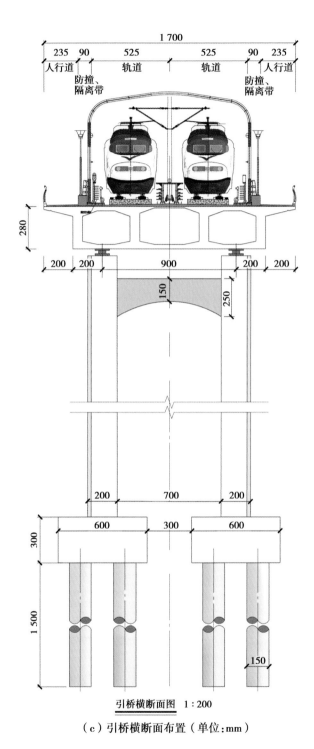

引桥横断面图 1:200

（c）引桥横断面布置（单位:mm）

图 8.3 总体布置图

8.2.3　主要结构设计

1）钢箱梁主要构造

主梁采用扁平钢箱梁,主要轮廓尺寸为:含风嘴全宽 22 m,道路中心线处梁高 4.5 m,顶板设 1.5%横坡,底板水平,如图 8.4 所示。标准节段长度取 15 m,梁上索距 15 m,最大节段质量约 410 t。

主梁钢材:纵向受力构件采用 Q420qD 桥梁用结构钢,横向受力构件及风嘴采用 Q345qD 桥梁用结构钢,顶板为正交异性桥面板,厚 32~34 mm;顶板 I 型加劲肋板厚 25~28 mm,高 260 mm,间距 450~700 mm。

水平底板钢板厚 32~34 mm,斜底板厚度同水平底板;底板 I 型加劲肋板厚 25~28 mm,高 260 mm,间距 450~700 mm。

横断面布置六道纵腹板,均采用整体实腹板,边腹板厚 40 mm,其 I 型加劲肋板厚 30 mm,高 320 mm,共 3 道。中腹板厚 20 mm,采用 T 型加劲肋,共 5 道。

横隔板标准间距为 5 m,横隔板厚度由刚度控制,横隔板厚 14 mm,两道横隔板之间设一道横肋。

钢箱梁为全焊钢结构,梁段工地连接均采用焊接方式。

2）主塔结构

主塔设计主要考虑以下因素:

①新桥塔与老桥塔造型一致,塔顶高度相等。

②新老桥主梁标高基本等高。

③新桥桥塔考虑防船撞因素,在下塔柱增设下横梁一道,也更有利于桥塔自身的比例协调。

西塔塔顶高程 327.9 m,塔底高程 170.0 m,上塔柱 78.47 m,下塔柱 79.43 m,总高 157.9 m,如图 8.5 所示。塔柱矩形空心薄壁形式,横桥向宽 5.0 m,塔底 10 m 段直线渐变到 7.0 m,顺桥向采用变截面形式,塔顶 7.0 m,塔底 10.0 m。桥塔分为下塔柱、下横梁、中横梁、上塔柱和上横梁 5 部分,上塔柱壁厚 1~1.2 m,下塔柱壁厚 1.2~1.4 m,横梁壁厚均为 1 m,中横梁以下为下塔柱,中横梁以上为上塔柱,桥塔及横梁均采用 C50 混凝土。上横梁和中横梁采用横向预应力结构。

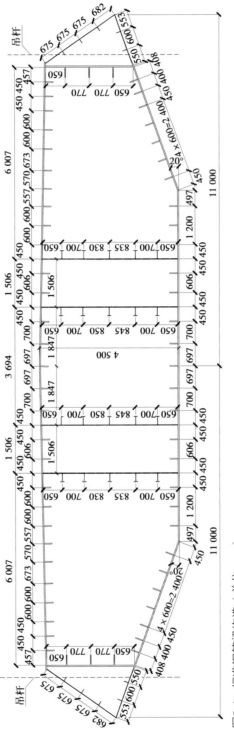

图8.4 标准钢箱梁构造（单位：mm）

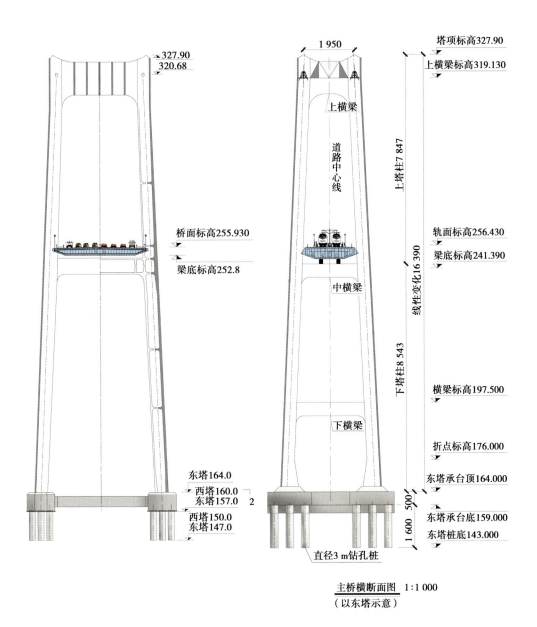

图 8.5　主塔构造（单位：m）

　　东塔塔顶高程 327.9 m，塔底高程 164.0 m，上塔柱78.47 m，下塔柱 85.43 m，总高 163.9 m。塔柱矩形空心薄壁形式，横桥向总宽 5.0 m，塔底 10 m 段直线渐变到 7.0 m，顺桥向采用变截面形式，塔顶 7.0 m，塔底 10.0 m。桥塔分为下塔柱、下横梁、中横梁、上塔柱和上横梁 5 个部分，上塔柱壁厚 1~1.2 m，下塔柱壁厚 1.2~1.4 m，横梁壁厚均为 1 m，中横梁以下为下塔柱，中横梁以上为上塔柱，桥塔及横梁均采用 C50 混凝土。

3）缆吊系统设计

（1）缆索系统总体布置

缆吊系统包括主缆、吊索、索夹、主鞍座和散索套等组成部分。

本桥主缆由 3 跨组成，边跨理论跨径 210 m，主跨理论跨径 600 m，主跨的理论垂跨比为 1∶10。

主缆为悬索桥的主要承重构件。本桥主缆为三跨平面缆面，主缆在横断面上布置为平行双缆面，中心距为 19.5 m。塔顶设主索鞍，主缆通过索鞍绕至边跨，边跨主缆通过散索套分散锚固在主梁上，全桥满跨设吊索，主缆线型为分段悬链线。

主跨顺桥向设 61 个吊索吊点，边跨 11 个，主跨 39 个。顺桥向相邻两吊点标准间距为 15 m，全桥共 122 个吊索吊点，同一吊点设单根吊索，共计 122 根吊索。

（2）主缆构造

主缆采用悬索桥主缆的常规设计方法，即中跨、边跨连续主缆，主塔顶部设置主索鞍，主梁端部设置散索套和锚碇，主缆通过主索鞍转向并经散索套发散后直接锚固在主梁端部的混凝土实体上。主缆共 2 根，每根主缆由 91 束索股组成，每束索股含 127ϕ5.2 mm 锌铝合金镀层高强钢丝，热铸锚具。

主缆采用国内较为成熟的 PPWS 法施工，工厂预制平行钢丝索股，现场在施工步道上逐股安装架设。自锚式悬索桥主缆索股应尽可能地组成正六边形，以方便紧缆挤圆；根据上述原则同时考虑主缆索股制作、安装架设和锚固构造等因素，每根主缆由 91 根索股组成，如图 8.6 所示，每股含 127ϕ5.2 mm 的锌铝合金镀层高强钢丝，钢丝强度为 1 860 MPa，共 11 557 丝，这样索股竖向排列成尖顶的正六边形，紧缆后主缆为圆形。在梁端锚固处，主缆经散索套发散成 91 根索股，按变形六边形排列，锚固中心间距 500 mm。

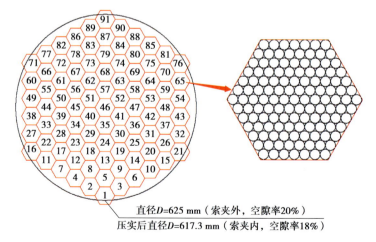

直径D=625 mm（索夹外，空隙率20%）
压实后直径D=617.3 mm（索夹内，空隙率18%）

图 8.6　主缆横断面布置图

主缆抗拉强度为 1 860 MPa,弹性模量 $E = 2.0 \times 10^5$ MPa,安全系数 $K > 2.5$。紧缆后主缆为圆形,索夹处直径为 617.3 mm(空隙率 18%),索夹间直径为 625.0 mm(空隙率 20%)。

主缆采用热铸锚,经散索套发散后,直接锚固在主梁尾端的混凝土实体上。锚点在后锚面呈蜂窝状布置,间距 500 mm。

(3)吊索

自锚式悬索桥全桥共设 122 个吊点,顺桥向间距 15 m。由于自锚式悬索桥采用先梁后缆的施工顺序,在体系转换过程中需要多次张拉吊索才能形成悬索体系,所以吊索必须具备张拉条件。

吊索采用 PPWS 钢丝,上端与主缆索夹采用销铰式连接,下端与主梁采用锚箱承压方式连接,张拉端位于主梁箱体内;安全系数 $K > 3.0$,吊索上端设销铰,下端设冷铸锚具。

8.2.4　关键构造设计

1)主梁缆索锚固设计原则

主缆锚固是自锚式悬索桥的关键构造,本桥主梁锚固端是主缆与主梁之间传力的关键点,其受力与构造都较为复杂,设计时主要考虑以下设计原则:

①满足锚固要求:主缆采用 91 束、127 丝、直径 5.2 mm 的平行钢丝索股,考虑张拉及其他施工操作上的要求,以及局部承受压力的要求,对索股锚头中心距进行布置。

②满足压重要求:压重布置在平衡竖向分力的同时,应尽量减少压重对标准段主梁产生的附加弯矩,这就要求锚固端填芯配重的重心应通过主缆中心与标准段主梁形心的交点。

③传力可靠:由于主缆拉力太大,同时标准段钢箱梁主梁应力很高,要求锚固端必须很快将主缆力传递到整个截面,由截面一起承受而不是由锚固区附近箱室的顶板、底板及腹板承受。这是鹅公岩大桥锚固结构设计时不同于其他中小跨径自锚式悬索桥的特征。

④加(施)工方便:锚固端在加高的同时加宽,而标准段钢箱梁底板两侧有部分底板与水平面成 20°夹角,考虑加工方便,应避免在锚固端范围内钢结构底板、腹板或者加劲肋出现空间扭面。对于混凝土方案来说,为便于混凝土钢筋的绑扎施工,降低混凝土浇筑时水化热对结构的影响,横梁的厚度应尽量减小。

⑤经济美观:在满足以上要求的前提下,尽量减小锚固端尺寸、节省材料,降低投

资,达到合理、经济、美观的效果。

为了解决压重问题,大部分钢箱梁主梁的自锚式悬索桥均在边跨采用混凝土主梁,并将混凝土主梁锚固端加宽加高以提供平衡主缆竖向分力的压重。混凝土主梁和钢主梁之间通过钢-混结合段进行连接与传力。鹅公岩大桥与其他自锚式悬索桥相比,主缆与主梁的夹角较小,约为13.5°(常规自锚式悬索桥为20°~30°),使得主缆与标准段主梁形心的交点离主缆锚固面中心的距离较远。布置混凝土锚固端构造时,为了尽量不增加标准段主梁的附加弯矩,要求压重中心通过主缆与主梁形心的交点,设计时需布置一根横梁(可称为压重横梁);锚固端在锚固面需要承受主缆的巨大压力,设计时需布置一根横梁(可称为锚固横梁)。由于主缆角度的关系,这两根横梁的距离较远,因而混凝土锚固端方案采用双横梁方案(大部分自锚式悬索桥将这两根横梁合二为一,由此产生的附加弯矩由主梁承受),这样能最大限度地减小锚固端对标准段主梁的附加弯矩。

2)锚固设计

(1)总体布置

按照上述设计原则、根据鹅公岩大桥主梁标准断面及主缆吊索位置,混凝土锚固端总体布置如图8.7(a)、(b)所示。

混凝土锚固端总长39.3 m(含钢-混结合段6.75 m),锚固端梁高由标准段4.5 m增至9.0 m,桥宽由22 m增至30.5 m,梁高4.5 m、桥宽22 m范围长9.3 m,梁高10.0 m、桥宽30.5 m范围长15 m,中间变高过渡段长15 m,过渡段底板中心线与主梁中心线夹角约为17°。主缆与主梁夹角约为13.5°,主缆通过锚固端顶板的椭圆线开孔进入锚固端箱室结构内部,经过散索套后散开为单股索股,锚固在锚固横梁上。主缆散索的距离为18~19 m,索股最大散开角度约为8.0°。散索套结合压重横梁布置在箱室结构内部,可以避免散索套布置在桥面上给桥上景观造成的不利影响。钢-混结合段布置在锚固端4.5 m梁高的范围内与标准段主梁相接的位置,钢-混结合段总长6.75 m,与混凝土相接部分长2.7 m。混凝土锚固端横断面布置如图8.7(c)所示。

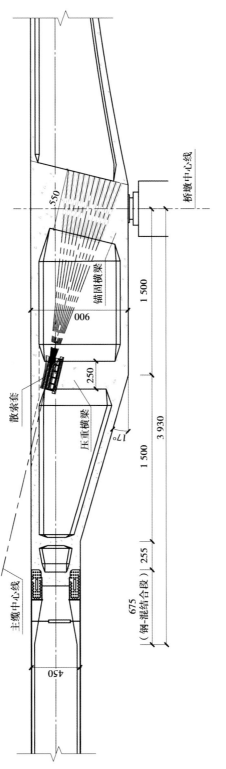

（a）混凝土锚固端立面布置示意图

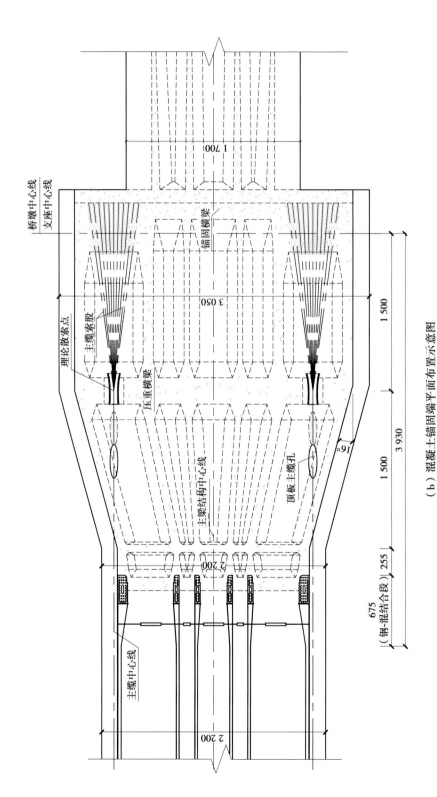

（b）混凝土锚固端端平面布置示意图

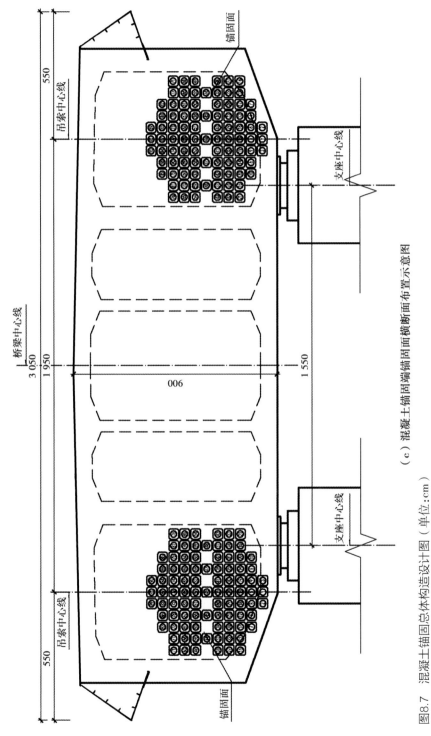

（c）混凝土锚固端端锚固面横断面布置示意图

图 8.7　混凝土锚固总体构造设计图（单位：cm）

混凝土锚固端除设置锚固横梁和压重横梁外,在主梁变高起始段和钢-混结合段均设置横梁。锚固横梁厚按锚固受力要求确定为5.5 m;压重横梁厚按配重要求确定为2.5 m;变高起始段因截面发生变化而导致底板和腹板出现折角,构造上需要设置一根横梁,横梁厚度取0.75 m;钢-混结合段为加强结合面上混凝土截面的整体性设置一根横梁,横梁厚度取1.25 m。锚固端各区段腹部的厚度按照受力特点和刚度要求确定。

(2)标准横断面构造

混凝土锚固端4.5 m高标准截面、9.0 m高标准截面分别如图8.8、图8.9所示。

在4.5 m梁高横断面布置中,顶板、底板及边腹板均取1.0 m厚以传递主缆的巨大压力,中间腹板受力较小,厚度均取0.5 m。这种板厚布置与标准段钢箱梁顶、底板及腹板厚度布置是对应的,钢箱梁顶底板厚34 mm、边腹板厚40 mm、中腹板厚20 mm。

在9.0 m梁高横断面布置中,顶板、底板厚度取0.75 m,该界面腹板共计6条,其中边腹板和次边腹板直接承受主缆的锚固力,厚度取1.0 m,中间两条腹板受力较小,上方对应轨道位置,满足构造要求即可,厚度取0.5 m。在过渡段范围内,由于主缆力传递又经过了一个压重横梁的重新分配,6条腹板受力相对比较均匀,边腹板和次边腹板厚度取0.9 m,中腹板厚度取0.6 m。平面位置上与4.5 m梁高截面腹板和9.0 m梁高截面腹板分别对应,以起到过渡传力的作用。

(3)散索套及支座布置

散索套结合压重横梁布置在锚固端桥面以下,可以避免散索套布置在桥面上给景观带来的不利影响。在压重横梁上相应位置开孔给散索套预留安装底座,散索套在运营期间的不平衡力可通过底座直接传递给压重横梁,避免了桥面上安装散索套不便传力的问题。散索套布置及其与压重横梁的相对关系,如图8.10所示。

支座横向间距取15.5 m,锚固横梁在施工时处于横向简支受力状态,简支梁跨径和悬臂部分的长度比值约为2.2,使得横梁跨中正弯矩和支点负弯矩大致相当,并且支座间距取15.5 m时支座布置在底板平直段范围内。

锚固横梁承受主缆的锚固力后传递给顶板、底板及两侧的腹板,经过压重横梁的进一步分配后均匀分散到锚固端顶板、底板及各个腹板,最后通过钢-混结合段传递给标准段钢箱梁。锚固端设计时在各梁高变化或腹板折角的位置均设置隔板,以保证整个结构的空间受力整体性。

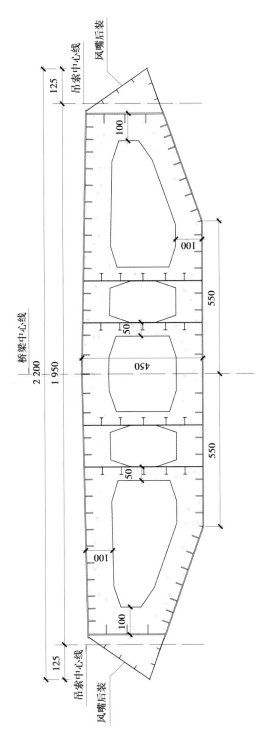

图 8.8　混凝土锚固端端4.5 m梁高横断面布置示意图（单位：cm）

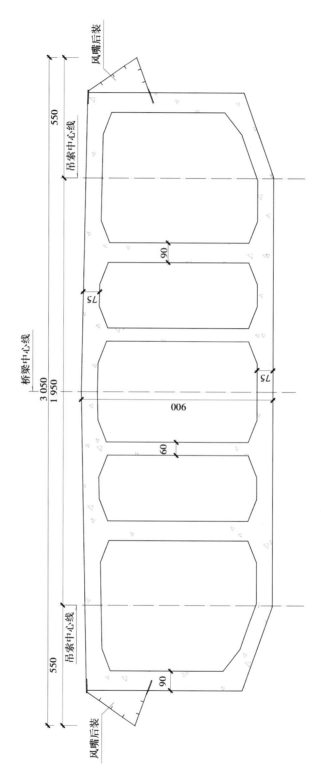

图8.9 混凝土锚固端9.0 m梁高横断面布置示意图（单位:cm）

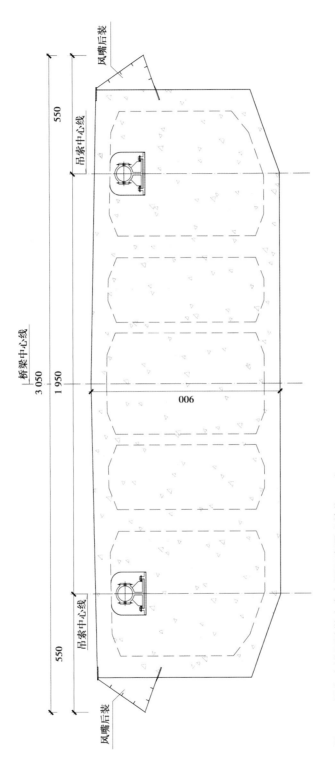

图8.10　混凝土锚固端散索套布置示意图（单位:cm）

3)钢-混结合段设计

依据有无格室内填充混凝土构造,结合部可分为有格室和无格室的两大构造形式。与无格室结合部相比,有格室构造增强了结合部的整体性,增加了结合部的传力面;将结合部混凝土包裹在钢格室内,从而改善了混凝土的抗裂性。随着对混合梁结合部研究的深入,有格室构造在我国得到了高度重视。

本桥选用有格室后承压板式钢-混结合段,连接件采用开孔板和剪力钉组合式连接件。结合段总长 6.75 m,其中,钢结构部分 4.05 m,与混凝土相结合部分 2.7 m,钢-混结合段总体布置如图 8.11 所示。

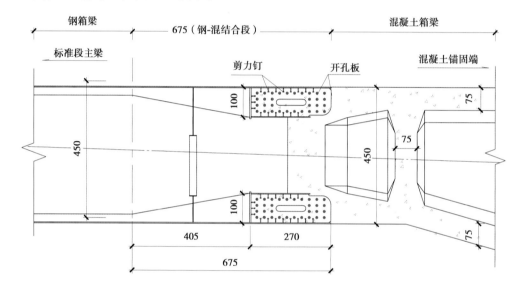

图 8.11　钢-混结合段构造立面布置示意图(单位:cm)

顶底板加劲肋间距均为 600 mm,结合段设计考虑将加劲肋加高形成格室腹板,然后在箱室腹板上开孔并穿过钢筋形成开孔板连接件。底板和边腹板格室高度取1.0 m,中腹板格室高度取 0.5 m,如图 8.12 所示。结合段格室顶底板均布置剪力钉,以加强钢结构和混凝土结构之间的连接。由于加劲肋之间空间较小,因此结合面上不考虑设置预应力。

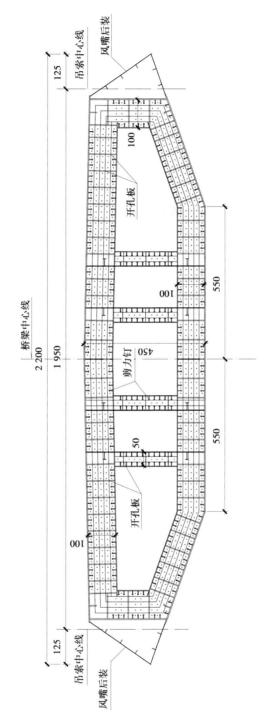

图8.12　钢-混结合段构造断面布置示意图（单位：cm）

8.2.5 桥梁关键施工流程

当初老鹅公岩大桥可以在两岸设置重力锚和隧道锚,靠大自然的力量来分担桥体的索力。但如今,新修的轨道专用桥已经没有这种可以利用的环境条件,必须靠自身的设计支撑起整座大桥。因为跨越长江主航道,需要保证长江正常航运,也不可能用传统的自锚式悬索桥施工方法,即搭设支架施工主梁,所以设计方创新地提出了先斜拉成梁,后体系转换为悬索桥的方案,很好地解决了这个巨大的难题。具体施工步骤如下:

①施工便道、主塔基础及锚墩、过渡墩基础施工。塔柱及临时塔施工,工厂制作钢箱梁、主缆、吊杆、临时拉索。

②搭设边跨顶推支架和平台,安装顶推装置,平台上安装吊机。组装顶推钢导梁,起吊钢-混结合段,连接钢导梁与钢-混结合段,如图8.13所示。

图8.13 搭设边跨顶推支架、起吊钢-混结合段

③依次吊装西塔侧 WS11~WS1,WT0,WM1~WM3 和东塔侧 ES11~ES1,ET0,EM1 梁段,并根据监控指令顶推到位,安装主梁顺桥向临时固结装置,如图8.14所示。

图8.14 吊装边跨主梁、安装主梁顺桥向临时固结装置

④吊装 EM2,EM3,EM4 和 WM4 梁段;张拉第一对和第二对拉索,根据需要在锚固段顶面进行压重。

⑤单悬臂吊装 WM5~WM11,EM5~EM11 梁段,依次张拉第三到第七对拉索。

⑥搭设锚固段施工支架和平台;施工拉索锚固段。

⑦支架上施工边跨合龙段;张拉钢-混结合段预应力,锚固段和边跨顶推支撑处压重施工。

⑧单悬臂吊装 WM12～WM20，EM12～EM20 梁段，依次张拉第八到第十六对拉索。

⑨中跨合龙段施工，拆除中跨吊机，拆除顺桥向临时固结装置，如图 8.15 所示。

图 8.15　中跨合龙段

⑩安装主索鞍、散索套，架设猫道，架设及初始张拉主缆基准索股，架设与初始张拉主缆索股，调整主缆至设计空缆线型，搭设锚跨施工平台。

⑪支架施工锚跨，张拉锚跨预应力；拆除锚跨施工平台和边跨顶推装置。

⑫紧缆，安装索夹，根据监控指令从两侧向跨中张拉吊索并拆除相应的临时斜拉索。

⑬依次对称张拉吊索，拆除临时斜拉索。其中部分吊索需采用接长杆多次张拉，接长杆在施工过程中需单次或多次逐步拆除，在斜拉-悬索体系转换的过程中，多次顶推塔顶鞍座，如图 8.16 所示。

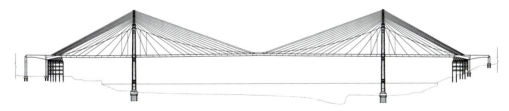

图 8.16　斜拉-悬索体系转换

⑭张拉第二十对吊索（中跨跨中处），拆除第十六对临时斜拉索，完成斜拉-悬索体系转换。

⑮拆除临时塔柱；拆除边跨支架。

⑯施工桥面系，安装附属设施；主缆、吊索、索夹的防护施工，拆除猫道。根据需要进行全桥调索，桥梁动静载试验及验收。

8.3 鹅公岩轨道专用桥运营安全评价指标研究

8.3.1 车辆运动特性与轨道平顺状态的关系

通过车辆-轨道空间耦合动力分析研究轨道不平顺波长和波幅对系统动力响应的影响规律,确定轨道不平顺的敏感波长,进而确定一定车速下轨道不平顺的波长管理范围,可以为城市轨道交通大跨度桥梁的跨度控制提供参考。

车辆模型为由车体、转向架和轮对组成的多刚体系统,它们彼此之间通过两系弹簧阻尼连接,车体和转向架共有 5 个自由度,分别为沉浮、横移、点头、摇头、侧滚,如图 8.17 所示。每个轮对具有 4 个自由度,即沉浮、横移、侧滚和摇头,不考虑车轮转速不均匀产生的回转。

轨道模型仅考虑钢轨的弯曲变形,不考虑其剪切变形,钢轨处理为弹性点支承等截面 Euler 梁,轨枕在垂向上处理为连续弹性基础上的等截面梁,横向上处理为质量块。

轮轨垂向接触力采用赫兹非线性弹性接触理论确定,横向接触力采用 Kalker 线性蠕滑理论。采用正弦形或余弦形轨道不平顺,数学表达式如下:

正弦形不平顺:

$$\eta = A \sin \frac{2\pi x}{\lambda}$$

余弦形不平顺:

$$\eta = \frac{A}{2} \left(1 - \cos \frac{2\pi x}{\lambda} \right)$$

分析敏感波长时,计算波长的范围为 5~100 m,不平顺波幅固定为 3 mm。车辆为 25 t 客运直达列车,车速为 160 km/h。

由图 8.18 可知,在车速 160 km/h 条件下,车体重心处垂向加速度在波长 6,9,16,65 m 处出现峰值,车体地板上垂向加速度在波长 6,8,14,60 m 处出现峰值,与车体重心处加速度相比,部分峰值位置发生了偏移,这是因为车体地板面加速度体现了车体点头和沉浮振动的共同影响。

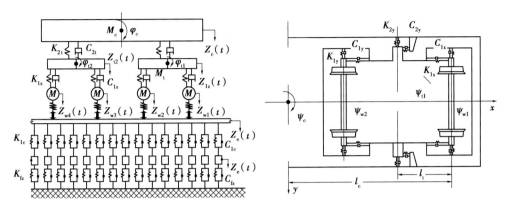

（a）耦合关系（纵向） （b）耦合关系（平面）

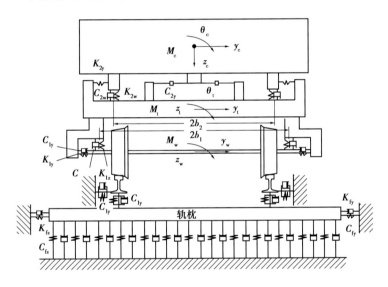

（c）耦合关系（横向）

图 8.17 车辆-轨道空间耦合动力学模型

对动力仿真结果的进一步分析表明,高低不平顺主要影响车体垂向加速度、轮轨力和轮重减载率,对脱轨系数影响很小。

轮轨力、脱轨系数和减载率的敏感波长一般不大于 25 m（与车辆长度相当）,而车体加速度在 25 m 以下和 25 ~ 100 m 均存在敏感波长。其他学者的研究也指出:3 ~ 25 m 波长主要影响轮轨力,25 ~ 70 m 波长主要影响中速行车条件下车体振动加速度,70 ~ 120 m 波长主要影响高速行车条件下车体振动加速度。研究表明,波长 25 m 以下,车体垂向加速度敏感波长的大小与车辆各轮对的间距有关,如定距/3、定距/2、(定距-轴距)等,说明在 25 m 波长以下,当不平顺波长约为轮对间距的 $1/n$（$n = 1, 2, 3, \cdots$）时,会引起振动加大,出现峰值。而波长在 25 m 以上时,车体垂向加速度的敏感波长由车辆的固有特性决定,即车速/车体自振频率＝敏感波长,而与各轮对间距无关。

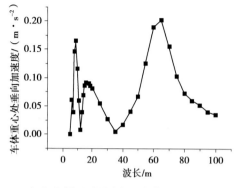

（a）高低不平顺波长和车体重心处垂向
加速度关系

（b）高低不平顺波长和车体地板上垂向
加速度关系

图8.18 高低不平顺波长与车辆响应关系曲线

由图8.19可知,在车速160 km/h的情况下,车体重心处横向加速度约在波长6,9,17,50 m处出现峰值,车体地板面横向加速度约在波长6,8,14 m处出现峰值,两个位置的敏感波长差别较大,这是因为前者仅是车体横移振动的反映,后者则是车体横移、侧滚、摇头振动的共同影响。

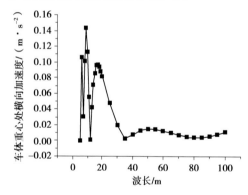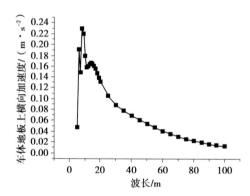

（a）轨向不平顺波长与车体重心处横向
加速度关系

（b）轨向不平顺波长与车体地板上横向
加速度关系

图8.19 轨向不平顺波长与车辆响应关系曲线

对25 t客运列车动力仿真结果的进一步分析表明,轨向不平顺主要影响车体横向加速度、脱轨系数,对轮轨力和轮重减载率有一定程度的影响,波长25 m以下,与高低不平顺类似,车体横向加速度敏感波长的大小与车辆各轮对的间距有关,即在25 m波长以下,当不平顺波长约为轮对间距的 $1/n(n=1,2,3,\cdots)$ 时,会引起振动加大,出现峰值,但波长大于25 m时,轨向不平顺引起的动力响应很小,敏感波长的变化规律不明显。

上述研究成果对应车速为160 km/h,城市轨道交通的最高车速为120 km/h,现行轨道动态管理标准见表 8.2,静态管理标准见表 8.3。

表 8.2　轨道动态质量容许偏差管理值

项　目		$V\leqslant120$ km/h			
		I	II	III	IV
轨距/mm		+8,−6	+12,−8	+20,−10	+24,−12
水平/mm		8	12	18	22
三角坑(基长 2.5 m)/mm		8	10	14	16
高低/mm	波长 1.5~42 m	8	12	20	24
轨向/mm		8	10	16	20
高低/mm	波长 1.5~70 m	—	—	—	—
轨向/mm		—	—	—	—
车体垂向加速度/$(m\cdot s^{-2})$		1.0	1.5	2.0	2.5
车体横向加速度/$(m\cdot s^{-2})$		0.6	1.0	1.5	2.0

注:I 级为保养标准,II 级为舒适度标准,III 级为临时补修标准,IV 级为限速标准。

表 8.3　线路轨道静态几何尺寸容许偏差管理值

项　目		$V_{max}>$160 km/h 正线			160 km/h$\geqslant V_{max}>$120 km/h 正线			$V_{max}\leqslant$120 km/h 正线及到发线			其他站线		
		作业验收	经常保养	临时补修	作业验收	经常保养	临时补修	作业验收	经常保养	临时补修	作业验收	经常保养	临时补修
轨距/mm		+2	+4	+6	+4	+6	+8	+6	+7	+9	+6	+9	+10
		−2	−2	−4	−2	−4	−4	−2	−4	−4	−2	−4	−4
水平/mm		3	5	8	4	6	8	4	6	10	5	8	11
高低/mm		3	5	8	4	6	8	4	6	10	5	8	11
轨向(直线)/mm		3	4	7	4	6	8	4	6	10	5	8	11
三角坑(扭曲)/mm	缓和曲线	3	4	6	4	5	6	4	5	7	5	7	8
	直线和圆曲线	3	4	6	4	6	8	4	6	9	5	8	10

注:①轨距偏差不含曲线上按规定设置的轨距(含加宽值和偏差)不得超过 1 456 mm;

　　②轨向偏差和高低差为 10 m 弦测量的最大矢度值;

　　③三角坑偏差不含曲线超高顺坡造成的扭曲量,检查三角坑时基长为 6.25 m,但在延长 18 m 的距离

　　　内无超过表列的三角坑;

　　④专用线按其他站线办理。

由表 8.2 和表 8.3 可知,轨道状态动态管理采用波长管理,波长范围以 42 m 为界,静态管理采用 10 m 弦长,其有效检测波段为 7~20 m,对跨度大于 42 m 的大跨度桥梁,上述动态管理标准和静态管理标准均难以直接引用。

8.3.2 垂向变形限值

依据《轨道动态质量容许偏差管理值》中车体加速度的控制标准见表 8.1,采用 Ⅱ 级即舒适度标准作为车体加速度的控制标准,困难情况下采用 Ⅲ 级即紧急补修标准作为车体加速度的控制标准,由桥面初始变形产生的车体竖向加速度限值建议。无初始变形对应的限值为 1.340 m/s²;桥面初始变形对应的限值为 0.2 m/s²。

鉴于大跨度桥梁的变形曲线为中长波,主要影响车体振动加速度,因此拟通过限制桥梁曲率半径的方式初步确定初始变形限值,然后再通过车线桥动力分析对初始变形限值进行验证,必要时加以修正。

我国的铁路设计规范统一规定按离心加速度 0.4 m/s² 确定竖曲线半径,困难条件下可取为 0.5 m/s²,由公式 $a = V^2/R$,与此类似,按车速 100 km/h 确定的曲率半径为 3 858 m。

鹅公岩大桥在塔梁之间设置了纵向黏滞阻尼器,在温度荷载作用下,可视为纵向漂浮体系,在整体升降温作用下桥面变形曲线的变形很小且曲率半径较大,不宜单独作为计算工况确定垂向刚度限值,图 8.3 和图 8.4 分别为整体升温 25 ℃、整体降温 20 ℃ 条件下的桥面垂向变形曲线,升温状态下桥面最大位移为 31.699 mm,最小曲率半径为 17 128.6 m,降温状态下桥面最大位移为 25.377 mm,最小曲率半径为 21 476.5 m,均位于辅助墩位置,而单线 6 辆编组的 A 型地铁列车产生的中跨跨中垂向位移为 351.28 mm,因此,在分析悬索桥的垂向刚度限值时,将温度变形考虑为固有初始变形,具体处理方法如下:

①计算全桥均布荷载以及中跨均布荷载下的桥面变形曲线,分析在相同挠跨比条件下哪一种工况具有最小曲率半径,由分析知,当中跨挠跨比为 1/2 000 时,全桥均布加载工况最为不利,最小曲率半径为 2 446 m,中跨均布加载工况最小曲率半径为 8 114 m。

②以全桥均布荷载工况对应的桥面初始变形曲线为基准,调整幅值,并与升温 25 ℃ 和降温 20 ℃ 条件下的桥面变形曲线,如图 8.20、图 8.21 所示,叠加形成最终桥面初始变形曲线,将此初始变形曲线处理为桥面附加不平顺进行车桥耦合动力分析,以车体加速度达到舒适度标准或者乘坐舒适度达到合格标准为原则初步拟定垂向刚度限值,据此得到的垂向刚度限值为中跨总挠跨比 1/500。

③调整中跨均布荷载工况下的桥面变形曲线,使中跨挠跨比在均布荷载、升温 25 ℃ 或降温 20 ℃ 以及地铁车辆通行工况下,如图 8.22、图 8.23 所示,叠加总和为

1/500,进行车桥动力分析,验证拟定的垂向刚度限值是否合理。

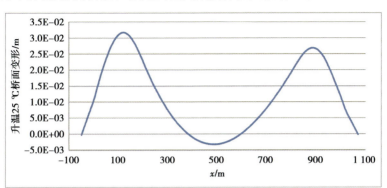

图 8.20　整体升温 25 ℃桥面变形曲线

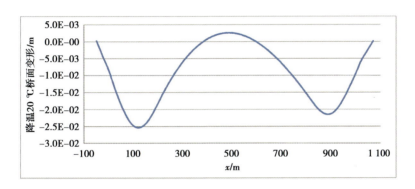

图 8.21　整体降温 20 ℃桥面变形曲线

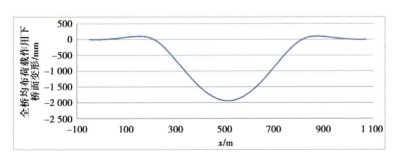

图 8.22　全桥均布 10 t/m 荷载下的桥面变形曲线

图 8.21、图 8.22 为 10 t/m 的全桥均布荷载和中跨均布荷载工况下的桥面变形曲线。

初始变形、温度及行车共同作用下总挠跨比为 1/500 时各工况下车辆响应结果,见表 8.4。

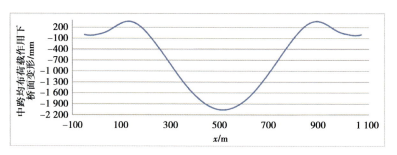

图 8.23　中跨均布 10 t/m 荷载下的桥面变形曲线

表 8.4　总挠跨比 1/500 条件下车辆动力响应

工况	不平顺	车速 /(km·h⁻¹)	脱轨系数	减载率	横向轮轨力/kN	车体加速度 /(m·s⁻²)		乘坐舒适度	
						垂向	横向	垂向	横向
无初始变形	美国五级谱	60	0.382	0.261	25.04	0.963	0.710	2.222	1.897
		80	0.426	0.298	28.09	1.123	0.959	2.452	2.299
		100	0.466	0.342	30.63	1.340	1.195	2.740	2.499
		120	0.514	0.380	33.28	1.486	1.434	3.039	2.730
全桥均布荷载,降温20℃	美国五级谱	60	0.381	0.146	24.50	1.461	0.737	2.811	1.799
		80	0.478	0.150	26.83	1.687	0.974	2.783	2.196
		100	0.725	0.190	29.00	1.812	1.148	2.758	2.485
		120	0.659	0.176	31.50	1.840	1.342	2.795	2.695
全桥均布荷载,升温25℃	美国五级谱	60	0.384	0.149	24.55	1.537	0.735	2.812	1.803
		80	0.481	0.151	26.87	1.721	0.972	2.820	2.196
		100	0.718	0.193	29.01	1.797	1.148	2.757	2.448
		120	0.664	0.194	31.53	1.832	1.343	2.788	2.695
中跨均布荷载,降温20℃	美国五级谱	60	0.311	0.151	24.29	1.252	0.746	2.518	1.809
		80	0.408	0.158	26.63	1.515	0.986	2.521	2.231
		100	0.558	0.217	28.99	1.660	1.149	2.589	2.453
		120	0.552	0.183	31.39	1.777	1.346	2.760	2.688
中跨均布荷载,升温25℃	美国五级谱	60	0.302	0.155	24.24	1.229	0.747	2.545	1.788
		80	0.422	0.154	26.59	1.494	0.988	2.547	2.180
		100	0.544	0.202	28.98	1.699	1.149	2.585	2.465
		120	0.555	0.188	31.35	1.849	1.348	2.718	2.688

由表 8.4 可知,车速在 60~80 km/h 范围内,各工况下车体最大垂向加速度达到 1.721 m/s²,超出 1.5 m/s² 的舒适度标准,满足 2.0 m/s² 的紧急补修标准,舒适度指标 达到 2.812,已在"合格"范围,如图 8.24 所示为全桥均布荷载条件下计入降温 20 ℃桥 面初始变形后总挠跨比为 1/500 时第一节车车体垂向加速度的时程曲线。

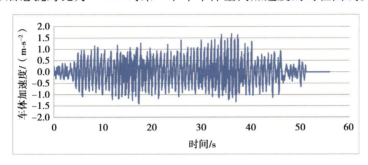

图 8.24　总挠跨比为 1/500 时车体加速度时程曲线(v=80 km/h)

对鹅公岩悬索桥的分析结果进行综合考虑后,建议悬索桥桥面变形的中跨跨中总 挠跨比安全限值为 $L/500$,适当考虑安全系数后总挠跨比预警值为 $L/600$。

8.3.3　横向运营性能评价指标

1)研究思路

特大跨度桥梁的横向变形主要受横向轮轨力、风、不均匀温度场以及基础偏心沉 降的影响,鉴于大跨度桥梁健康监测系统的监测对象为总位移,因此与垂向变形限值 类似,采用列车作用和初始变形叠加后的总位移作为控制指标,但风荷载作用的情况 需要额外考虑。由于风荷载同时作用于桥梁和车辆,风荷载作用于桥梁时引起桥面初 始位移,其与其他因素造成的桥面初始位移对车辆的影响相同,可以合并处理,但作用 于车辆上的风荷载会直接产生车体加速度,因此,在根据表 8.1 确定车体横向加速度 限值时,需要扣除车辆风荷载引起的车体加速度的影响。

采用介于临时补修标准(1.5 m/s²)和限速标准(2.0 m/s²)之间对应的车体横向 加速度 a=1.8 m/s² 作为安全限值标准,减去风荷载直接产生的车体加速度后,由列车 通行和桥面初始变形共同作用允许的车体横向加速度限值为 1.314 m/s²,按 1.3 m/s² 取值。

2)初始变形曲线

根据前述思路,鹅公岩轨道专用桥的初始横向变形曲线,如图 8.25、图 8.26 所示。

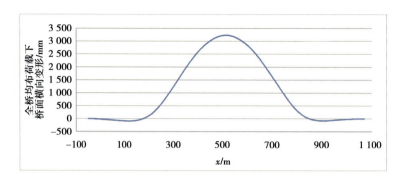

图 8.25　全桥均布 10 t/m 荷载下的悬索桥横向变形曲线

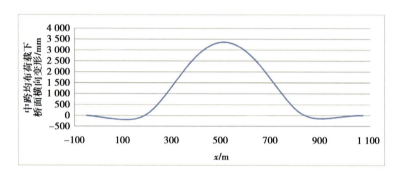

图 8.26　中跨均布 10 t/m 荷载下的悬索桥横向变形曲线

3)横向变形限值

根据研究思路调整桥面横向变形幅值进行车桥耦合振动分析,当车体加速度达到或接近限值时的车辆响应见表 8.5。

表 8.5　总横向挠跨比 1/800 条件下悬索桥对应的车辆动力响应

工况	不平顺	车速 /(km·h⁻¹)	脱轨 系数	减载率	横向轮 轨力/kN	车体加速度 /(m·s⁻²)		乘坐舒适度	
						垂向	横向	垂向	横向
无初始 变形	美国五 级谱	60	0.382	0.261	25.04	0.963	0.710	2.222	1.897
		80	0.426	0.298	28.09	1.123	0.959	2.452	2.299
		100	0.466	0.342	30.63	1.340	1.195	2.740	2.499
		120	0.514	0.380	33.28	1.486	1.434	3.039	2.730
中跨横 向均布 荷载	美国五 级谱	60	0.544	0.590	45.44	1.157	0.848	2.279	2.254
		80	0.584	0.541	49.99	1.379	1.152	2.297	2.584
		100	0.594	0.620	53.31	1.530	1.417	2.515	2.821
		120	0.687	0.949	51.92	1.672	1.631	2.738	2.966

续表

工况	不平顺	车速 /(km·h⁻¹)	脱轨系数	减载率	横向轮轨力/kN	车体加速度 /(m·s⁻²)		乘坐舒适度	
						垂向	横向	垂向	横向
全桥横向均布荷载	美国五级谱	60	0.544	0.590	45.26	1.158	0.842	2.279	2.255
		80	0.584	0.541	49.80	1.379	1.143	2.297	2.583
		100	0.594	0.610	53.11	1.534	1.404	2.514	2.823
		120	0.687	0.924	51.75	1.669	1.615	2.737	2.957

8.3.4　结论

进行安全监测的桥梁运营性能评价标准如下:竖向变形安全限值 $L/500$（L 为主跨跨径）,预警值为 $L/600$;横向变形安全限值为 $L/800$,预警值为 $L/1\,000$。

参考文献

［1］张哲,窦鹏,石磊,等.自锚式悬索桥的发展综述[J].世界桥梁,2003(1):5-9.
［2］林同棪国际工程咨询(中国)有限公司,重庆轨道交通环线工程.鹅公岩长江轨道专用桥施工图设计[Z].重庆:林同棪国际工程咨询(中国)有限公司,2016.